HERMANN LOTZE

Logik
Erstes Buch. Vom Denken
(Reine Logik)

Mit einer Einleitung
»Lotze und die Entstehung
der modernen Logik bei Frege«
mit dem Text der Ausgabe
von Georg Misch
neu herausgegeben von

GOTTFRIED GABRIEL

FELIX MEINER VERLAG
HAMBURG

Im Digitaldruck »on demand« hergestelltes, inhaltlich mit der ursprünglichen Ausgabe identisches Exemplar. Wir bitten um Verständnis für unvermeidliche Abweichungen in der Ausstattung, die der Einzelfertigung geschuldet sind.

Bibliographische Information der Deutschen Nationalbibliothek

Die Deutsche Nationalbibliothek verzeichnet diese Publikation in der Deutschen Nationalbibliographie; detaillierte bibliographische Daten sind im Internet abrufbar über ‹http://portal.dnb.de›.
ISBN 978-3-7873-4088-0
ISBN eBook: 978-3-7873-3257-1

www.meiner.de

INHALT

Hermann Lotze

Logik

EDITORISCHES VORWORT

Lotzes *Logik* erschien zum ersten Mal 1843 (Weidmannsche Buchhandlung, Leipzig). Eine wesentlich erweiterte Fassung lag 1874 vor als *Logik. Drei Bücher vom Denken, vom Untersuchen und vom Erkennen* (Verlag von S. Hirzel, Leipzig), wobei der »Gedankengang« der ersten Ausgabe, »obwohl völlig neu geschrieben«, im wesentlichen im ersten der drei Bücher »wiederholt« wird (so Lotze selbst im *Vorwort*). Die Neufassung erschien als erster Teil eines *Systems der Philosophie*. Diese *Logik* erfuhr zu Lebzeiten Lotzes eine weitere Auflage (Leipzig 1880). Sie wurde dabei (im zweiten Buch) durch einen längeren Einschub »Anmerkung über logischen Calcül« ergänzt, ohne die alte Paragraphennumerierung zu berühren. Veränderungen am Text beschränkten sich ansonsten auf »kleine Verbesserungen der Darstellung« (Vorwort zur 2. Auflage). Eine um geringe Druckfehler bereinigte und mit Registern versehene Neuausgabe besorgte der Dilthey-Schüler G. Misch als Bd. 141 der »Philosophischen Bibliothek«, Leipzig 1912, 2. Auflage 1928.

Das Hauptinteresse an Lotzes *Logik* hat vorwiegend der im dritten Buch dargestellten Erkenntnistheorie gegolten. Geht man aber der Frage nach, inwieweit Lotze auch die Entstehung der modernen Logik in ihrer *formalen* Gestalt beeinflußt hat, so ist gerade das erste Buch in seiner Bedeutung bislang zu wenig beachtet worden. Nun sind, wie Lotze selbst im Vorwort zu verstehen gibt, die drei Bücher der *Logik* in sich relativ selbständig. Er gesteht zudem, daß sein eigenes Interesse an der Darstellung der Logik auf den Inhalt des ersten Buches beschränkt sei. Dokumentiert ist diese Einstellung auch in den nach Lotzes Tod erschienenen Vorlesungsdiktaten *Grundzüge der Logik und Encyclopädie der Philosophie* (1883), die im übrigen eine wertvolle Ergänzung zur *Logik* liefern. In ihnen werden die Themen des ersten Buches am ausführlichsten behandelt, während das dritte Buch fast gar keine Berücksichtigung findet. Das erste Buch erhält noch dadurch ein eigenständiges Gewicht, daß es gewisermaßen die »Ausgabe letzter Hand« der ursprünglichen *Logik* von 1843 darstellt. Verlag und Herausgeber haben sich deshalb entschlossen, außer dem dritten Buch (*Vom Erkennen.* Hamburg 1989. PhB 408) – und von diesem gesondert – auch das erste Buch herauszubringen. Das zweite Buch kommt vorläufig nicht zum Abdruck.

Der vorliegende Text ist ein photomechanischer Nachdruck des ersten Buches der Ausgabe von 1928. Die Seitenzählung ist mit derjenigen der Ausgabe von 1880 nahezu identisch, so daß der Text auch beim Studium älterer Literatur herangezogen werden kann. Im übrigen empfiehlt es sich aber, auf Paragraphen zu verweisen, weil deren Zählung in allen Ausgaben später als die frühe Fassung von 1843 unverändert geblieben ist. Entsprechend wird in der vorliegenden Ausgabe (in Einleitung und Register) verfahren. Lotze selbst verwendet für Querverweise im Text Seiten- und Paragraphenangaben. Ziffern ohne den Zusatz »S.« beziehen sich dabei auf Paragraphen.

Bei Zitaten wird der Text von 1928 benutzt. Er ist mit demjenigen von 1912 nahezu identisch. Von den Druckfehlern in der Ausgabe von 1912 (vgl. dort S. CXXVIII das im übrigen etwas irreführende und selbst fehlerhafte Verzeichnis) sind nicht alle in der Ausgabe von 1928 korrigiert worden. So muß es heißen (auf den Originalseiten):

S. 104, Zeile 15, »ungeändert« statt »umgeändert«;

S. 262, Zeile 14 v. u., »auf weniger abenteuerliche« statt »auf abenteuerliche«. (Kein Druckfehler im hier zum Abdruck gekommenen Text.)

Ein Textvergleich mit der Ausgabe von 1880 wurde nicht eigens vorgenommen. Gefunden wurden aber die folgenden Druckfehler:

S. 16, Zeile 4 v. u. muß es heißen »es ist hier« statt »es hier«;

S. 111, Zeile 2 muß es heißen »vier« statt »für«;

S. 162, Zeile 15 muß es heißen »untergeordnet« statt »untergordnet«.

Auf eine Besonderheit sei noch hingewiesen. Im Text von 1880 scheinen gegenüber demjenigen von 1874 trennende

Kommata in Aufzählungen weitgehend fortgefallen zu sein. Vgl. hier z. B.: S. 30, Zeile 2, hinter »Verknüpfung«; S. 48, Zeile 1, hinter »anders«; S. 170, Zeile 20, hinter »hatte«.

Die nun in zwei Bänden vorliegende Teiledition von Lotzes *Logik* ist, obwohl schon länger geplant, im wesentlichen während einer Lehrtätigkeit an der Universidade Estadual de Campinas (UNICAMP) in Brasilien fertiggestellt worden. Dem Deutschen Akademischen Austauschdienst, der diesen Aufenthalt gefördert hat, sei an dieser Stelle mein herzlicher Dank ausgesprochen. Bestens unterstützt haben die Arbeiten aus der fernen Heimatuniversität Konstanz Frau Theda Rehbock M. A., die insbesondere an der Erstellung der Register maßgeblichen Anteil hat, Herr Martin Drechsler M. A. und Herr Dr. Karsten Wilkens (Universitätsbibliothek). Dank ganz besonderer Art habe ich den Freunden von der Fazenda Floresta in Buri zu sagen, deren Gastfreundschaft es ermöglichte, an einem abgelegenen Ort – no centro do fim do mundo – ein abgelegenes Thema hoffentlich neu zu erschließen.

Konstanz, im Januar 1989   Gottfried Gabriel

EINLEITUNG DES HERAUSGEBERS
Lotze und die Entstehung der modernen Logik bei Frege[1]

1. Zur Biographie und Wirkungsgeschichte Lotzes

Rudolf Hermann Lotze wurde am 21. Mai 1817 in Bautzen geboren. Er studierte ab 1834 Philosophie und Naturwissenschaften in Leipzig, unter anderem bei C. H. Weiße, E. H. Weber und G. T. Fechner. 1838 promovierte er in Philosophie. Nach kurzer Tätigkeit als Arzt in Zittau folgte die Habilitation für Medizin (1839) und Philosophie (1840) in Leipzig. Dort lehrte Lotze in beiden Fächern, bis er 1844 als Nachfolger J. F. Herbarts nach Göttingen berufen wurde. Nachdem er mehrere auswärtige Angebote ausgeschlagen hatte, folgte er 1880 einem Ruf nach Berlin, wo er aber nach kurzer Tätigkeit bereits am 1. Juli 1881 an den Folgen einer Lungenentzündung starb.

Lotzes wissenschaftlicher Werdegang befähigte ihn in besonderer Weise dazu, die Philosophie aus den Niederungen bzw. »Höhen« herauszuführen, in denen sie sich nach Meinung der Zeitgenossen um die Mitte des Jahrhunderts befand. Als ausgebildeter Naturwissenschaftler konnte Lotze auch von denen nicht überhört werden, die meinten, daß die Philosophie im Deutschen Idealismus abgewirtschaftet habe und positive Wissenschaft an ihre Stelle treten müsse. Auf der anderen Seite war er, dem Hegelianismus noch durch seinen Lehrer Weiße kritisch verbunden, gegen solche Ersetzungen und erst recht gegen vorschnelle materialistische Verallgemeinerungen gefeit. In seinem populärsten Werk, dem *Mikrokosmus,* empfahl er

---

[1] Paragraphenzahlen ohne nähere Angaben beziehen sich auf Lotzes *Logik.* Freges Schriften werden als Kurztitel wiedergegeben. Deren Auflösung findet sich in den Literaturhinweisen unter [3]. Sonstige Literaturverweise erfolgen durch Angabe des Verfassers und des Erscheinungsjahres. Ziffern in eckigen Klammern geben dabei die Rubrik an, unter der die jeweiligen Titel in den Literaturhinweisen zu finden sind.

sich als Schlichter des Zwistes »zwischen den Bedürfnissen des
Gemüthes und den Ergebnissen menschlicher Wissenschaft«[2],
indem er im Ausgang von G. W. Leibniz und I. Kant die mecha-
nistische Naturauffassung, die er selbst ausdrücklich gegen
Vorstellungen von »Lebenskraft« vertrat, mit der Religion in
Einklang zu bringen suchte.

In seiner Zeit war Lotze der wohl angesehenste lebende
deutsche Philosoph, und dies auch im europäischen und außer-
europäischen Ausland[3]. Hervorzuheben ist hier insbesondere
sein Einfluß auf den englischen Neuhegelianismus (F. H. Bradley, B. Bosanquet), aus dessen Kreis auch die englische Über-
setzung der *Logik* und der *Metaphysik* als Gemeinschaftsarbeit
hervorgegangen ist, sowie auf den amerikanischen Pragmatis-
mus (W. James, J. Dewey). Innerhalb der deutschen Philosophie dürfte Lotze der einzige Autor und Lehrer gewesen sein,
auf den sich sowohl die neukantianische Tradition, insbesondere die werttheoretische südwestdeutsche Schule (W. Windelband, H. Rickert), als auch die phänomenologische Tradition
(C. Stumpf, E. Husserl) berufen. Und noch Heidegger entwik-
kelt in seinem Übergang vom Neukantianismus Rickerts zur
Phänomenologie Husserls und schließlich in seiner Kritik beider Positionen wesentliche Überlegungen in Auseinandersetzung mit Lotze.

2. Zur Frage des »Einflusses« von Lotze auf Frege

Die nun folgende Darstellung bildet den ersten Teil eines Versuchs, Lotzes *Logik* vor dem Hintergrund einer Klärung des
Verhältnisses Frege – Lotze neu zu bewerten. (Der zweite Teil
findet sich als Einleitung zur Ausgabe des dritten Buches: *Vom
Erkennen*). Zu betonen ist, daß mit einem solchen Vergleich
nicht irgendeine mehr oder weniger interessante historische
Einzelfrage willkürlich in den Mittelpunkt gerückt wird, sondern eine Frage exemplarischen Charakters. Es geht letztlich

[2] So die Eingangsformulierung zum *Mikrokosmus* (Lotze 1856).
[3] Vgl. J. Passmore (1966 [4], S. 49), der Lotze treffend einen der am
meisten »ausgeplünderten« (pillaged) Philosophen nennt.

um eine Klärung des historischen und systematischen Verhältnisses von traditioneller und moderner Logik; denn die Ablösung der ersteren durch letztere vollzieht sich im Übergang von
Lotze zu Frege als den jeweils herausragenden Repräsentanten
im 19. Jahrhundert. Der Umstand zudem, daß Frege Student
Lotzes gewesen ist, fordert geradezu die Frage heraus, ob die
traditionelle Logik nicht vielleicht in einem stärkeren Maße die
Geburt der modernen formalen Logik in ihrer Fregeschen Gestalt mit eingeleitet hat als dies in der Logikgeschichtsschreibung bislang anerkannt ist[4]. Maßgebliche Frege-Forscher haben allerdings einen wesentlichen Einfluß Lotzes auf Frege
bestritten oder äußern sich doch eher zurückhaltend[5]. Begründet wird dies u. a. damit, daß Frege ausschließlich Lotzes Vorlesung über Religionsphilosophie gehört habe[6], auf seinen
angeblichen »Lehrer« nirgends Bezug nehme und, wo dies vielleicht indirekt geschehe, zu von Lotze abweichenden Auffassungen komme. Das »Gerücht«, Frege sei ein »Schüler« Lotzes
gewesen, dürfte eine Bemerkung (ohne Belege) von G. Misch
in seiner Einleitung zur Ausgabe von Lotzes *Logik* (1912, S.
XCII) aufgebracht haben. Frege hat zwar keinen Widerspruch

---

[4] In dem Standardwerk W. & M. Kneale (1971 [4]), vorbildlich gerade auch in der Darstellung Freges, wird der Name Lotzes nicht einmal
erwähnt.

[5] Einen Einfluß für möglich hält immerhin C. Thiel (1965 [4], S. 150;
für nicht entscheidbar G. Patzig (1981 [4], S. 251 f.); für unwahrscheinlich L. Kreiser (1984 [4], S. 19, 23), der diese Auffassung aber neuerdings (in einem unveröffentlichten Manuskript) abgeschwächt hat; für
in der Sache nicht relevant M. Dummett (vgl. dessen Schriften unter
[2.4]). Ironischerweise ist es aber ausgerechnet Dummett gelungen,
den endgültigen Nachweis zu erbringen, daß Frege Lotze zumindest
gelesen haben müsse. Vgl. seinen Aufsatz *Frege's ›Kernsätze zur Logik‹*
(1981 [2.4]) und als einen ersten Hinweis in derselben Richtung Gabriel
(1976 [2.4], S. 81, Anm. 4). Einen Einfluß Lotzes auf Frege haben in
neuerer Zeit behauptet M. Bierich (1951 [2.4]), H. Sluga (vgl. dessen
Schriften unter [2.4]), E.-H. Kluge (1980 [4]), U. Majer (1981 [2.4])
sowie Verf. (1976 [2.4]; 1986 [4], S. 85 ff.).

[6] Hier ist anzumerken, daß Lotzes Vorlesungen von weit mehr Hörern besucht wurden als tatsächlich eingeschrieben waren. Vgl. den
Bericht in R. Falckenberg (1901 [2.1], S. 108).

eingelegt, es fehlt aber auch an einem »Geständnis«. Daß Frege in seinem (nicht gedruckten) Lebenslauf zur Promotion unter seinen Lehrern auch Lotze nennt, gehört zu den akademischen Gepflogenheiten und darf wohl nicht überbewertet werden. So bleibt nur ein Indizienbeweis. Dieser soll erbracht werden, indem die bislang vorgelegten Belege um neues Material ergänzt werden.

Es ist allerdings noch genauer zu sagen, was genau bewiesen werden soll und worin der Erkenntniswert eines solchen Beweises besteht. Die Feststellung, daß Frege bestimmte Werke Lotzes tatsächlich gelesen hat, scheint mir weniger wichtig zu sein als der Nachweis, daß Frege sich mit Lotzeschen Gedanken, wie auch immer sie ihm vermittelt worden sein mögen, auseinandergesetzt hat. Im Sinne einer Geistesgeschichte als Begriffsgeschichte sind biographische Belege hilfreich, aber nicht ausschlaggebend. Sollte sich darüber hinaus auch noch Übereinstimmung in wesentlichen Grundgedanken, Formulierungen und Begriffen ergeben, so scheint mir die Behauptung eines Einflusses Lotzes, ob dieser Frege nun bewußt gewesen sein mag oder nicht, jedenfalls berechtigt zu sein. Erkenntniswert hat aber weniger das schlichte Faktum eines solchen Einflusses als vielmehr die Einsicht, die sich im Zuge seines Nachweises ergibt. In unserem Falle handelt es sich um einen Beitrag zum besseren Verständis der von Frege geschaffenen modernen Logik und ihrer philosophischen Grundlagen. Hier sind auch gerade die Fälle von Bedeutung, wo Frege Lotzeschen Gedanken nur ein Stück weit folgt oder sie unausgesprochen kritisiert. Die Vergegenwärtigung des historischen Hintergrundes ermöglicht hier anhand der Analyse der Abweichungen vom alten eine bessere Beurteilung des schließlich eingeschlagenen neuen Weges. Und es wird sich zeigen, daß Frege nicht unbedingt in allen Fällen den richtigeren Weg gegangen ist. Nun können wir aber, was unsere überkommenen philosophischen Unterscheidungen anbetrifft, das Rad der Geschichte durchaus zurückdrehen, indem wir uns die Ausgangslage mit ihren Alternativen verdeutlichen und gegebenenfalls eine zu Unrecht vergessene Variante in historischer Rekonstruktion wieder zugänglich machen. Hierin besteht der systematische Ertrag der Begriffsgeschichte oder, wenn man Freges Einwand, daß Begriffe keine Geschichte haben, Rechnung tragen will, der »Geschichte der Erfassung« einzelner Begriffe (*Trägheitsgesetz*, S. 158).

Trotz der exemplarischen Bedeutung eines Vergleichs Lotze – Frege kann dieser eine umfassende Würdigung der traditionellen formalen und nicht-formalen Logik natürlich nicht leisten. Eine solche Arbeit steht gerade für das 19. Jahrhundert noch aus. Die neuere Geschichtsschreibung beschränkt sich im wesentlichen auf die Behandlung der sogenannten mathematischen Logik in der Traditionslinie De Morgan, Boole, Schröder, Peano, Russell etc. Autoren wie Trendelenburg, Herbart, Drobisch, Sigwart, Brentano, Windelband und Wundt finden dagegen kaum Berücksichtigung. Soweit sich in der vorliegenden Ausgabe dazu die Gelegenheit bietet, werden entsprechende Hinweise zu geben versucht. Für eine angemessene Würdigung der Leistungen Lotzes im Vergleich mit den zuletzt genannten Autoren ist zu beachten, daß Lotzes formale Logik bereits mit der frühen *Logik* von 1843 vorgelegen hat. So finden sich insbesondere die in den folgenden Abschnitten 3 und 5 behandelten Auffassungen Lotzes im wesentlichen bereits dort ausgesprochen. Der folgende Vergleich beschränkt sich im wesentlichen auf die Entstehung der *formalen* Logik. Die nicht-formale Logik, nämlich die Erkenntnistheorie, ist ihrem Ort bei Lotze entsprechend Gegenstand der Einleitung zur Ausgabe des drittes Buches, wobei auch dort das Verhältnis Lotze – Frege im Mittelpunkt der Untersuchung steht.

3. Existentiale Deutung der aristotelischen Urteilsformen

Als ein exemplarischer Beleg dafür, daß die moderne Logik keineswegs durch eine Schöpfung aus dem Nichts entstanden ist, sondern durch wesentliche Ergebnisse innerhalb der traditionellen Logik vorbereitet worden ist, kann die existentiale Deutung der aristotelischen Urteilsformen gelten . Diese besagt, daß sich die Urteile der Form A (›alle S sind P‹), E (›kein S ist P‹), I (›einige S sind P‹), O (›einige S sind nicht P‹) sämtlich als Existenzaussagen mit Hilfe von Existenzquantor und (gegebenenfalls) Negator darstellen lassen. Einher geht mit dieser

Deutung eine Kritik am traditionellen Urteilsquadrat als dem
Ausdruck der traditionellen unmittelbaren Schlüsse (vgl. Lot-
zes Erläuterungen §§ 75 ff.). Das bekannteste Beispiel eines
nach moderner Auffassung nicht gültigen Schlusses ist der
Übergang *(ad subalternatam)* von A zu I. In der traditionellen
Logik ist dieser Übergang zulässig, weil für die Subjekt- und
Prädikatbegriffe (angedeutet durch ›S‹ und ›P‹) als stillschweigende Voraussetzung gilt, daß sie nicht leer sind. In der modernen Logik gilt diese sogenannte Existenzpräsupposition nicht[7].
In deren Deutung besagt die Allaussage A: ›Es gibt kein S, das
nicht P ist‹. Und diese Aussage ist auch dann wahr, wenn es
überhaupt kein S gibt, der Subjektbegriff S also leer ist. Damit
ist der Übergang zu I als der Existenzaussage ›Es gibt (mindestens) ein S, das P ist‹ nicht mehr zulässig; denn diese Aussage
beinhaltet, daß es (mindestens) ein S gibt, S also kein leerer
Begriff ist.

Die existentiale Deutung der Urteilsformen A, E, I, O mit
den entsprechenden Konsequenzen, daß wegen der Existenz-
freiheit der A- und E-Aussagen einige der traditionellen
Schlußweisen nicht gültig sind, verdankt die moderne Logik
nicht einem der Ihren, sondern einem »Traditionellen«, Franz
Brentano[8]. Diese Tatsache wird zwar, mehr oder weniger, auch
von Historikern der mathematischen Logik gesehen[9], ohne daß
dies bislang aber zu einer stärkeren Beachtung der traditionellen Logik geführt hätte[10]. Dazu mag beigetragen haben, daß

---

[7] Zu ihrer Rechtfertigung im Rahmen der Logik der Alltagssprache
vgl. P. F. Strawson (1950 [4], S. 343).

[8] Vgl. dessen 1874 erschienene *Psychologie vom empirischen Standpunkt* (Brentano 1959 [4], S. 56 f.); ferner die Ergänzung zur 2. Aufl.
(1911) »Von den Versuchen, die Logik zu mathematisieren«, insbes. a. a. O., S. 176 f.

[9] Vgl. H. Scholz (1967 [4], S. 47) und eher beiläufig W. & M. Kneale
(1971 [4], S. 411, Anm.). Zur Würdigung der Leistung Brentanos
vgl. A. Menne (1954 [4], S. 37–39).

[10] Vgl. hier ergänzend R. Schmit (1985 [4], insbes. S. 65–70). Dieser
Aufsatz verdient auch sonst Beachtung als Baustein zu einer Aufarbei-
tung des traditionellen Hintergrunds der modernen Logik. Vgl. ferner
E. Picardi (1987 [4]). Aufschlußreich sind vor allem ihre Bemerkungen
zum Verhältnis Freges zu Sigwart und Wundt. Einmal mehr leugnet sie

man einhellig[11] davon ausgeht, daß die existenzfreie Auffassung der allgemeinen Urteile, auch wenn sie nicht explizit erwähnt wird, bei Frege von Anfang an vorhanden gewesen sei und durch dessen quantorenlogische Darstellung erst eigentlich Gestalt angenommen habe[12]. Diese Beurteilung scheint dadurch bestätigt zu werden, daß es in späteren Jahren auch explizite Äußerungen Freges in diesem Sinne gibt. Tatsächlich ist Frege jedoch zunächst der traditionellen Logik darin gefolgt, von nicht-leeren Begriffen auszugehen. Sonst wäre es gar nicht verständlich, daß er das logische Quadrat ohne einschränkenden Kommentar übernimmt (*Begriffsschrift*, § 12). Es gibt auch keinerlei Anzeichen dafür, daß er es gewissermaßen nur erwähnt, aber die darin ausgedrückten Beziehungen, wie z. B. den konträren Gegensatz von A und E, nicht selbst für gültig halten würde. Da Frege zudem stets gerade das Unterscheidende seiner Auffassung zu anderen betont, wäre es auch verwunderlich, wenn er dies in einer so wichtigen Frage unterlassen hätte. Insbesondere da, wo er seine *Begriffsschrift* mit der aristotelischen Logik direkt vergleicht (*Begriffsschrift*, S. 9 u. 53, *Nachgelassene Schriften*, S. 16), wäre ein Anzeigen des Unterschieds zu erwarten gewesen. Die in der *Begriffsschrift* (§ 22) (als logisch wahre Urteile) dargestellten Beispiele aristotelischer Schlußmodi geben zwar keinen endgültigen Aufschluß, aber ein weiteres Indiz der gleichen Art. So führt Frege (neben *Barbara*) auch *Felapton* an (S. 51). In seiner eigenen Darstellung (in Formel 59) sind die allgemeinen E- und A-Prämissen zwar durch singuläre ersetzt, wonach auch nach moderner Auffassung ein gültiger Schlußmodus vorliegt. Dennoch spricht dieses Beispiel für eine traditionelle Auffassung, weil Frege keinerlei Einschränkung macht, und die Gültigkeit für allgemeine E- und A-Prämissen nicht ausdrücklich bestreitet,

---

allerdings den Einfluß Lotzes. Besondere Aufmerksamkeit verdient – für den Bereich der Modallogik – der aspektreiche Aufsatz von L. Haaparanta (1988 [4]).

[11] So selbst R. Schmit (1985 [4], S. 72).

[12] Vgl. W. & M. Kneale (1972 [4], S. 485), für die es hier »keinen Zweifel« (no doubt) gibt.

was er müßte, wenn er hier bereits seiner späteren existenz-
freien Auffassung folgen würde.

Wie, so könnte man noch fragen, sollte Frege die Existenz-
freiheit der A-Allaussage nicht bewußt gewesen sein, wo sich
diese doch fast unmittelbar aus seiner Rückführung (*Begriffsschrift*, § 12) der Existenzaussage auf die Allaussage ergibt?
Denn damit wird auch umgekehrt die Darstellung der Allaussage (mit Hilfe der Verneinung) als Existenzaussage möglich,
und zwar dem Formalismus Freges folgend als »nicht es gibt ein
x, so daß x S ist und x nicht P ist«. Und dies entspräche, von der
Verwendung gebundener Variablen abgesehen, der existenz-
freien Deutung der A-Allaussage bei Brentano. Dieses Argument übersieht jedoch, daß die Einsicht in die wechselseitige
Darstellbarkeit von Existenzaussage als Allaussage und Allaussage als Existenzaussage nicht ohne weiteres die Existenz-
freiheit der Allaussage impliziert. So läßt sich auch in der
angegebenen negativen Existenzaussage die Existenzpräsupposition durch die stillschweigende Voraussetzung der Angabe
eines Bereiches mitführen, indem man sich diese Aussage in
der folgenden Weise ergänzt denkt: »nicht es gibt ein x *unter
den Gegenständen des Bereichs B,* so daß x S ist und x nicht P
ist«. Der Sinn einer solchen Aussage ist dann, daß keiner der
bereichsmäßig in Frage kommenden Gegenstände S ist, ohne P
zu sein. Eine solche existentiale Darstellung der A- und E-
Urteile, d. h. unter Beibehaltung der traditionellen Existenzpräsupposition, findet sich nun ausgerechnet bei Lotze. Dabei
ist A dargestellt als »es gibt keine einigen S, die nicht P wären«
und E als »es gibt keine einigen S, welche P wären« (§ 77). Die
sprachlich sperrige Formulierung mit »keine einigen« kommt
dadurch zustande, daß Lotze hier A aus der Verneinung von O
und E aus der Verneinung von I hervorgehen läßt.

Wir können somit feststellen, daß die ursprüngliche Fassung
der Quantorenlogik stärker als bislang angenommen der traditionellen Logik verhaftet geblieben ist, und auch hierin scheint
Frege Lotzeschen Gedanken gefolgt zu sein. Selbst zu Freges
späterer Auffassung, nach der die traditionelle Existenzpräsupposition für Begriffe nicht mehr gilt, läßt sich eine Verbindung herstellen. Genaugenommen sind hier zwei Auffassungen
zu unterscheiden, daß nämlich die Existenz (als selbstverständ-

lich) *vorausgesetzt* ist oder (als implizit) *mitgemeint* ist[13]. Die erste Auffassung wird von Frege durch die Einstellung beschrieben, »die Begriffe ohne Weiteres als erfüllt anzunehmen« (*Grundgesetze der Arithmetik* I, S. 24, Anm. 2), die zweite (unter Verwendung des Lotzeschen Terminus) durch die Verbindung des »Nebengedankens« der Existenz mit der allgemein bejahenden Aussage (a. a. O., Anm. 1). Die erste Auffassung ist die im eigentlichen Sinne traditionelle Präsuppositionstheorie, die auch bei Lotze vorliegt. Frege weist nun beide Auffassungen zurück. Die Präsuppositionstheorie ist für ihn nicht annehmbar, weil sie »den sehr wichtigen Fall des leeren Begriffes« (a. a. O., Anm. 2) unberücksichtigt läßt. Damit ist vor allem, wie aus anderen Zusammenhängen (vgl. z. B. *Kritische Beleuchtung,* S. 453 f.) hervorgeht, die Rolle der leeren Begriffe in Existenzaussagen der Wissenschaft angesprochen. Diese Rolle unterscheidet leere Begriffe von leeren Eigennamen (einschließlich Kennzeichnungen), die nach Frege aus der Wissenschaft von vornherein auszuschließen sind, und für die er deshalb die Präsuppositionstheorie auch übernimmt (vgl. *Sinn und Bedeutung,* S. 39 ff.). Die Vermutung liegt nahe, daß Frege die Präsuppositionstheorie für Begriffe erst aufgegeben hat, nachdem ihm die Rolle der leeren Begriffe klar geworden war. Gegen die Nebengedanken-Theorie bringt Frege in den *Grundgesetzen* noch kein direktes Argument, liefert es aber in einem Brief an Husserl vom 9.12.1906, in dem auch die beiden genannten Auffassungen deutlich einander gegenübergestellt werden, nach:

»Es ist untunlich, eine Ausdrucksform, wie die mit ›Alle‹, die man als Grundform in der logischen Betrachtung verwenden will, so zu gebrauchen, dass damit zwei unterscheidbare Gedanken zugleich ausgedrückt werden in einem Satze, der nicht aus zwei durch »und« verbundenen Sätzen besteht. Man muss ja immer danach streben, auf die Elemente, auf das Einfache zurückzugehen. Es muss möglich sein, den Hauptgedanken

---

[13] Nach einer von Frege nicht diskutierten dritten Auffassung, die auf Herbart zurückgeht, ist die Existenz als Voraussetzung *hypothetisch* mitgemeint. Vgl. Schmit (1985 [4], S. 60 f.). Diese und die zweite Auffassung werden von Brentano (1959 [4], S. 176 f.) unterschieden und kritisiert.

auch ohne den Nebengedanken auszudrücken. Deshalb will ich also den Nebengedanken der Existenz nicht mitmeinen, wenn ich die Wendung mit ›Alle‹ gebrauche.« (*Briefwechsel,* S. 106)

Frege wendet hier seinen allgemeinen Grundsatz der »logischen Einfachheit« an, der besagt, daß logisch weiter Analysierbares auch weiter zu analysieren sei, um es in seinen von einander unabhängigen und damit trennbaren Bestandteilen explizit zu machen. Aus diesem Grunde gibt Frege z. B. auch dem nicht-ausschließenden »oder« den Vorrang vor dem ausschließenden. Im vorliegenden Falle, wo es sich um die Trennbarkeit von Gedanken handelt, folgt Frege auf der Grundlage von Lotzes Unterscheidung von Haupt- und Nebengedanken dessen Auffassung, daß die Logik die »unausgesprochenen Nebengedanken« von Äußerungen »in gewöhnlicher Rede« nicht unbedingt zu berücksichtigen habe (§ 75).

4. Lotze, Frege und die »mathematische« Logik

Am Schluß seiner »Anmerkung über logischen Calcül« schreibt Lotze:

»Wie oft haben solche moderne Unternehmungen schon den Anbruch einer ganz neuen Epoche für die Logik und den Untergang der verächtlichen alten verkündigt! Ich bin überzeugt: wenn nun wirklich einige Menschenalter hindurch die alte Logik ganz vergessen wäre, dann aber von einem Glücklichen wieder entdeckt würde, so würde man in ihr den so lange gesuchten, nun endlich gefundenen, naturgemäßen Gang des Denkens begrüßen, aus welchem die Sonderbarkeiten und zugleich die dennoch in gewissem Maße vorhandene Triftigkeit der logischen Rechnungen begreiflich würde, mit denen man sich bis dahin beholfen hätte.«

Es erscheint einem heute wie historische Ironie, daß Lotze dieses im Jahr 1880 (die »Anmerkung« kam in der 2. Auflage hinzu) sagt, also ausgerechnet ein Jahr nach dem Erscheinen von Freges *Begriffsschrift,* die nun in der Tat »eine ganz neue Epoche für die Logik« und nicht nur für die Logik eingeleitet hat. Dieser Umstand möchte denjenigen als Argument dienen, für die zwischen Lotze und Frege Welten liegen. Daß im Übergang vom einen zum anderen ein »Paradigmenwechsel« in der Logik (und zum Teil sogar in der Philosophie selbst) stattgefunden hat, ist nicht zu bestreiten. Und gerade weil er *hier* stattgefunden hat, verdient das Verhältnis Lotze – Frege ja unsere besondere Aufmerksamkeit. Es zeigt sich bei genauerem Hinsehen jedoch, daß dieser Wechsel nicht vereinfacht als ein solcher zwischen traditioneller und mathematischer Logik dargestellt werden kann; denn bezogen auf bestimmte Grundauffassungen steht Frege Lotze und der (kontinentalen) traditionellen Logik näher als der im eigentlichen Sinne »mathematisch« zu nennenden Logik der sogenannten (angelsächsischen) »Algebra der Logik«. Wesentlich ist hier die Auffassung des Verhältnisses von Logik und Mathematik. Während die Algebra der Logik eine mathematische (arithmetische) Behandlung der Logik darstellt und von Boole auch ausdrücklich so verstanden wird, sehen Lotze und Frege die Dinge gerade umgekehrt. Nach Lotze hat die Algebra der Logik den »Schein« verschuldet, »als habe die Logik die Hülfsmittel zu ihren Operationen aus arithmetischen Specialitäten zu entlehnen« (*Logik*, 2. Aufl. (1880), S. 262). In genau dieselbe Richtung zielt Freges Kritik, daß es »eine Umkehrung des wahren Sachverhalts« darstelle, »wenn die Logik von der Arithmetik ihre Zeichen erborgt« (*Nachgelassene Schriften*, S. 13). Für ihn ist die Logik vielmehr gebietsmäßig übergreifender und begründungsmäßig grundlegender als die Arithmetik. Die Frage kann deshalb nur sein, ob sich die Arithmetik als »eine weiter ausgebildete Logik« (*Grundlagen der Arithmetik*, § 87, vgl. *Grundgesetze der Arithmetik* I, S. VII) darstellen lasse. Die Ausführung dieses sogenannten logizistischen Programms blieb Frege vorbehalten, der Gedanke selbst findet sich aber mit aller Entschiedenheit auch bei Lotze ausgedrückt, nämlich, »daß alles Rechnen eine Art des Denkens ist, daß die Grundbegriffe und Grundsätze der Mathematik ihren systematischen Ort in der Logik haben«, so daß die Mathematik, genauer die Arithmetik, »als ein sich für sich selbst fortentwickelnder Zweig der allgemeinen Logik« zu gelten hat (§ 18, vgl. § 112)[14]. Indem

---

[14] Auf diesen Zusammenhang hat zuerst H. Sluga (1980, S. 57f.) hingewiesen. Anzumerken ist, daß auch Frege die Metapher von der

Frege diesem Gedanken folgt, hat er also nicht etwa eine Mathematisierung der Logik, sondern ganz im Sinne Lotzes eine Logisierung der Mathematik vorgenommen. Geht man von Leibnizens Unterscheidung von *characteristica universalis* und *calculus raciocinator* aus, so steht Lotze der ersteren wohlwollender gegenüber. Bedenken hat er nur angesichts der Schwierigkeiten der Ausführung, nicht aber gegen die Zweckmäßigkeit eines solchen, auf den »wissenschaftlichen Gebrauch des Denkens« (§ 196) beschränkten Unternehmens:

»Ohne Zweifel gehört dieser Entwurf [einer »allgemeinen Charakteristik der Begriffe« durch Leibniz] zu denen, über deren Ausführbarkeit nur die Ausführung selbst vollgültig richten kann, und man würde übereilt die Möglichkeit dessen leugnen, was eine glückliche Erfindungsgabe doch vielleicht, bis zu gewissem Grade wenigsten, zu Stande brächte.« (§ 197)

Lotze ahnte freilich nicht, daß die Verkörperung dieser »glücklichen Erfindungsgabe« bereits unter seinen Studenten saß. Was den *calculus ratiocinator* anbetrifft, so bestreitet Lotze gar nicht einen gewissen technischen Nutzen der »logischen Rechnung«, er wehrt sich aber dagegen, daß derlei die traditionelle Logik ersetzen könne. Als Probe aufs Exempel behandelt er eine komplizierte Aufgabe, deren algebraische Lösung Boole und Schröder als Belegbeispiel dafür diente, daß die Algebra der Logik der traditionellen Syllogistik überlegen sei. Lotze, der eine gründliche Kenntnis der einschlägigen Arbeiten unter Beweis stellt, gesteht zu, daß die behandelte Aufgabe im Rahmen der Syllogistik nicht gelöst werden könne, macht aber geltend, daß für sie und entsprechende Aufgaben andere, nämlich kombinatorisch-eliminative Verfahren bereit stünden. (Über den engen Rahmen der syllogistischen Schlußverfahren geht Lotze auch sonst ausdrücklich hinaus.) Die Tendenz der Lotzeschen Kritik ist, daß eine Ersetzung der alten Logik durch die neue Logik nicht anhand solcher Sonderfälle begründet werden könne. In dieser Hinsicht stimmt Freges spätere Kritik der Booleschen Logik vollkommen mit derjenigen Lotzes überein:

Arithmetik als »Zweig der Logik« verwendet (*Nachgelassene Schriften,* S. 298).

»Scheinen doch die Aufgaben, die Boole behandelt, zum grossen Theil erst zu dem Zwecke ersonnen zu sein, um mittels seiner Formeln gelöst zu werden.« (*Zweck der Begriffsschrift,* S. 1.)[15]

Freges eigene ausführliche Behandlung derselben Aufgabe in der 1880/81 verfaßten nachgelassenen Schrift *Booles rechnende Logik und die Begriffsschrift (Nachgelassene Schriften,* S. 44 ff.) geschieht denn auch unter Vorbehalt, nur um zu zeigen, daß die Begriffsschrift, obwohl gerade nicht für solche Aufgaben gemacht, sie doch lösen könne. Frege verweist dabei auf die Darstellungen bei Boole, Schröder und W. Wundt. Lotzes »Anmerkung« war ihm möglicherweise als in der Neuauflage der Logik »versteckt« gar nicht bekannt geworden. Der Umstand, daß es sich jedesmal um die Behandlung derselben Aufgabe handelt, ließe eine eingehendere Analyse der Unterschiede in einem »Systemvergleich« traditionelle Logik – Algebra der Logik – Begriffsschrift lohnend erscheinen, würde aber den hier gesteckten Rahmen sprengen.

Trotz seiner Kritik an der arithmetischen Darstellung der Logik hat sich Lotze doch mehrfach arithmetischer »Hülfszeichen« bedient. Insbesondere verwendet er häufig das Pluszeichen, um einen Begriff als (intensionale) Summe seiner Merkmale darzustellen. Frege ist hier konsequenter verfahren und vermeidet solche Anleihen. Ausdrücklich betont er im Vorwort zur *Begriffsschrift* (S. IV):

»Jene Bestrebungen, durch Auffassung des Begriffs als Summe seiner Merkmale eine künstliche Aehnlichkeit [mit der »arithmetischen Formelsprache«] herzustellen, haben mir dabei durchaus fern gelegen.«

Nicht erst spätere Interpreten Freges, sondern bereits seine Zeitgenossen haben in dieser Bemerkung eine Absage an das Programm der logischen Algebra Booles und Schröders gesehen[16]. Plausibler scheint es zu sein, hier einen Bezug auf Leib-

---

[15] Genauso hat auch Husserl die Dinge gesehen. Vgl. dazu Freges *Briefwechsel,* S. 99, insbes. Anm. 4.

[16] Vgl. zustimmend K. Laßwitz in seiner Rezension (1879 [4], S. 248–249); kritisch E. Schröder (1881 [4], S. 81–94); vgl. ferner Ph. Jourdain in Freges *Briefwechsel,* S. 275 f., Anm. 4.

niz anzunehmen[17]. Daß die Algebra der Logik eigentlich nicht
gemeint sein kann, ergibt sich daraus, daß bei Frege, wörtlich
genommen, eine intensionale Auffassung der Begriffe angesprochen ist. Bei Boole und Schröder liegt jedoch eine exten-
sionale Auffassung vor, in der die intensionale Summe von
Merkmalen extensional als *Produkt* von Klassen dargestellt
wird[18]. Über diesen Zusammenhang war sich Frege durchaus
im klaren (vgl. außer *Zweck der Begriffsschrift*, S. 2 insbesondere *Nachgelasssene Schriften*, S. 37 f.). Da auch R. Graßmann
wegen seiner extensionalen Auffassung der Begriffe (vgl.
Nachgelassene Schriften, S. 38) ausscheidet, kommt in der Tat
als direkter Bezug wohl nur Leibniz und dessen Tradition in
Frage. Vermutlich wollte Frege mit seiner Bemerkung einer
möglichen Kritik der Art zuvorkommen, wie sie A. Trendelenburg u. a. gegen M. W. Drobisch und allgemein gegen die »formale Logik« (mit ihrer Trennung von Logik und Metaphysik)
vorgebracht hatte. Danach beruhe diese wesentlich darauf, daß
der Begriff als eine »Zusammensetzung von Merkmalen« gefaßt wird. Die von Trendelenburg kritisierte Auffassung entspricht auch genau der von Frege erwähnten intensionalen
Verwendung des Summenzeichens, wobei Leibniz ausdrücklich
als Vorläufer genannt wird[19]. Freges Bemerkung würde dann
vor diesem Hintergrund als der Hinweis zu lesen sein, daß die
Begriffsschrift eine formale Logik darstelle, auf die Trendelen-

---

[17] So, allerdings ohne Begründung, T. W. Bynum (1972 [4], S. 104,
Anm. 3); vgl. auch S. 220, Anm. 3.

[18] Vgl. C. Thiel (1982 [4], S. 756 f.).

[19] A. Trendelenburg (1862 [4]) in der II. Untersuchung. Vgl. zur hier
angesprochenen Auffassung der Begriffe insbesondere S. 18–24. Ge-
zielt wendet sich Trendelenburg dort u. a. gegen M. W. Drobisch (1836
[4]). Hierauf hat bereits Kreiser (1984 [4], S. 19) hingewiesen. In den
richtigen Zusammenhang gestellt kommt seiner Beobachtung ein grö-
ßeres Gewicht zu als er selbst bereit ist zuzugestehen. Es stellt sich nämlich einmal mehr heraus, wie sehr sich Freges Denken, häufig nur
angedeutet, in den vorgegebenen Bahnen und Auseinandersetzungen
der deutschen Philosophie bewegt. Eine Kenntnis der *Logischen Untersuchungen* seitens Frege ist freilich nicht belegt, wohl aber, daß Frege
den Terminus »Begriffsschrift« von Trendelenburg übernommen hat
(vgl. *Begriffsschrift*, S. V, Anm.).

burgs Einwand gerade nicht zutrifft. Freilich gilt dieser dann entsprechend auch bei extensionaler Deutung der Begriffe. Und so kann Frege Trendelenburgs kritische Bemerkung, daß die formale Logik von der Voraussetzung »gegebener« Begriffe ausgehe, seinerseits aufgreifen, um die Vorzüge der Begriffsschrift vor der Algebra der Logik dadurch hervorzuheben, daß seine Begriffsbildungen eben nicht die »Grenzlinien vorhandener Begriffe« benutzen, sondern »ganz neue Grenzlinien« ziehen würden (*Nachgelassene Schriften,* S. 39). Im Grundsätzlichen besteht hier auch Übereinstimmung mit Lotze. Haben wir ihn zwar soweit in die kritische Bemerkung Freges einzubeziehen, als auch er das Summenzeichen zur Bildung von Begriffen aus Merkmalen verwendet, so darf doch nicht übersehen werden, daß er es nicht bei *bloßer* Summenbildung beläßt. Im Gegenteil spricht Lotze davon, daß die »Summenformel« für den »Bau« komplexerer Begriffe, in denen die Merkmale »nicht gleichwerthig einander coordinirt« seien, als geradezu »unzureichend« durch eine Auffassung zu ersetzen sei, nach der sich der Begriff *als Funktion* seiner Merkmale darstelle (§§ 28, 110; vgl. auch 126). Diese Klärung ist nun nicht etwa schon als Vorbote anzusehen von Freges Bestimmung der Begriffe als (einstelliger) Funktionen, »deren Wert immer ein Wahrheitswert ist« (*Function und Begriff,* S. 15). Vielmehr sind, kategorial völlig verschieden, bei Lotze die Werte der Funktionen Begriffe, für Merkmale als Argumente. Die funktionale Deutung der Begriffe soll hier nur die strukturelle Interdependenz der Merkmale, indem diese sich »wechselseitig *determiniren*«, verdeutlichen[20]. Es ist diese Art der »fruchtbaren Begriffsbildung«, von der Frege sagt, daß sie weder in der Algebra der Logik noch bei Leibniz, sondern erst in den logisch komplexen Gefügen seiner Begriffsschrift möglich werde:

»Auch hier [in den Definitionen der *Begriffsschrift*] werden alte Begriffe zum Aufbau der neuen verwendet; aber sie werden dabei *in mannigfacher Weise* durch die Zeichen der Allgemein-

---

[20] Insofern scheint mir H. Sluga (1980 [2.4], S. 57) in seiner auf B. Bauchs Ausführungen gestützten Parallelisierung von Lotzes und Freges Funktionsbegriff zu weit zu gehen. Zweifel an Bauchs Darstellung hat bereits C. Thiel (1965 [4], S. 150, Anm. 14) angemeldet.

heit, Verneinung und Bedingtheit *untereinander verbunden.*«
(*Nachgelassene Schriften,* S. 39, Hervorhebungen G. G.)

Diese Begriffsbildung ist es schließlich auch, durch die Frege
den erkenntniserweiternden Charakter der Arithmetik bei
gleichzeitiger Analytizität gesichert sieht. Kant habe diese
Möglichkeit übersehen, weil er Begriffe durch »beigeordnete
Merkmale« bestimmt gedacht habe (*Grundlagen der Arithmetik,* § 88). Bestätigt wird dies dadurch, daß sich die intensionale
Deutung des Summenzeichens in Kants *Logik* (§ 36, Anm. 1)
ausgerechnet im Zusammenhang mit der Behandlung der analytischen Urteile findet. Der Ausdruck »beigeordnet« ist aber
nichts anderes als eine Verdeutschung von Lotzes Terminus
»coordinirt«. Freges Kritik an der Auffassung des Begriffs als
Summe seiner Merkmale scheint sich somit weniger gegen Äu-
ßerlichkeiten der Zeichenwahl zu richten als vielmehr gegen
das damit einhergehende inhaltliche Verständis der Begriffsbildung. Was dieses anbetrifft, ist Lotze aber gerade nicht Gegenstand der Kritik, sondern einmal mehr Vorläufer oder gar
Ideengeber Freges.

5. Modalitäten

Lotzes Behandlung der Modalitäten ist ein besonders dicht ge-
schriebener Abschnitt (§§ 41–46), der viele in die Zukunft
weisende Anregungen enthält. Die Modalitäten werden als eigene, unabhängig neben den anderen bestehende logische Urteilsformen von Lotze verneint. Gewissermaßen »aufgehoben«
sind aber das apodiktische Urteil im generellen, hypothetischen und disjunktiven (§ 43) sowie das problematische Urteil
im partikularen (§ 45). Dieser Zusammenhang ergibt sich dadurch, daß den Ausdrücken »muß« bzw. »kann« in bestimmten
Verwendungen entsprechende Deutungen gegeben werden
können, ohne daß damit allerdings beansprucht wäre, sämt-
liche Verwendungen rekonstruiert zu haben. Frege hat sich
diese Auffassung für die generellen und hypothetischen (das
disjunktive Urteil findet bei Frege aus Gründen des formallogi-
schen Aufbaus keine gesonderte Berücksichtigung) bzw. partikularen Urteile zu eigen gemacht; und zwar mit dem bei Lotze

angedeuteten Ergebnis, daß es einen eigenen modallogischen Formalismus nicht gibt.

Zunächst zum Apodiktischen und dessen Realisierung im generellen und hypothetischen Urteil. Wesentlich ist hier Lotzes Deutung des generellen Urteils als hypothetisches (§ 68). Frege folgt ihm darin, daß er beide Urteile in der logischen Form der formalen Implikation (verallgemeinerten materialen Implikation) darstellt und sie sprachlich in modalen Ausdrükken des Apodiktischen wie »muß« wiedergibt (*Begriffsschrift*, § 12; *Nachgelassene Schriften*, S. 21). Für singuläre hypothetische Urteile, d. h. materiale Implikationen, kann Frege entsprechend apodiktische Formulierungen nur zulassen, wenn sie gedacht werden können als aus »eigentlich« hypothetischen Urteilen (*Nachgelassene Schriften*, S. 59), d. h. formalen Implikationen, durch Einsetzung hervorgegangen. Wir haben es dann mit einem Spezialfall von Freges Bestimmung zu tun, daß im apodiktischen Urteil »das Bestehen allgemeiner [also eigentlich hypothetischer, G. G.] Urtheile angedeutet wird, aus denen der Satz geschlossen werden kann« (*Begriffsschrift*, § 4). Der spezielle Schluß ist hier die Beispieleinführung. Da Freges Bestimmung aber allgemein gehalten ist, wird später nach einer Verallgemeinerung dieser Deutung des Apodiktischen zu fragen sein.

Gerade im vorliegenden Fall des Zusammenhangs von allgemeinem, hypothetischem und apodiktischem Urteil hätte ein eingehender Vergleich zwischen traditioneller und moderner Logik weitere Autoren einzubeziehen. Wesentliche Aspekte sind hier von der traditionellen Logik hervorgehoben worden, die in der Gestalt, die die moderne Logik zunächst in den *Principia Mathematica* von A. N. Whitehead und B. Russell angenommen hatte, verloren gegangen waren und erst wieder durch die Entwicklung der Modallogik neu entdeckt werden mußten, ohne daß man sich dabei freilich der bereits geleisteten Unterscheidungsarbeit angemessen erinnert hätte.[21]

---

[21] Besonders wertvoll sind hier neben Lotzes *Logiken* – die einschlägigen Überlegungen finden sich bereits in der frühen Logik von 1843 (vgl. dort insbesondere S. 124 f.) – die grundlegenden Untersuchungen von C. Sigwart zum hypothetischen Urteil. In diesen wird nicht nur der

Die Schwierigkeit, die sich für die moderne Deutung des
Verhältnisses von allgemeinem, hypothetischem und apodiktischem Urteil ergibt, deutet sich bei Frege darin an, daß dieser
Lotzes wichtige Unterscheidung zwischen generellen und universalen Urteilen nicht übernimmt. Gemäß dieser Unterscheidung (§ 68) enthält nur das generelle eine die Apodiktizität
auszeichnende *notwendige* Allgemeinheit, das universale Urteil dagegen nur eine *faktische* Allgemeinheit. Da die formale
Implikation bei Frege aber lediglich eine verallgemeinerte materiale Implikation ist, entspricht dessen hypothetisches Urteil
nur dem universalen Urteil Lotzes und es fehlt eine begriffs-
schriftliche Entsprechung des Lotzeschen generellen Urteils,
also des eigentlich apodiktisch allgemeinen Urteils. Damit
steht die Adäquatheit der Fregeschen Rekonstruktion des
Apodiktischen in Frage[22]. Um so mehr verdienen hier Lotzes
Überlegungen als mögliches Korrektiv Beachtung.

Die problematische Modalität als Urteilsform sieht Lotze
wesentlich im (bejahenden) partikularen Urteil realisiert:
»jene particularen Sätze sind gleichbedeutend mit den assertorischen, eine Möglichkeit behauptenden« (§ 45). Diese Deutung findet sich, allerdings nur als Nebenvariante, bereits in
Kants *Logik* (§ 30, Anm. 2) vermerkt:

Zusammenhang von allgemeinem und hypothetischem Urteil im Sinne
der formalen Implikation dargelegt (Sigwart 1904 [4], S. 299 f.), sondern auch bereits Freges Auffassung ausgesprochen, daß im hypothetischen Urteil weder Vorder- noch Nachsatz, sondern nur das Gesamt-
gefüge ein Urteil ausmacht (Sigwart, a. a. O., S. 292 f., sowie Sigwart
1871 [4], S. 37; vgl. auch schon B. Bolzano, *Wissenschaftslehre*, § 22,1).
Freges angesprochene Deutung des »eigentlich hypothetischen Urteils« im Sinne der formalen Implikation hat nicht erst in Lotze und
Sigwart Vorläufer, sondern bereits in Leibniz (*Nouveaux Essais sur
l'Entendement Humain*, 4. Buch, Kap. XI, § 13) und Bolzano (*Wissenschaftslehre*, § 164,2). Ein direkter Einfluß auf Frege dürfte hier außer
von Lotze vor allem von Sigwart ausgegangen sein. Zu dem noch aus-
stehenden Vergleich von Sigwart und Frege liegen Vorarbeiten vor in
Schmit (1985 [4]) und Picardi (1987 [4]).

[22] Vgl. dazu im einzelnen Gabriel (1976 [2.4], S. 77–83).

»In problematischen Urtheilen, die man *auch* für solche erklären kann, deren Materie gegeben ist mit dem möglichen Verhältniß zwischen Prädicat und Subject, muß das Subject jederzeit eine kleinere Sphäre haben als das Prädicat.« (Hervorhebung G. G.)

Kants Hauptvariante bestimmt dagegen das problematische
Urteil dadurch, daß »man über die Wahrheit oder Unwahrheit
eines Urtheils nichts ausmacht« (ebd., Anm. 1). Frege greift
beide Varianten als voneinander unabhängige Verständnisse
des umgangssprachlichen Gebrauchs von »möglich« (als Prädi-
kat für Sätze) auf. Die Deutung als partikulares Urteil übernimmt er unverändert[23]. Kants Hauptvariante faßt er als Urteilsenthaltung des »Sprechenden«; aber als *begründete* Ent-
haltung, »indem er [der Sprechende] andeutet, dass ihm keine
Gesetze bekannt seien, aus denen die Verneinung folgen
würde« (*Begriffsschrift*, § 4). Dieser Zusatz stimmt mit einer
Analyse Lotzes überein, nach der die Möglichkeit auch »wegen
Mangels des Beweises der Unmöglichkeit« angenommen werden könne (§ 46). Bereits terminologisch ist damit eine epistemische Deutung angesprochen, die die Bezeichnung »beweis-
theoretisch« im modernen Sinn verdient[24]. Bestätigt findet sich
dies dadurch, daß sowohl Lotze als auch Frege die beweistheoretische Variante unabhängig von der *Urteilsform* des Problematischen bestimmen, als welche es für beide nur das partiku-
lare Urteil gibt. Damit tragen sie dem Umstand Rechnung, daß
beweistheoretische Modalitäten nicht die logische Form eines
einzelnen Urteils charakterisieren, sondern das Beweisverhält-
nis dieses Urteils *relativ* zu anderen als wahr anerkannten allgemeinen Sätzen.

Angedeutet ist die epistemische Auffassung der Modalität
bereits bei Kant, der negativ bemerkt, daß sie »nichts zum Inhalte des Urtheils beiträgt« (*Kritik der reinen Vernunft*, B 100),
und dann positiv geltend macht, daß durch sie »das Verhältniß

---

[23] Sie kehrt als modale Deutung des Existentialurteils bei B. Russell
wieder. Vgl. L. Wittgensteins kritische Bemerkung dazu im *Tractatus*
5.525.

[24] Vgl. z. B. P. Lorenzen/O. Schwemmer (1973 [4], S. 95 f.).

des ganzen Urtheils zum Erkenntnißvermögen bestimmt ist« (*Logik* § 30, vgl. *KrV,* B 266). Jedoch läßt diese Formulierung noch eine subjektivistische Deutung zu, sofern »Erkenntnisvermögen« nicht transzendental, sondern individuell empirisch verstanden würde, wozu Kants Rede vom »Bewußtsein« (*Logik,* § 30) Anlaß geben könnte. Objektivistisch wird sie dadurch, daß Urteile von vornherein nicht subjektiv nach ihrem Verhältnis zum erkennenden Subjekt, sondern objektiv nach ihrem Verhältnis zu anderen Urteilen, insbesondere zu Grundsätzen der Erkenntnis (Axiomen, Grundgesetzen, Naturgesetzen usw.) beurteilt werden. In beiden Fällen haben wir es mit epistemischen Modalitäten zu tun. In der subjektivistischen Fassung kämen diese über den Status bloßer propositionaler Einstellungen nicht hinaus. Eine solche Modalität würde aber einer Feststellung Lotzes zufolge, der propositionale Einstellungen als »Zustände, Stimmungen oder Dispositionen« des Redenden einführt, »nur als ein dem Redenden zuzutrauender Gemüthszustand angerechnet werden können« (§ 44). Der Zusatz, daß eine solche Modalität nicht »in der logischen Form des Urtheils« läge, trifft zwar, wie wir gesehen haben, auch auf die objektivistische beweistheoretische Version zu; aber diese geht doch über die Zuschreibung eines bloßen »Gemüthszustandes« hinaus, indem sie Angaben darüber macht, worauf sich die Berechtigung der propositionalen als epistemischer Einstellung objektiv gründet. Ganz in diesem Sinne billigt Lotze dem außerlogischen epistemischen Gebrauch modaler Ausdrücke denn auch ausdrücklich den »Werth« zu, »Ergebnisse früheres [sic] Nachdenkens, ohne beständig ihre *Begründung* mit zu wiederholen, in die Gestalt einfacher Behauptungen zusammenzuziehen« (§ 41, Hervorhebung G. G.). Der modalen Ausdrücke bedürfen wir dabei, um »nebenbei das auszudrücken, was in der Gliederung des Urtheils selbst nicht liegt«, nämlich die Art der »Begründung« des Urteils oder, wie wir nun sagen können, dessen beweistheoretischer Status. Es ist nicht zu übersehen, daß genau diese Konzeption bei Frege in dessen beweistheoretische Deutung der Modalitäten eingeht. Wie nach Lotze die modalen Ausdrücke dazu dienen, die beweistheoretische Stellung der Urteile »nebenbei auszudrücken«, so sind sie nach Frege nur »Winke«, diese Stellung »anzudeuten«

(*Begriffsschrift*, § 4). Positiv gesagt: Sie sind für beide epistemische *Meta*prädikate von Urteilen[25].

Es verdient hervorgehoben zu werden, daß die objektivistische Tendenz bei Lotze stärker ausgeprägt ist als bei Frege, in dessen beweistheoretischer Formulierung der Möglichkeit sich z.B. ein Bezug auf einen individuellen Sprecher findet. Gleiches läßt sich für den Begriff der Notwendigkeit feststellen. Hier folgt auf die bereits zitierte objektivistische Formulierung, nach der die Apodiktizität die Beweisbarkeit aus allgemeinen Urteilen besagt, eine auf ein individuelles Erkenntnissubjekt bezogene, stark subjektivistisch gefärbte Erläuterung:
»Wenn *ich* einen Satz als nothwendig bezeichne, so gebe *ich* dadurch einen *Wink* über *meine* Urtheilsgründe.« (ebd., Hervorhebungen G.G.)

Da »Urtheilsgründe« für Frege aber sicher keine bloß subjektiven Gründe sind, spricht diese Stelle letztlich nicht gegen ein objektivistisches Verständnis auf Seiten Freges[26]. Zumindest sollte man ihn in diesem Sinne zu rekonstruieren versuchen. Das Lotze und Frege gemeinsame Verständnis der *Möglichkeit* einer Aussage als *Nichtbeweisbarkeit ihrer Negation* kann dann durch die oben angekündigte Verallgemeinerung der Fregeschen Deutung des Apodiktischen im Anschluß an Lotze ergänzt werden, indem die *Notwendigkeit* einer Aussage als ihre *Beweisbarkeit* bestimmt wird. Wenn Frege die Relativität der beweistheoretischen Modalitäten durch den Bezug auf »allgemeine Urtheile« als »Urtheilsgründe« (in der Bestimmung der Notwendigkeit) und »Gesetze« (in der Bestimmung

---

[25] Vgl. bereits Bierich (1951 [2.4], S. 28f.).

[26] Vgl. im Unterschied hierzu L. Haaparanta (1988 [4], S. 257), die meint, daß für Frege Notwendigkeit und Möglichkeit von Gedanken nur für private Bewußtseine (private minds) bestünden. Wenn man jedoch, wie Haaparanta dies zu Recht tut, Freges Behandlung der Modalitäten in der *Begriffsschrift* mit seiner Behandlung der erkenntnistheoretischen Begriffe »a priori«, »a posteriori«, »analytisch« und »synthetisch« in den *Grundlagen der Arithmetik* vergleicht, kann man sehen, daß die objektivistische Auffassung sich bei Frege schließlich durchsetzt, indem er zwischen Erkenntnistheorie und Erkenntnispsychologie unterscheidet. Vgl. dazu die Einleitung zum dritten Buch von Lotzes *Logik.*

der Möglichkeit) herstellt, so steht, wie wir gesehen haben, auch dies im Einklang mit Gedanken Lotzes.

Das Bisherige zusammenfassend läßt sich festhalten:

Lotzes Behandlung der Modalitäten ist dadurch bestimmt, unter den im traditionellen Sinne noch modalitätslosen Urteilsformen solche auszuzeichnen, die modalen Charakter haben. Dabei sind besonders seine Auszeichnung des hypothetischen Urteils (als apodiktische Form) und des (bejahend) partikularen Urteils (als problematische Form) folgenreich geworden. Daneben kristallisiert sich bei Lotze in Abhebung von dieser logischen Deutung im eigentlichen Sinne ein beweistheoretisches Verständnis epistemischer Modalitäten heraus, das sich als objektivistisch-epistemisch von einem subjektivistisch-epistemischen, auf bloßen propositionalen Einstellungen beruhenden, unterscheidet. Die Fülle der von Lotze angeregten Unterscheidungen auf diesem Gebiet ist damit aber noch nicht abgeschlossen. Abermals, um die Unabhängigkeit der Modalitäten des Urteils von den anderen Urteilsformen in Frage zu stellen, wendet Lotze ein:

»Hätte man alle diese Schattirungen [verschiedener modaler Ausdrücke] berücksichtigt, so würde man die Modalitätsformen noch um viele Glieder haben vermehren können.« (§ 46)

Die positive Auswertung genau dieses bei Lotze bloß hypothetisch vorgebrachten Arguments hat zu der raschen Entwicklung der Modallogik in den vergangenen Jahrzehnten geführt. Lotze selbst bringt als Beispiele solcher »Schattierungen« »S wird P sein«, »S soll P sein«, »S darf P sein, »S ist P gewesen«, also, modern gesprochen, temporale und deontische Modalitäten. Vorher (§ 44) erwägt er epistemische (»ich weiß nicht, ob S ein P sei«) und boulomaische (»ich wünsche, daß S ein P sei«) Modalitäten, wobei er diese klar als verschiedene propositionale Einstellungen zu derselben Proposition (»S ist ein P«) erkennt. Propositionen faßt er dabei als »bloße Urtheilsinhalte«, was genau Freges »beurtheilbaren Inhalten« entspricht. Lotze stellt auch bereits fest, daß die Proposition (als der Inhalt des »abhängigen Satzes«) semantisch von der im Hauptsatz ausgedrückten Stellungnahme unabhängig ist. Frege hat dann in seiner grundlegenden Analyse intensionaler Kontexte diesen identischen Inhalt als »ungerade Bedeutung« des abhängigen Satzes gefaßt, indem er in umgekehrter Richtung eine Abhängigkeit der Bedeutung (d. i. des »Wahrheitswertes«) der Gesamtsätze gerade vom Sinn als dem Inhalt (dem »Gedanken«) des Nebensatzes festgestellt hat. Einen Hinweis auf diese Analyse könnte man bei Lotze darin sehen, daß nach ihm die beiden obengenannten Urteile »einen assertorischen Hauptsatz enthalten, der nichts vom Inhalt sagt, sondern nur die Stellung des Redenden zu diesem Inhalt seiner Rede bezeichnet« (§ 44). Dies besagt nämlich, daß die Wahrheit des Hauptsatzes eben *nur* davon abhängig ist, ob die »Stellung des Redenden« tatsächlich die behauptete ist, und zwar dessen Stellung zu *diesem* Inhalt, der damit als wesentlich ins Spiel kommt; aber eben als bloßer Inhalt, unabhängig von seiner Wahrheit oder, wie Lotze sagt, »Geltung«.

6. Annahmen

Die epistemische Deutung des problematischen Urteils verdient noch eine gesonderte Betrachtung wegen einer charakteristischen Zweideutigkeit, die die propositionale Einstellung als subjektives Ergebnis einer objektiven beweistheoretischen Möglichkeit betrifft. Sowohl von Lotze als auch von Frege wird diese Einstellung als »Annahme« bestimmt, ohne daß beide aber dasselbe darunter verstehen. Bei Frege handelt es sich um eine Urteilsenthaltung, die in der *Begriffsschrift* als bloßer beurteilbarer Inhalt ohne Urteilsstrich kenntlich gemacht wird. Wenn Frege ein solches »Setzen eines Falles, ohne gleich über sein Eintreten zu urteilen« (*Function und Begriff*, S. 21 f.) »Annahme« nennt, so ist dies insofern mißverständlich, als eine Annahme dem üblichen Sprachgebrauch zufolge eine propositionale Einstellung ist, der auf der Ebene der Sprechakte eine eigene illokutionäre Kraft entspricht. Freges »Annahme« ist aber gerade durch das gänzliche Fehlen einer solchen Kraft bestimmt. Entsprechendes gilt auch für die epistemische Deutung des problematischen Urteils bei Kant, in dem »man über die Wahrheit oder Unwahrheit eines Urtheils nichts ausmacht« (*Logik*, § 30, Anm. 1). Die »behauptende Kraft«, die in Freges Terminologie das Urteil (bzw. das Aussprechen des Urteils) vom beurteilbaren Inhalt unterscheidet, tritt bei Kant im Übergang vom problematischen zum assertorischen Urteil hinzu (a. a. O., Anm. 3). Damit entspricht Kants »assertorisches Urteil« Freges »Urteil« und Kants »problematisches Urteil« Freges »beurteilbarem Inhalt«.

Durch den Bezug auf Kant gewinnen wir hier ein *tertium comparationis* für unseren direkten Vergleich Lotze – Frege. Lotze kritisiert nämlich – ohne Namensnennung – die Kantische Auffassung, indem er bestreitet, daß der »Mangel einer Angabe über die Art der Geltung« hinreiche, die problematische Modalität des Urteils auszudrücken. Vielmehr habe man es hier mit einem modalitäts*losen* »bloßen Urtheilsinhalte« zu tun (§ 44). Dieser Kritik unterliegt nach dem Gesagten auch Frege, insofern er die propositionale Einstellung, die der beweistheoretischen Möglichkeit entspricht, als Urteilsenthaltung und damit als bloßen beurteilbaren Inhalt charakterisiert (*Begriffsschrift,* § 4).

Demgegenüber ist bei Lotze die beweistheoretische Möglichkeit als eine »versuchsweise annehmbare Möglichkeit« bestimmt (§ 46) und damit nicht bloß negativ als Enthaltungs-Annahme beschrieben, sondern positiv als »Annahme, die möglich ist, weil man keinen Gegengrund weiß« (ebd.). Mit anderen Worten, der Lotzeschen Annahme läßt sich eine eigene illokutionäre Kraft als sprachpragmatische Entsprechung der zugrundeliegenden propositionalen Einstellung zuordnen. Die Tendenz geht dabei in Richtung »vorläufiger Hypothese«. Hier mag auch eine schwächere Deutung ihre Berechtigung haben, die eher der Urteilsenthaltung entspräche. Man wird dieser dann aber ebenfalls eine eigene, einer besonderen propositionalen Einstellung (z. B. der Unentschiedenheit) entsprechende illokutionäre Kraft zuzubilligen haben und es nicht bei einer bloß negativen Charakterisierung belassen können.

Freges *Begriff* der Annahme (im Sinne des Begriffs der Proposition) bleibt von diesem Einwand unberührt. Wenn Lotze darauf hinweist, Sätze, die eine Proposition (einen »bloßen Urtheilsinhalt«) ausdrücken, kämen »nie selbständig, sondern immer von einem selbständigen [Satz] regiert vor« (§ 44 Schluß), so ist dies nicht als eine Vorwegnahme der Bedenken Wittgensteins (*Philosophische Untersuchungen,* § 22) zu lesen, die gerade darauf zu beruhen scheinen, daß dem üblichen Sprachgebrauch folgend Freges besondere Auffassung der »Annahme« als Sprechakt mißverstanden wird. Lotzes Einwand richtet sich vielmehr dagegen, das problematische Urteil als *Urteil* mit einem von jeder illokutionären Kraft freien propositionalen Gehalt zu identifizieren. In sprechakttheoretischer Formulierung heißt dies, daß sich problematisches und assertorisches Urteil, als Annahme und Behauptung, nicht dadurch unterscheiden, daß dem ersteren die illokutionäre Kraft des zweiten fehlt, sondern daß beide verschiedene illokutionäre Kräfte bei identischem propositionalem Gehalt haben.

LITERATURHINWEISE

Eine ausführlichere Lotze-Bibliographie (zur Primär- und Sekundärliteratur) von P. G. Kuntz findet sich in Santayana (1971 [2.2], S. 233–269). Ergänzend (zur Primärliteratur) heranzuziehen ist das sehr gute »Verzeichnis der literarischen Publikationen Lotzes« von E. Rehnisch (1906 [2.1]). Die Zusammenstellung der Schriften Freges in [3] erfaßt nur diejenigen, auf die in der Einleitung des Herausgebers Bezug genommen wird. Angegeben werden nur die Erstveröffentlichungen. Zu Nach- und Neudrucken vgl. die Bibliographie in den *Nachgelassenen Schriften* (2. Aufl., S. 303–314).

1. Schriften Lotzes

Metaphysik, Leipzig 1841.
Allgemeine Pathologie und Therapie als mechanische Naturwissenschaften, Leipzig 1842, ²1848.
Logik, Leipzig 1843.
Allgemeine Physiologie des körperlichen Lebens, Leipzig 1851.
Medicinische Psychologie oder Physiologie der Seele, Leipzig 1852.
Mikrokosmus. Ideen zur Naturgeschichte und Geschichte der Menschheit. Versuch einer Anthropologie, I–III, Leipzig 1856–1864, ³1876–1880, ⁵1896–1906, Leipzig ⁶1923, hg. R. Schmidt unter dem Titel: Mikrokosmos. [...].
Geschichte der Ästhetik in Deutschland, München 1868 (Nachdruck Leipzig 1913 [mit Register], New York/London 1965 [ohne Register].
System der Philosophie, I–II, Leipzig 1874/1879 [Revidierte Ausgabe von »Logik« (1843) und »Metaphysik« (1841): I Drei Bücher der Logik, II Drei Bücher der Metaphysik], I ²1880. Neudruck von I–II, hg. G. Misch, Leipzig 1912, I ²1928. Engl. hg. B. Bosanquet, Lotze's System of Philosophy, I–II, Oxford 1884, ²1888, Nachdruck von I, New York/London 1980.
Grundzüge der Psychologie. Dictate aus den Vorlesungen von H. Lotze, Leipzig 1881, ⁶1904.
Geschichte der deutschen Philosophie seit Kant. Dictate [...], Leipzig 1882, ²1894.

Grundzüge der Naturphilosophie. Dictate [...], Leipzig 1882, [2]1889.

Grundzüge der praktischen Philosophie. Dictate [...], Leipzig 1882, [3]1899, Nachdruck (der Ausgabe von 1882) Amsterdam 1969.

Grundzüge der Religionsphilosophie. Dictate [...], Leipzig 1882, [3]1894.

Grundzüge der Logik und Encyclopädie der Philosophie. Dictate [...], Leipzig 1883, [4]1902. Engl. G. T. Ladd, Outlines of Logic and of Encyclopaedia of Philosophy, Boston 1887, [3]1904.

Grundzüge der Metaphysik. Dictate [...], Leipzig 1883, [2]1887.

Grundzüge der Aesthetik. Dictate [...], Leipzig 1884, [3]1906.

Kleine Schriften I–III (III in 2 Bdn), hg. D. Peipers, Leipzig 1885 bis 1891.

2. Schriften über Lotze

2.1. Zur Biographie

Falckenberg, R., Hermann Lotze. Erster Teil [mehr nicht erschienen]: Das Leben und die Entstehung der Schriften nach den Briefen, Stuttgart 1901.

Rehnisch, E., Zur Biographie Hermann Lotzes; in: H. Lotze, Grundzüge der Ästhetik. Diktate aus den Vorlesungen, Leipzig [3]1906, S. 86–128. Enthält u. a. »Nekrolog«, »Verzeichnis der literarischen Publikationen Lotzes« und »Übersicht über Lotzes Lehrtätigkeit an den Universitäten Leipzig, Göttingen und Berlin«.

Wentscher, M., (1913 [2.2]).

2.2. Allgemeine Darstellungen

Bamberger, F., Untersuchungen zur Entstehung des Wertproblems in der Philosophie des 19. Jahrhunderts: I. Lotze, Halle 1924.

Caspari, O., Hermann Lotze in seiner Stellung zu der durch Kant beginnenden neuesten Geschichte der Philosophie und die philosophische Aufgabe der Gegenwart, Breslau 1883, [2]1894.

Devaux, Ph., Lotze et son influence sur la philosophie anglo-saxonne. Contribution à l'étude historique et critique de la notion de valeur, Brüssel 1932 (= Archives de la Société Belge de Philosophie 3 (1930–1931), Heft 2).

Hartmann, E. v., Lotzes Philosophie, Leipzig 1888.

Jones, H., A Critical Account of the Philosophy of Lotze, Glasgow 1895.

Kraushaar, O. F., What James's Philosophical Orientation Owed to Lotze. Philosophical Review 47 (1938), S. 517–525.

Kuntz, P. G., Rudolf Hermann Lotze, Philosopher and Critic; in: G. Santayana (1971), S. 1–105.

–, Santayana and Lotze. Southern Journal of Philosophy 10 (1972), S. 109–113.

–, Lotze as a Process Philosopher. Idealistic Studies 9 (1979), S. 229–242.

Orth, E. W., Dilthey und Lotze. Zur Wandlung des Philosophiebegriffs im 19. Jahrhundert. Dilthey-Jahrb. 2 (1984), S. 140–158.

–, Rudolf Hermann Lotze: Das Ganze unseres Welt- und Selbstverständnisses; in: J. Speck (Hg.), Grundprobleme der großen Philosophen, Philosophie der Neuzeit IV, Göttingen 1986, S. 9–51.

Pfleiderer, E., Lotze's philosophische Weltanschauung nach ihren Grundzügen, Berlin 1882, ²1884.

Santayana, G., Lotze's System of Philososphy, hg. P. G. Kuntz, Bloomington/London 1971. Enthält Einleitung Kuntz (1971) und Bibliographie.

Schnädelbach, H., Philosophie in Deutschland 1831–1933, Frankfurt 1983, S. 206–218.

Stumpf, C., Zum Gedächtnis Lotzes. Kant-Studien 22 (1918), S. 1–26.

Thomas, E. E., Lotze's Theory of Reality, London 1921.

Wentscher, M., Hermann Lotze I [mehr nicht erschienen]: Lotzes Leben und Werke, Heidelberg 1913.

–, Fechner und Lotze, München 1925.

Willey, T. E., Back to Kant. The Revival of Kantianism in German Social and Historical Thought, 1860–1914, Detroit 1978, S. 40–57 (= chap. 2: Back to Criticism: Rudolf Hermann Lotze).

Woodward, W. R., From Association to Gestalt: The Fate of Hermann Lotze's Theory of Spatial Perception, 1846–1920. Isis 69 (1978), S. 572–582.

2.3. Zur Logik und Erkenntnistheorie

Adamson, R., Rezension von Lotzes *Logik*. Mind 10 (1885), S. 100 bis 115, Nachdruck in: ders., A Short History of Logic, hg. W. Sorley, Edingburgh/London 1911, S. 190–214.

Bauch, B., Lotzes Logik und ihre Bedeutung im deutschen Idealismus. Beiträge zur Philosophie des deutschen Idealismus 1 (1919), S. 45–58.

Cuming, A., Lotze, Bradley and Bosanquet. Mind N. S. 26 (1917), S. 162–170.

Eastwood, A., Lotze's Antithesis between Thought and Things. Mind
    N.S. 1 (1892), S. 305–324, 470–488.
Glockner, H., Lotzes Deutung der platonischen Ideen. Pädagogische
    Hochschule 2 (1930), S. 7–17.
Göldel, R.W., Die Lehre von der Identität in der deutschen Logik-
    Wissenschaft seit Lotze. Ein Beitrag zur Geschichte der modernen
    Logik und philosophischen Systematik, Leipzig 1935.
Goldner, F.M., Die Begriffe der Geltung bei Lotze, Borna-Leipzig
    1918.
Heidegger, M., Logik. Die Frage nach der Wahrheit (= ders., Gesamt-
    ausgabe, Bd. 21), Frankfurt 1976, § 9 (= S. 62–88).
Hosang An, Hermann Lotzes Bedeutung für das Problem der Bezie-
    hung, Jena 1929, Bonn ²1967.
Knower, E.T., Lotze's Logic. Philosophical Review 42 (1933),
    S. 381–398.
Lenk, H., Kritik der logischen Konstanten. Philosophische Begrün-
    dungen der Urteilsformen vom Idealismus bis zur Gegenwart, Berlin
    1968, S. 432–452 (XVII. Lotzes Versuch, die Urteilsformen herzu-
    leiten).
Maxsein, A., Der Begriff der »Geltung« bei Lotze. Der Görres-Gesell-
    schaft philosophisches Jahrbuch 51 (1938), S. 457–470.
Misch, G., Einleitung zu seiner Ausgabe von Lotzes *Logik,* Leipzig
    1912, ²1928, S. IX–XCII.
Pfeil, C.F., Der Einfluß Lotzes auf die logische Bewegung der Gegen-
    wart, dargestellt am Begriff der »Geltung« und am Begriff der
    Wahrheit und des Apriori, Tübingen 1914.
Robins, E.P., Some Problems of Lotze's Theory of Knowledge, hg.
    J.E. Creighton, New York 1900 (=Cornell Studies in Philosophy 1).
Stammler, G., Deutsche Logikarbeit seit Hegels Tod als Kampf von
    Mensch, Ding und Welt I: Spekulative Logik, Berlin 1936,
    S. 443–512 (Fünftes Kapitel: Lotze).

2.4. Zum Verhältnis Lotze – Frege

Bierich, M., Freges Lehre von dem Sinn und der Bedeutung der Urteile
    und Russells Kritik an dieser Lehre. Diss. Hamburg 1951, S. 9–29,
    80–87.
Dummett, M., The Interpretation of Frege's Philosophy, Cambridge,
    Mass. 1981, insbesondere S. 393–397, 520–526 (Frege and Lotze).
–, Frege's ›Kernsätze zur Logik‹. Inquiry 24 (1981), S. 439–448.
–, Objectivity and Reality in Lotze and Frege. Inquiry 25 (1982),
    S. 95–114.

Gabriel, G., Einige Einseitigkeiten des Fregeschen Logikbegriffs; in: M. Schirn (Hg.), Studien zu Frege II, Stuttgart-Bad Cannstatt 1976, S. 67–86, Abschnitt 3.2 (Die Weiterentwicklung der Urteilslehre H. Lotzes).

Majer, U., [Würdigung Lotzes zu dessen 100. Todestag, ohne Titel]. Göttinger Monatsblätter, Juli 1981, S. 6–7.

Sluga, H. D., Frege as a Rationalist; in: M. Schirn (Hg.), Studien zu Frege I, Stuttgart-Bad Cannstatt 1976, S. 27–47, insbesondere S. 29,37,39.

–, Frege's Alleged Realism. Inquiry 20 (1977), S. 227–242, insbesondere Abschnitte 3 und 4.

–, Gottlob Frege, London u. a. 1980, insbesondere S. 52–58, 72f., 117–121, 150ff.

–, Frege: The Early Years; in: R. Rorty u. a. (Hg.), Philosophy in History, Cambridge u. a. 1984, S. 329–356, insbesondere Abschnitte VII–IX.

–, Semantic Content and Cognitive Sense; in: L. Haaparanta/J. Hintikka (Hg.), Frege Synthesized, Dordrecht u. a. 1986, S. 47–64, insbesondere Abschnitt 5.

3. Schriften Freges

Begriffsschrift, eine der arithmetischen nachgebildete Formelsprache des reinen Denkens, Halle a. S. 1879.

Ueber den Zweck der Begriffsschrift. Jenaische Zeitschrift für Naturwissenschaft 16 (1883) Supplement, S. 1–10.

Die Grundlagen der Arithmetik. Eine logisch mathematische Untersuchung über den Begriff der Zahl, Breslau 1884.

Function und Begriff, Jena 1891.

Über das Trägheitsgesetz. Zeitschrift für Philosophie und philosophische Kritik 98 (1891), S. 145–161.

Über Sinn und Bedeutung. Zeitschrift für Philosophie und philosophische Kritik 100 (1892), S. 25–50.

Grundgesetze der Arithmetik. Begriffsschriftlich abgeleitet. I. Band, Jena 1893.

Kritische Beleuchtung einiger Punkte in E. Schröders Vorlesungen über die Algebra der Logik. Archiv für systematische Philosophie 1 (1895), S. 433–456.

Nachgelassene Schriften, hg. H. Hermes, F. Kambartel, F. Kaulbach, Hamburg 1969, ²1983.

Wissenschaftlicher Briefwechsel, hg. G. Gabriel, H. Hermes, F. Kambartel, C. Thiel, A. Veraart, Hamburg 1976.

4. Sonstige Literatur

Bolzano, B., Wissenschaftslehre. Versuch einer ausführlichen und größtentheils neuen Darstellung der Logik I–IV, Sulzbach 1837.

Brentano, F., Psychologie vom empirischen Standpunkt II, Hamburg 1959.

Bynum, W. T. (Hg.), G. Frege, Conceptual Notation and Related Articles, Oxford 1972.

Drobisch, M. W., Neue Darstellung der Logik nach ihren einfachsten Verhältnissen. Nebst einem logisch-mathematischen Anhange, Leipzig 1836.

Gabriel, G., Frege als Neukantianer. Kant-Studien 77 (1986), S. 84 bis 101.

Haaparanta, L., Frege and His German Contemporaries on Alethic Modalities; in: S. Knuuttila (Hg.), Modern Modalities, Dordrecht 1988.

Kant, I., Logik. Akademieausgabe IX, S. 1–150.

Kluge, E.-H., The Metaphysics of Gottlob Frege. An Essay in Ontological Reconstruction, The Hague 1980.

Kneale, W. & M., The Development of Logic, Oxford 1962, [2]1971.

Kreiser, L., G. Frege »Die Grundlagen der Arithmetik« – Werk und Geschichte; in: G. Wechsung (Hg.), Frege Conference 1984, Berlin (Ost) 1984, S. 13–27.

Laßwitz, K., Rezension von G. Freges ›Begriffsschrift‹. Jenaer Literaturzeitung 6 (1879), S. 248–249.

Lorenzen, P./O. Schwemmer, Konstruktive Logik, Ethik und Wissenschaftstheorie, Mannheim u. a. 1973.

Menne, A., Logik und Existenz. Eine logistische Analyse der kategorischen Syllogismusfunktoren und das Problem der Nullklasse, Meisenheim 1954.

Patzig, G., Gottlob Frege; in: O. Höffe (Hg.), Klassiker der Philosophie II, München 1981, S. 251–273.

Passmore, J., A Hundred Years of Philosophy, London [2]1966.

Picardi, E., The Logics of Frege's Contemporaries, or »Der verderbliche Einbruch der Psychologie in die Logik«; in: D. Buzzetti/M. Ferriani (Hg.), Speculative Grammar, Universal Grammar, and Philosophical Analysis of Language (= Studies in the History of the Language Sciences 42), Amsterdam 1987, S. 173–204.

Schmit, R., Allgemeinheit und Existenz. Zur Analyse des kategorischen Urteils bei Herbart, Sigwart, Brentano und Frege. Grazer Philosophische Studien 23 (1985), S. 59–78.

Scholz, H., Abriß der Geschichte der Logik, Freiburg/München [3]1967.

Schröder, E., Rezension von G. Freges ›Begriffsschrift‹. Zeitschrift für Mathematik und Physik 25 (1881), S. 81–94.

Sigwart, C., Beiträge zur Lehre vom hypothetischen Urtheile, Tübingen 1871.

–, Logik I–II, Tübingen ³1904.

Strawson, P. F., On Referring. Mind N. S. 59(1950), S. 320–344.

Thiel, C., Sinn und Bedeutung in der Logik Gottlob Freges, Meisenheim 1965.

–, From Leibniz to Frege: Mathematical Logic Between 1679 and 1879; in: L. J. Cohen u. a. (Hg.), Logic, Methodology and Philosophy of Science VI, Amsterdam u. a. 1982, S. 755–770.

Trendelenburg, A., Logische Untersuchungen I, Leipzig ²1862.

HERMANN LOTZE

LOGIK

Vorwort zur ersten Auflage

Wenn ich dieses Buch als ersten Theil eines Systems
der Philosophie zu bezeichnen wage, so hoffe ich, daß
man hinter dieser Benennung nicht dieselben Ansprüche
vermuthen wird, die in früheren Zeiten sich durch sie
anzukündigen pflegten. Es kann natürlich nur meine Absicht sein, das Ganze meiner persönlichen Ueberzeugungen
in einer systematischen Form darzustellen, welche dem
Leser das Urtheil darüber möglich macht, in wieweit sie
nicht nur in sich selbst zusammenstimmen, sondern auch
dazu dienen können, die vereinzelten Gebiete unserer gewissen Erkenntniß über die großen Lücken hinweg, durch
welche dieselben getrennt sind, in den Zusammenhang einer
abschließbaren Weltansicht zu verknüpfen. Von diesem
Beweggrund habe ich mich auch in diesem Anfang meiner
Darstellung leiten lassen. Ihr erstes Buch, obwohl völlig
neu geschrieben, wiederholt im Wesentlichen den Gedankengang meiner kleinen längst vergriffenen Logik vom Jahre
1843; ich habe nicht Ursache gefunden, diesen zu ändern,
und noch jetzt wie damals liegt nur in ihm das Interesse,
das ich selbst an der Darstellung der Logik nehme; Er-
weiterungen und Verbesserungen ihres Formalismus zu versuchen, jedoch innerhalb des allgemeinen Characters, den
derselbe einmal hat und haben muß, halte ich jetzt wie
damals für unfruchtbare Arbeit; was von ihm wissenswürdig
ist, sei es auch nur in einer Art von culturgeschichtlichem
Interesse, glaube ich dennoch vollständig mitgetheilt zu

haben, und bin bemüht gewesen, es in der einfachsten Form
zu thun. Das zweite Buch, das, aller systematischen Fesseln
ledig, zusammenstellt, was mir nützlich schien, bedarf keines
Vorworts; Vieles läßt sich hier anders auswählen, Manches
hinzufügen, Manches wird auch hinweggewünscht werden;
man muß es wie einen offenen Markt betrachten, auf
welchem man die unbegehrte Waare ruhig bei Seite läßt.
Das dritte Buch war ganz anders beabsichtigt; es sollte
dieselben Gegenstände, die es jetzt bespricht, in Gestalt
einer historisch-kritischen Darstellung der logischen Ge-
sammtansichten behandeln, die in Deutschland und bei
den verschiedenen Nationen des Auslandes in vielen sehr
interessanten und der Theilnahme würdigen Formen auf-
getreten sind. Der Versuch der Ausführung zeigte, daß
diese Aufgabe, wenn sie mit der Gründlichkeit gelöst werden
sollte, die man allen jenen schätzenswerthen Arbeiten
schuldig ist, innerhalb der Grenzen dieses Buches ganz
unerfüllbar blieb; vielleicht findet sich für sie eine andere
Gelegenheit; vor der Hand führt dies Mißlingen mich dazu,
zunächst jeder Rücksichtnahme auf fremde Ansichten zu
entsagen und nur vorzutragen, was entweder Gemeingut
ist oder zu meiner individuellen Anschauungsweise gehört.
Möge nicht Alles, was ich geäußert habe, immer nur dieser
letzten angehören!

Göttingen, 10. Juni 1874.

ERSTES BUCH

VOM DENKEN (REINE LOGIK)

[Einleitung]

I. Auf Anregungen der Sinne entstehen uns fast in jedem Augenblick unseres wachen Lebens verschiedene Vorstellungen zugleich oder in unmittelbarer Abfolge. Von ihnen haben manche ein Recht, in unserem Bewußtsein so zusammenzutreffen, weil auch die Wirklichkeit, aus der sie stammen, ihre veranlassenden Ursachen immer zugleich erzeugt oder aufeinander folgen läßt; andere begegnen sich in uns nur deshalb, weil innerhalb des Bereiches der Außenwelt, für dessen Einwirkung wir erreichbar sind, ihre veranlassenden Ursachen thatsächlich in demselben Augenblick zusammentrafen, doch ohne einen inneren Zusammenhang, der ihre gleiche Verknüpfung in jedem Wiederholungsfalle sicherte. Diese Mischung z u s a m m e n g e h ö r i g e r und nur z u s a m m e n g e r a t h e n e r Vorstellungen wiederholt nach einem Gesetze, welches wir unserer Selbstbeobachtung entlehnen, auch der Verlauf unserer Erinnerungen. Denn jede Vorstellung, sobald sie irgendwie im Bewußtsein neubelebt wird, erweckt auch diejenigen anderen wieder, die früher einmal, gleichzeitig oder ohne Zwischenglied folgend, mit ihr zusammengewesen sind, gleichviel ob die frühere Verknüpfung auf jener Zusammengehörigkeit der vorgestellten Inhalte oder auf dieser bloßen Gleichzeitigkeit übrigens einander fremder Erregungen beruht haben mag. Der erste Fall, die Wiederbringung des Zusammengehörigen, begründet unsere Hoffnung, zu Erkenntnissen zu gelangen; der zweite, die Leichtigkeit, mit der das Zusammengerathene an einander haftet und sich wechselseitig ins Bewußtsein drängt, ist die Quelle der Irrthümer und zunächst jener Zerstreuung, durch die unsere Gedanken von der Verfolgung eines sachlichen Zusammenhanges abgehalten werden.

II. Mit dem Namen des V o r s t e l l u n g s v e r l a u f e s bezeichnen wir das abwechselungsreiche Ganze der Vorgänge, zu denen diese Eigenthümlichkeit unseres Seelenlebens führt. Nothwendigen Zusammenhang zwischen den Gliedern dieses Ganzen würden wir, wenn eine allwissende

Beobachtung uns zu Gebot stände, in jedem seiner Beispiele entdecken: in dem besonnenen Gedankengange des Wachenden, in den Träumen des Schlummernden, in dem Fieberwahn des Kranken. Denn aus der Anwendung allgemeiner Gesetze des Verhaltens, die für alle Seelen gleichmäßig gelten, auf die besonderen Bedingungen, die in jedem einzelnen dieser Fälle abweichend von denen des andern gegeben sind, würde der Gang jener inneren Ereignisse überall als unvermeidlicher Erfolg entspringen müssen. Wüßten wir nur, welche bleibende Eigenthümlichkeit die Natur einer bestimmten einzelnen Seele auszeichnet, übersähen wir zugleich Inhalt und Form ihres ganzen bisherigen Vorstellungsverlaufes, so würden wir auf Grund jener allgemeinen Gesetze vorhersagen können, welche dritte und vierte Vorstellung diese Seele im nächsten Augenblicke erzeugen muß, sobald sie im gegenwärtigen auf Anregung äußerer Reize diese erste und zweite erzeugt hat. In jeder anderen Seele aber, deren Natur Vorgeschichte und augenblickliche Lage andere wären, würde dieselbe erste und zweite Vorstellung, die sie auf Veranlassung gleicher äußerer Reize jetzt entwickelte, zu einer völlig verschiedenen Fortsetzung im nächsten Moment mit gleicher Nothwendigkeit führen. Eine hierauf gerichtete Untersuchung würde daher jeden Vorstellungsverlauf, den sie irgendwo vorfände, als nothwendig für die Seele, in welcher er vorkäme, und unter den Bedingungen, unter denen er stattfände, anerkennen müssen; aber sie würde keine Verknüpfungsweise der Vorstellungen auffinden, welche für alle Seelen allgemeingültig wäre. Und eben, weil jede dieser Vorstellungsreihen unter den besonderen Bedingungen, unter denen sie stattfindet, gleich nothwendig und gesetzlich zusammenhängt, wie jede andere unter den ihrigen, so wäre kein Anlaß zur Aufstellung eines Werthunterschiedes, welcher, wie derjenige zwischen Wahrheit und Unwahrheit, die eine dieser Vorstellungsverbindungen allen übrigen entgegensetzte.

III. Allgemeingültigkeit und Wahrheit nun sind die beiden Vorzüge, welche schon der gewöhnliche Sprachgebrauch denjenigen Verknüpfungen der Vorstellungen zuschreibt und vorbehält, deren Herstellung er von dem Denken allein erwartet. Wahrheit aber pflegt eine übliche Begriffsbestimmung in der Uebereinstimmung der Vorstellungen und ihrer Verbindungen mit dem vorgestellten Gegenstande und seinen eigenen Beziehungen zu suchen. Dieser Ausdruck mag Bedenken gegen sich haben, welche hier zu erörtern nicht Gelegenheit ist; er wird indessen unverfänglich sein, wenn wir ihn dahin ändern, daß Verknüpfungen der Vorstellungen dann wahr sind, wenn sie sich nach den Beziehungen der vorgestellten Inhalte richten, die für jedes vorstellende Bewußtsein dieselben sind, nicht nach dem blos thatsächlichen Zusammentreffen der Eindrücke, das in diesem Bewußtsein sich so, in einem anderen anders gestaltet. Da nun durch die Einwirkungen, die von außen kommen, unser Vorstellen zuerst angeregt wird, so erscheint uns das Denken als eine rückwirkende Thätigkeit, welche der Geist an dem Inhalte ausübt, den ihm jene äußeren Einwirkungen und die oben erwähnten Ergebnisse ihrer Wechselwirkungen zugeführt haben. Der denkende Geist begnügt sich nicht, die Vorstellungen in denjenigen Verbindungen hinzunehmen und sich gefallen zu lassen, in welche sie der Zufall ihrer gleichzeitigen Entstehung gebracht und in der die Erinnerung sie wiederkehren läßt; sichtend vielmehr hebt er das Zusammensein der Vorstellungen auf, die nur auf diesem Wege zusammengerathen sind; diejenigen aber, die nach den Beziehungen ihrer Inhalte zusammengehören, läßt er nicht nur beisammen, sondern vollzieht ihre Verknüpfung noch einmal, jetzt aber in einer Form, die zu der thatsächlichen Wiederherstellung der Verbindung ein Bewußtsein über den Grund der Zusammengehörigkeit der neu verbundenen hinzufügt.

IV. Ich knüpfe die unentbehrliche Erläuterung des Gesagten an die Beleuchtung nahe liegender Einwürfe. Nicht ohne Absicht, die ich eingestehe, habe ich den übrigen Vorstellungsverlauf als eine Reihe von Ereignissen erscheinen lassen, die nach allgemeinen Gesetzen unseres Wesens in uns vorgehen und die wir erleiden, das Denken aber als eine Thätigkeit, die unser Geist ausübt. Nun hat es an dem Zweifel nicht gefehlt, ob überhaupt und ob in Bezug auf das Denken dieser Gegensatz von wesentlicher Bedeutung sei; ob nicht vielmehr Alles, was wir Thätigkeit zu nennen pflegen, mit zu den Ereignissen gehöre, die in uns lediglich geschehen. Es verbietet sich von selbst, diese weitgehende Frage hier zur Entscheidung zu bringen; wenn ich daher, an der Bedeutung dieses Gegensatzes festhaltend, ausdrücklich das Denken als eine Thätigkeit bezeichne, so wird man dies als eine anderswo zu beweisende, hier aber bestreitbar bleibende Voraussetzung ansehen müssen. Sie ist mir nothwendig in dem Zusammenhange des Ganzen, zu welchem diese Betrachtung des Denkens einleiten soll; zulässig aber erscheint sie mir, weil sie zwar die allgemeine Färbung meiner folgenden Darstellung entschieden bestimmen, aber die inneren Beziehungen des darzustellenden Inhalts nicht unnatürlich ändern wird.

V. Es ist nützlicher, einer andern Fassung desselben Einwurfs zu begegnen, welche die allgemeine Gültigkeit des fraglichen Gegensatzes zugibt, aber hier nicht Veranlassung zu seiner Anwendung zu haben glaubt. Die Verknüpfung des Zusammengehörigen, die Wahrheit also, komme auf demselben Wege nur etwas später zu Stande, auf welchem Anfangs die irrigen Verbindungen des zufällig Zusammengerathenen entstehen. Denn der Lauf der Dinge selbst sorge dafür, daß diejenigen Ereignisse, welche ein innerer Zusammenhang mit einander verknüpft, unverhältnißmäßig häufiger auf uns verbunden einwirken, als diejenigen, die ohne inneres Band der Zufall bald so bald anders zusammentreffen läßt. Durch diese öftere Wiederholung befestige sich in uns die Verbindung des Zusammengehörigen, während die Verknüpfungen des Zusammengerathenen einander durch ihre Ungleichheiten lockern und zerstören. Auf diese Weise vollziehe der Vorstellungsverlauf von selbst jene Scheidung des Zusammengehörigen vom Nichtzusammengehörigen, die wir einer besonderen rückwirkenden Thätigkeit des Geistes glaubten zuweisen zu müssen; das Thier wie der Mensch erwerbe so die Menge sachentsprechender Kenntnisse, durch welche das tägliche Verhalten beider im Leben bestimmt wird. Es würde überflüssig sein, ausdrücklich hervorzuheben, daß diese Schilderung völlig richtig sei, wenn sie nur eine Entstehungsgeschichte dieses zuletzt genannten Erwerbes sein will; aber ich denke zu zeigen, daß eben durch diesen die eigenthümliche Leistung des Denkens weder scharf bezeichnet noch erschöpft ist.

VI. Eine gewöhnliche Meinung behält dem Menschen das Vermögen des Denkens vor und spricht es dem Thiere ab. Ohne für oder wider diese Annahme ernstlich zu entscheiden, benutze ich sie zur Bequemlichkeit meiner Erläuterung. In der Seele eines Thieres, die demgemäß auf bloßen Vorstellungsverlauf beschränkt wäre, würde der erste Eindruck eines belaubten Baumes nur ein Gesammtbild erzeugen, zwischen dessen Bestandtheilen besondere Beziehungen der Zusammengehörigkeit aufzusuchen hier außer der Fähigkeit auch noch jeder Antrieb fehlen würde. Der Winter entlaubt den Baum, und eine zweite Wahrnehmung

des Thieres findet nur einen Theil des früheren Gesammt-
bildes wieder, der zwar die Vorstellung des andern wieder
zu erzeugen strebt, darin aber durch den gegenwärtigen
Augenschein bestritten wird. Wenn nun der wiederkehrende
Sommer den alten Thatbestand herstellt, so mag allerdings
das erneuerte Gesammtbild des belaubten Baumes jetzt
nicht mehr die einfache und unbefangene Einheit der ersten
Wahrnehmung besitzen; die Erinnerung an die zweite, sich
zwischendrängend, scheidet es in den Bestandtheil welcher
blieb und den welcher wechselte. Ich halte nicht für angebbar, was eigentlich in der Seele des Thieres sich unter
den angenommenen Umständen ereignen würde; schreiben
wir ihm indessen selbst die Fähigkeit noch zu, vergleichend
den Verlauf seiner Vorstellungen zu überblicken und das
gefundene Verhalten auszudrücken, so würde doch dieser
Ausdruck nicht mehr besagen können als die Thatsache,
daß zwei Wahrnehmungen bald zusammen waren bald nicht.
Der Mensch, wenn er dieselben Gegenstände seiner Beobachtung den belaubten und den unbelaubten Baum nennt,
drückt damit nur dieselben Thatbestände aus; aber die Auffassung derselben, welche er in diesen ihm gewohnten
sprachlichen Formen kundgibt, enthält doch eine ganz
andere geistige Arbeit. Denn der Name des Baumes, dem
er jene nähere Bezeichnung bald hinzufügt bald entzieht,
bedeutet ihm nicht blos einen beharrlichen Theil seiner
Wahrnehmung im Gegensatz zu einem veränderlichen, sondern die auf sich beruhende Sache, das Ding im Gegensatze zu seiner Eigenschaft. Indem er den Baum und seine
Belaubung unter diesen Gesichtspunkt rückt, läßt er diese
Beziehung, welche zwischen einem Dinge und seiner Eigenschaft bestehe, als den Rechtsgrund erscheinen, der sowohl
die Trennbarkeit als die Verbindung beider Vorstellungen
rechtfertigt, und führt so die Thatsache ihres Zusammenseins
oder Nichtzusammenseins in unserem Bewußtsein auf eine
sachliche Bedingung ihrer augenblicklichen Zusammengehörigkeit oder Nichtzusammengehörigkeit zurück. Man
kann dieselbe Betrachtung über andere Beispiele erstrecken.
In der Seele des Hundes ruft der erneute Anblick des ge-
schwungenen Stockes die Vorstellung des früher erlittenen
Schmerzes zurück; der Mensch, wenn er den Satz ausspricht, der Schlag thue weh, drückt damit nicht blos die
thatsächliche Verknüpfung beider Ereignisse aus, sondern
er rechtfertigt sie. Denn indem er in diesem Urtheile den
Schlag als das Subject bezeichnet, von dem der Schmerz

ausgehe, läßt er deutlich das allgemeine Verhältniß einer
Ursache zu ihrer Wirkung als den Grund erscheinen, um
deswillen nicht blos beide Vorstellungen in uns zusammen
sind, sondern die eine berechtigt und verpflichtet ist auf
die andere zu folgen. Endlich mag dem Hunde mit der
Erwartung des Schmerzes zugleich die Erinnerung wiederkehren, mit der Flucht, zu der ihn früher ein unwillkürlicher
Trieb anleitete, sei eine Milderung des Schmerzes verbunden gewesen; und gewiß wird diese neue Verkettung
seiner Vorstellungen ihn zu der nützlichen Wiederholung
seiner Flucht ebenso sicher bestimmen, als wenn er überlegend schlösse: drohende Schläge verhindere insgemein
die Entfernung, ihm drohe der Schlag, also müsse er
flüchten. Aber der Mensch, der in gleichem oder ernst-
hafterem Falle einen solchen Schluß wirklich bildet, vollzieht
doch eine ganz andere geistige Arbeit; indem er im Obersatz eine allgemeine Erkenntniß ausspricht und ihr im
Untersatz einen besonderen Fall der Anwendung unterordnet, wiederholt er nicht nur die Thatsache jener nützlichen Verknüpfung von Vorstellungen und Erwartungen,
die das Thier auf sich wirken läßt, sondern rechtfertigt sie
durch Berufung auf die Abhängigkeit des Besonderen von
seinem Allgemeinen.

VII. Durch diese Beispiele, welche sich auf die all-
bekannten Formen des Denkens, auf Begriff Urtheil und
Schluß erstreckten, glaube ich hinlänglich den Ueberschuß
der Leistung deutlich gemacht zu haben, welchen das Denken
vor dem bloßen Vorstellungsverlaufe voraus hat: er besteht
überall in den Nebengedanken, welche zu der Wiederherstellung oder Trennung einer Vorstellungsverknüpfung
den Rechtsgrund der Zusammengehörigkeit oder Nichtzusammengehörigkeit hinzufügen. Diese Leistung bleibt in
ihrem Werthe völlig dieselbe, welche Meinung man auch
über ihre Entstehung haben mag; zögen wir vor, sie nicht
als Ausfluß einer besonderen Thätigkeit, sondern nur als
ein feineres Erzeugniß zu betrachten, welches der Vorstellungsverlauf unter günstigen Umständen von selbst hervorbringt, so würde uns Denken dieser Vorstellungsverlauf
eben nur auf derjenigen Stufe seiner Entwicklung heißen,
auf welcher er zur Erzeugung dieser neuen Leistung bereits
gekommen ist. Hierin also, in der Erzeugung jener recht-
fertigenden Nebengedanken, welche die Form unseres Auf-
fassens bedingen, nicht in der bloßen Sachgemäßheit der
Auffassungen, liegt die Eigenthümlichkeit des Denkens, der

unsere ganze spätere Darstellung gilt. Daß auch ohne dieses Denken der bloße Vorstellungsverlauf des Thieres eine Menge nützlicher Verknüpfungen der Eindrücke, viele zutreffende Erwartungen und passende Rückwirkungen hervorbringt, leugnen wir nicht; wir geben im Gegentheil zu, daß selbst vieles von dem, was der Mensch sein Denken nennt, in der That nur in einem Spiele einander hervorrufender Vorstellungen besteht. Dennoch bleibt hier vielleicht ein Unterschied. In den plötzlichen Eingebungen, die uns im Augenblick eine entscheidende Maßregel treffen lassen, in der raschen Uebersicht, welche verwickeltes Mannigfaltige fast schneller zergliedert, als die bloße Wahrnehmung seiner Bestandtheile möglich schien, in der künstlerischen Erfindung endlich, die sich ihrer treibenden Gründe unbewußt bleibt: in allen diesen Fällen glauben wir nicht einen Vorstellungsverlauf, welcher noch nicht Denken wäre, sondern ein verkürztes Denken wirken zu sehen. An den bestimmten Beispielen, an denen diese überraschenden Leistungen vollzogen werden, gelingen sie wohl nur, weil ein entwickeltes Denken längst an andern Beispielen die Gewohnheit jener Nebengedanken groß gezogen hatte, welche die gegebenen Eindrücke unter allgemeine Gründe ihrer Zusammengehörigkeit bringen; und wie jede Geschicklichkeit, die zur mühelosen zweiten Natur geworden ist, hat auch diese eine vergessene Zeit mühsamer Uebung hinter sich.

VIII. In den Beispielen, die ich benutzte, fielen die Nebengedanken, durch welche wir die Verknüpfungen der Vorstellungen rechtfertigten, ersichtlich mit gewissen Voraussetzungen zusammen, deren wir uns über den Zusammenhang des Wirklichen nicht entschlagen. In der That, ohne die Gesammtheit des Wahrnehmbaren durch den Gegensatz von Dingen und ihren Eigenschaften zu gliedern, ohne die Annahme einer Abfolge von Wirkungen aus Ursachen, ohne die bestimmende Macht endlich des Allgemeinen über das Besondere, ist uns jede Auffassung der umgebenden Wirklichkeit völlig unmöglich. Von hier aus erscheint es daher eine ganz von selbst sich ergebende Behauptung, in seinen Formen und den sie beseelenden Nebengedanken bilde das Denken unmittelbar die allgemeinen Formen des Seienden selbst und seiner Zusammenhänge ab, und oft genug ist in der That diese r e a l e Geltung des Denkens und seiner Verfahrungsweisen gelehrt worden. Die entgegengesetzte Behauptung, die man als volles Widerspiel erwarten könnte,

ist nie gleich uneingeschränkt gewagt worden. Zu natürlich
erscheint jedem Unbefangenen das Denken als ein Mittel,
zur Erkenntniß des Wirklichen zu gelangen, und viel zu
sehr beruht alle Theilnahme für die wissenschaftliche Untersuchung seines Verfahrens auf dieser Voraussetzung, als daß
man jemals von einer blos formalen Geltung alles
logischen Thuns mit bestimmter Leugnung jeder Beziehung
desselben zu der Natur des Seienden hätte sprechen können.
Indem man daher die Formen und Gesetze des Denkens
zunächst als eigenthümliche Folgen der Natur unserer
geistigen Organisation ansah, schloß man nicht jedes Zu-
sammenpassen derselben zu dem Wesen der Dinge aus, aber
man leugnete jene Beziehung kurzer Hand, nach welcher
die Formen des Denkens unmittelbare Abbilder der Formen
des Seins wären.

IX. Zu dieser vielbehandelten Streitfrage kann eine
Einleitung nur eine vorläufige Stellung nehmen. Gewiß
werden wir recht thun, wenn wir am Anfange unserer Betrachtung nur das beachten, was hier schon klar sein kann,
die Entscheidung des Ungewissen aber ihrem Fortgange
überlassen. Bleiben wir deshalb bei der natürlichen Voraussetzung, welche das Denken als ein Mittel zur Erkenntniß
ansieht. Nun hat jedes Werkzeug die doppelte Verpflichtung, sachgerecht und handgerecht zu sein. Sachgerecht,
sofern es durch seinen eigenen Bau im Stande sein muß,
den Gegenständen, die es bearbeiten soll, überhaupt nahe
zu kommen, sie zu erreichen, zu fassen und an ihnen einen
Angriffspunkt für seine umgestaltende Einwirkung zu finden;
und diese Forderung erfüllen wir für das Denken durch
das Zugeständniß, daß seine Formen und Gesetze gewiß
nicht bloße Sonderbarkeiten menschlicher Geisteseinrich-
tung, sondern daß sie, so wie sie sind, beständig und durch-
gehends auf das Wesen des Wirklichen berechnet sind.
Handgerecht aber muß jedes Werkzeug dadurch sein, daß
es durch andere Eigenschaften seines Baues ergreifbar halt-
bar und bewegbar für die Kraft die Stellung und den Standpunkt desjenigen ist, der sich seiner bedienen soll; und
diese zweite nothwendig zu erfüllende Forderung beschränkt
für das Denken den Sinn des vorigen Zugeständnisses.
Nur ein Geist, der im Mittelpunkte der Welt und alles Wirklichen stände, nicht außerhalb der einzelnen Dinge, sondern
sie alle durchdringend und mitseiend, nur ein solcher möchte
eine Anschauung der Wirklichkeit besitzen, die, weil sie

nichts erst zu suchen brauchte, unmittelbar das völlige
Abbild derselben in ihren eigenen Formen des Seins und
der Thätigkeit wäre. Der menschliche Geist dagegen, um
dessen Denken allein es sich für uns handelt, steht in
diesem Mittelpunkte der Dinge nicht, sondern hat seinen
bescheidenen Ort irgendwo in den letzten Verzweigungen
der Wirklichkeit. Genöthigt, seine Erkenntniß durch Erfahrungen, die sich unmittelbar nur auf einen kleinen Bruchtheil des Ganzen beziehen, stückweis zusammenzubringen
und von hier aus vorsichtig zu der Auffassung dessen vor-
zudringen, was nicht in seinen Gesichtskreis fällt, hat er
sehr wahrscheinlich eine Menge von Umwegen nöthig, die
der Wahrheit selbst, die er sucht, gleichgültig, aber ihm,
der sie sucht, unvermeidlich sind. Wie sehr wir mithin die
ursprüngliche Beziehung der Denkformen auf das Ziel der
Erkenntniß, die Natur der Dinge, voraussetzen mögen: darauf
müssen wir uns doch gefaßt machen, manche Bestandtheile
in ihnen anzutreffen, die das eigne Wesen des Wirklichen
nicht sofort abbilden, zu dessen Erkenntniß sie führen sollen;
ja es bleibt die Möglichkeit, daß ein sehr großer Theil
unserer Denkbemühungen nur einem Gerüste gleicht, das
keineswegs zu den bleibenden Formen des Baues gehört,
den es aufführen half, das im Gegentheil wieder abge-
brochen werden muß, um den freien Anblick seines Ergebnisses zu gewähren. Es reicht hin, diese vorläufige Erwartung erregt zu haben. mit der wir dem Gegenstande
unserer Betrachtung entgegenkommen wollen; jede bestimm-
tere Entscheidung über die Grenzen, welche die formale
Gültigkeit unseres Denkens von seiner realen Bedeutung
trennt, kann nur von dem Verlaufe unserer Untersuchungen
gefordert werden.

X. Ich vermeide absichtlich, den Beginn dieser letzteren
durch Erörterungen zu verzögern, die mir mit Unrecht den
Zugang zur Logik zu erschweren scheinen. Welche Gemüths-
verfassung dazu gehöre, um die Denkhandlungen mit Glück
zu vollziehen, wie die Aufmerksamkeit zusammenzuhalten,
die Zerstreuung zu verhüten, die Schläfrigkeit aufzuregen,
die Uebereilung zu zügeln sei: alle diese Fragen gehören
so wenig zum Gebiete der Logik, als die Untersuchungen
über die Entstehung unserer Sinneseindrücke und die Bedingungen, unter denen Bewußtsein überhaupt und bewußte
Thätigkeit möglich ist. Vorausgesetzt vielmehr, daß es alles
dies gebe, Wahrnehmungen Vorstellungen und ihre Ver-

flechtung nach den Gesetzen eines seelischen Mechanismus, beginnt die Logik selbst erst mit der Ueberzeugung, daß es dabei sein Bewenden nicht haben soll, daß vielmehr zwischen den Vorstellungsverknüpfungen, wie sie auch immer entstanden sein mögen, ein Unterschied der Wahrheit und Unwahrheit stattfinde, daß es endlich Formen gebe, denen diese Verknüpfungen entsprechen, Gesetze, denen sie gehorchen s o l l e n. Allerdings kann es eine psychologische Untersuchung geben, welche auch den Ursprung dieses gesetzgebenden Bewußtseins in uns aufzuklären strebt; aber auch dieser Versuch würde die Richtigkeit seiner eignen Ergebnisse nur nach dem Maßstab messen können, den eben dieses von ihm zu untersuchende Bewußtsein aufstellt. Zuerst muß daher das ermittelt werden, w a s der Inhalt dieser gesetzgebenden Ueberzeugung in uns ist; nur in zweiter Linie kann ihre eigne Entstehungsgeschichte, und dann nur in Uebereinstimmung mit den Forderungen, welche sie selbst ausspricht, unternommen werden.

XI. Indem ich für erschöpft halte, was ich zur Einleitung meiner Darstellung zu bedürfen glaubte, füge ich eine vorläufige Uebersicht ihres Ganges hinzu. Die Beispiele, welche wir bisher benutzten, führen von selbst in einen ersten Haupttheil ein, der unter dem Namen der reinen oder formalen Logik dem Denken überhaupt und jenen allgemeinen Grundformen und Grundsätzen desselben gewidmet ist, die ohne Rücksicht auf die Verschiedenheit der zu behandelnden Gegenstände überall sowohl in der Beurtheilung des Wirklichen als in der Ueberlegung des Möglichen gelten. Die bloße Nennung von Begriff Urtheil und Schluß genügt, um zu bemerken, wie natürlich diese Formen sich als verschiedene Stufen einer und derselben Thätigkeit darstellen; diesen Faden des Zusammenhangs wird meine Behandlung der reinen Logik etwas schärfer als gewöhnlich anzuspannen suchen. Sie wird die verschiedenen Denkformen in eine aufsteigende Reihe ordnen, in welcher jedes spätere Glied einen Mangel zu tilgen sucht, den das zunächst frühere übrig ließ, weil es dem allgemeinen Bestreben des Denkens, Zusammenseiendes auf Zusammengehöriges zurückzuführen, in Bezug auf die Frage, die ihm, diesem früheren Gliede, vorlag, noch keine vollständige Befriedigung verschaffte. Diese Reihe von Gliedern wird von den einfachsten Formungen der einzelnen Eindrücke bis zu dem Gedanken der umfassenden Ordnung fortschreiten, welche wir, wenn es anginge, dem Ganzen der

Welt, auf Grund dieses allgemeinen logischen Triebes, geben möchten.

XII. Die reine Logik selbst nun wird zeigen und erläutern, daß die Formen des Begriffs, des Urtheils und des Schlusses zunächst als ideale Formen zu betrachten sind, die dann, wenn es gelingt, den gegebenen Stoff der Vorstellungen in sie einzuordnen, die wahre logische Fassung dieses Stoffes erzeugen. Aber die verschiedenen Eigenthümlichkeiten der verschiedenen Gegenstände setzen dieser Einordnung Widerstände entgegen; nicht von selbst ist klar, welche Summe von Inhalt als abgeschlossener Begriff einem andern entgegengesetzt zu werden verdient; nicht von selbst, welches Prädicat allgemeingültig welchem Subject zukommt, noch wie das allgemeine Gesetz zu finden ist, das einer systematischen Anordnung eines Mannigfachen als Princip dienen soll. Die angewandte Logik beschäftigt sich mit den Methoden des Untersuchens, welche diese Mängel beseitigen. Als eine Betrachtung von Hindernissen und den Kunstgriffen zu ihrer Bewältigung muß diese Lehre, mit Aufopferung der Vorliebe für Systematik, nach Rücksichten der Nützlichkeit dasjenige auswählen, was die bisherige Erfahrung der Wissenschaft als erheblich und fruchtbar kennen gelehrt hat; die Grenzenlosigkeit des hier sich bietenden Beobachtungsstoffes macht es leider unmöglich, diesen glänzendsten, der Erfindungsgabe der Neuzeit angehörigen Theil der Logik mit an sich wünschenswerther Vollständigkeit herzustellen.

XIII. Dem Erkennen wird der dritte Theil sich widmen, der Frage also, die unsere Einleitung berührte, ohne sie zu beantworten: in wie weit kann ein Ganzes von Gedanken, das wir durch alle Mittel der reinen und der angewandten Logik aufzubauen im Stande gewesen sind, darauf Anspruch machen, eine zutreffende Erkenntniß dessen zu sein, was wir als Gegenstand und veranlassende Ursache unserer Vorstellungen glauben voraussetzen zu müssen. Je geläufiger dem gewöhnlichen Bewußtsein dieser Gegensatz zwischen dem Gegenstande unserer Erkenntniß und unserer Erkenntniß dieses Gegenstandes ist, um so unbesorgter kann ich seine Erwähnung als eine vorläufige Bezeichnung der Betrachtungen gelten lassen, die diesem dritten Theile zufallen werden; ihm selbst mag es aufbehalten bleiben, die Schwierigkeiten aufzudecken, welche diese scheinbar klare Gegenüberstellung enthält, und sich darnach die Grenzen seiner Aufgaben genauer zu bestimmen.

Erstes Kapitel.

Die Lehre vom Begriffe.

A. Die Formung der Eindrücke zu Vorstellungen.

1. In Beziehungen eines Mannigfachen pflegen sich uns die Leistungen des Denkens zu zeigen; man kann daher glauben, auch die ursprünglichste seiner Handlungen in einer einfachsten Art der Verknüpfung zweier Vorstellungen suchen zu müssen. Eine leichte Ueberlegung räth uns indessen, noch einen Schritt weiter zurückzugehen. Aus lauter Kugeln läßt sich ein Haufe leicht zusammenwerfen, wenn es gleichgültig ist, wie sie liegen; ein Gebäude von regelmäßiger Gestalt dagegen ist nur aus Bausteinen möglich, die einzeln bereits jeder in Formen gebracht sind, in welchen sie einander passende Flächen zu sicherer Anfügung und Auflagerung zuwenden. Man wird Aehnliches hier erwarten müssen. Als bloße Erregungen unseres Inneren können die Zustände, welche den äußern Reizen folgen, ohne weitere Vorbereitung in uns beisammen sein und auf einander so wirken, wie es eben die allgemeinen Gesetze unseres Seelenlebens gestatten oder befehlen; um dagegen in der bestimmten Form eines G e d a n k e n s verbindbar zu werden, bedürfen sie einzeln einer vorgängigen Formung, durch welche sie überhaupt erst zu logischen Bausteinen, aus E i n - d r ü c k e n zu V o r s t e l l u n g e n werden. Nichts ist uns im Grunde vertrauter als diese erste Leistung des Denkens; wir pflegen nur deshalb über sie hinwegzusehen, weil sie in der Bildung der uns überkommenen Sprache beständig schon geleistet ist und darum zu den selbstverständlichen Voraussetzungen, nicht mehr zu der eigenen Arbeit des Denkens zu gehören scheint.

2. Was unmittelbar unter dem Einflusse äußerer Reize in uns entsteht, die Empfindung oder das sinnliche Gefühl, ist an sich nichts als ein Zustand unseres Befindens, eine Art, wie uns zu Muth ist. Nicht immer gelingt es uns, einen Namen zu finden für das, was wir so leiden, und es dadurch mittheilbar an Andere zu machen; nur die formlose Interjection, der Ausruf, bleibt uns zuweilen übrig, um dies Unsagbare, ohne sichere Hoffnung auf Verständniß, wenigstens zu verlautbaren. In den günstigeren Fällen aber, in welchen uns die Schöpfung eines Namens gelungen ist, welche Leistung ist dann ausgeführt, und verräth sich eben in dieser Schöpfung selbst? Keine andere, als eben die, die wir hier suchen, die Verwandlung eines Eindrucks in Vorstellung. Sobald wir die verschiedenen Erregungen, welche uns Lichtwellen durch unser Auge veranlassen, grün oder roth nennen, haben wir ein früher Ungeschiedenes geschieden: unser Empfinden von dem Empfindbaren, auf das es sich bezieht. Dies Empfindbare stellen wir jetzt vor uns hin, nicht mehr als einen Zustand unseres Leidens, sondern als einen Inhalt, der an sich selbst ist was er ist und bedeutet was er bedeutet, und der dies zu sein und zu bedeuten fortfährt, gleichviel ob unser Bewußtsein sich auf ihn richtet oder nicht. Man wird leicht hierin den nothwendigen Anfang jener Thätigkeit entdecken, die wir dem Denken überhaupt zueigneten; sie kann hier noch nicht darauf gerichtet sein, zusammenseiendes Mannigfaltige in Zusammengehöriges zu verwandeln; sie löst vor Allem die Voraufgabe, jedem einzelnen Eindrucke die Bedeutung eines an sich Gleichgültigen zu geben, ohne welche später eine sachliche Zusammengehörigkeit mehrerer keinen angebbaren Sinn im Gegensatze zu bloßem Zusammensein in uns haben könnte.

3. Man kann diese erste Leistung des Denkens als Beginn einer Objectivirung des Subjectiven bezeichnen; ich benutze diesen Ausdruck, um durch Abwehr eines Mißverständnisses den einfachen Sinn des Gesagten zu verdeutlichen. Objectivität in der Bedeutung eines irgendwie gearteten wirklichen Daseins, das auch bestände, wenn Niemand es dächte, wird durch die logische That, die sich in der Schöpfung eines Namens verräth, dem durch eben diese Schöpfung entstehenden Vorstellungsinhalt nicht zuerkannt; was in Wahrheit diese erste Denkhandlung sagen will, machen die Sprachen am leichtesten klar, die sich den Gebrauch des Artikels bewahrt haben. Denn durch diesen,

welcher überall ursprünglich den Werth eines demonstrativen Pronomen hatte, wird das mit ihm versehene Wort als der Name von Etwas bezeichnet, worauf sich hinweisen läßt; hin aber weisen wir auf das, was einem Andern ebenso wahrnehmbar werden kann, wie es uns gewesen ist. Nun freilich geschieht dies am leichtesten in Bezug auf Dinge, die in der That in äußerlicher Wirklichkeit zwischen den Sprechenden stehen, aber die gebildete Sprache vergegenständlicht auch jeden andern Denkinhalt auf gleiche Weise. Die Objectivität, welche sie durch den auch in solchen Fällen gebrauchten Artikel andeutet, fällt daher nicht im Allgemeinen mit der Wirklichkeit zusammen, die den Dingen zukommt; sie traf vielmehr in den Benennungen dieser nur mit einem thatsächlichen Anspruch auf eine solche zusammen, den ihnen die unterscheidende Eigenthümlichkeit ihrer realen Natur gibt. Von dem Schmerze, der Helligkeit, der Freiheit sprechen wir nicht so, als könnte der Schmerz dasein, wenn ihn Niemand fühlt, die Helligkeit, wenn sie kein Auge sieht, die Freiheit, wenn kein Wesen wäre, das sich der Uneingeschränktheit seines Handelns entweder selbst erfreute oder sie fühlbar machte für Andere. Noch weniger, wenn wir von dem Zwar dem Aber und dem Dennoch reden, meinen wir durch den Artikel ein Dasein anzudeuten, das den durch diese Worte bezeichneten Denkinhalten irgendwie auch außerhalb jedes Vorstellens zukäme; wir sagen durch diese Ausdrucksweisen nur, daß gewisse eigenthümliche Widerstreite und Spannungen, die wir im Verlauf unserer Vorstellungen fühlen, nicht blos Seltsamkeiten unseres Befindens und unabtrennbar von diesem sind, daß sie vielmehr auf eigenen Beziehungen verschiedener Vorstellungsinhalte beruhen, welche jeder, der diese denken wird, ebenso zwischen ihnen vorfinden wird, wie wir. Durch die logische Objectivirung, die sich in der Schöpfung des Namens verräth, wird daher der benannte Inhalt nicht in eine äußere Wirklichkeit hinausgerückt; die gemeinsame Welt, in welcher Andere ihn, auf den wir hinweisen, wiederfinden sollen, ist im Allgemeinen nur die Welt des Denkbaren; ihr wird hier die erste Spur eines eigenen Bestehens und einer inneren Gesetzlichkeit zugeschrieben, die für alle denkenden Wesen dieselbe und von ihnen unabhängig ist, und es hier ganz gleichgültig, ob einzelne Theile dieser Gedankenwelt Etwas bezeichnen, was noch überdies außerhalb der denkenden Geister selbständige Wirklichkeit besitzt, oder ob ihr ganzer Inhalt überhaupt nur in den Gedanken der Denkenden, mit gleicher Gültigkeit dann für alle, Dasein hat.

4. Durch diese Vergegenständlichung des eben so erst entstehenden Inhalts ist indessen nicht der ganze Sinn dieser ersten Denkhandlung erschöpft; vor sich hinstellen kann ihn das Bewußtsein nicht blos überhaupt, sondern nur indem es ihm eine bestimmte Stellung gibt; nicht überhaupt blos kann es ihn von einem Zustand **seiner** eigenen Erregung unterscheiden, ohne ihm anstatt der Art des Seins, die er als solcher Zustand hatte, eine andere Art seines Bestehens zuzuerkennen. Was mit dieser Forderung gemeint ist, denn ich gebe zu, daß es diesem Ausdruck derselben an unmittelbarer Klarheit fehlt, zeigt uns am einfachsten die Sprache durch ihre wirkliche Erfüllung. Denn nur die Interjection, die keines Inhalts Name ist, läßt sie in der Formlosigkeit, die ihr als bloßem Ausdruck einer Erregung zukommt; ihren ganzen übrigen Wortschatz gliedert sie in die bestimmten Formen der Substantiva der Adjectiva der Verba, der bekannten R e d e t h e i l e überhaupt. Und daß sie durch diese verschiedenartige Ausprägung ihres ganzen Schatzes eine Vorbedingung erfüllt, welche das Denken zu seinen späteren Leistungen nicht entbehren kann, bedarf kaum der besonderen Versicherung, denn offenbar weder die Verbindung der Merkmale zum Begriff, noch die der Begriffe zum Urtheile oder der Urtheile zum Schluß wäre möglich, wenn alle Vorstellungsinhalte gleich formlos oder in gleicher Form gefaßt wären, und wenn nicht einige von ihnen substantivisch als Bezeichnungen für sich feststehender Inhalte anderen adjectivischen eine Stätte der Anknüpfung gewährten, noch andere verbale die flüssigen Beziehungen darstellten, die eines mit dem andern in Verbindung zu bringen bestimmt sind. Ich halte nicht für angemessen, diese eigenthümliche Gestaltung des Vorstellungsinhalts als eine zweite Denkhandlung von jener ersten zu trennen, der wir die Vergegenständlichung desselben zuschrieben; ich fasse vielmehr die erste That des Denkens in diese untheilbare Leistung zusammen, dem vorgestellten Inhalt eine dieser logischen Formungen zu geben, indem sie ihn für das Bewußtsein vergegenständlicht, oder auch ihn dadurch eben zu vergegenständlichen, daß sie ihm eine dieser bestimmten Formungen gibt.

5. Unvermeidlich erinnern die drei Redetheile, die ich hervorhob, an drei unserer Beurtheilung der Wirklichkeit unentbehrliche Begriffe. Denn in der That nicht einmal eine

aussprechbare Uebersicht über die wahrnehmbare Welt ist
uns möglich, ohne in ihr Dinge als die festen Punkte zu
denken, die einer Vielheit unselbständiger Eigenschaften
als Träger dienen und durch veränderliche Ereignisse, das
Spiel des Geschehens, unter einander verbunden werden.
Ist Metaphysik die Untersuchung nicht des Denkbaren überhaupt, sondern des Wirklichen oder dessen, was als wirklich
anerkannt werden soll, so sind diese Begriffe des Dinges
der Eigenschaft und des Geschehens metaphysische Begriffe; nicht solche vielleicht, welche die Metaphysik am
Ende ihrer Untersuchung in unveränderter Geltung lassen
würde, aber solche gewiß, die am Anfang derselben unmittelbar das eigne Wesen und die Gliederung des Seienden
zu bezeichnen vorgeben. Mit ihnen scheinen nun die
logischen Formen der Substantivität Adjectivität und Verbalität für den ersten Blick zusammenzufallen; ein zweiter
freilich zeigt zwischen beiden Reihen den gleichen Unterschied, welcher die logische Vergegenständlichung eines
Vorstellungsinhaltes von äußerer Wirklichkeit trennte. Denn
für Ding oder Substanz gilt uns nur, was außer uns wirklich
und in der Zeit dauernd theils in Anderem Veränderungen
bewirkt, theils veränderliche Zustände selbst zu erleiden
vermag; substantivisch aber fassen wir nicht die Dinge
allein, sondern ihre Eigenschaften ja auch; substantivisch
sprechen wir von der Veränderung, dem Ereigniß, dem
Nichts selbst; kurz von Unzähligem, was entweder nicht ist,
oder doch nicht selbständig für sich, sondern nur an Anderem
Bestand hat. Durch die Form der Substantivität eignen wir
daher dem in sie gebrachten Inhalt nur in Beziehung auf
das, was von ihm als einem Subject künftiger Urtheile weiter
ausgesagt werden soll, dieselbe Priorität und Selbständigkeit
zu, die dem Dinge gegenüber seinen Eigenschaften Zu-
ständer und Wirkungen zukommt, aber keineswegs die
Realität selbständiger Wirklichkeit und Wirksamkeit, die
dieses von dem blos Denkbaren voraus hat. Auch Verba
bezeichnen am häufigsten freilich ein in der That zeitlich
verlaufendes Geschehen; aber wenn wir sagen, daß die
Dinge sind oder daß sie ruhen, daß eines das andere bedingt
oder ihm gleicht, so zeigt sich, daß auch die verbale Form
nicht allgemein ihrem Inhalt die Bedeutung eines Geschehens gibt, sondern sie nur gewöhnlich in ihm vorfindet.
Um den Sinn solcher Verba, wie wir sie eben als Beispiele
brauchten, vollständig zu denken, haben wir mehrere einzelne Inhalte durch eine Bewegung unseres Vorstellens zu

verknüpfen, eine Bewegung, die ausführlich freilich nur in der Zeit, aber doch in dem, was sie bedeutet oder sagen will, von allem Zeitverlauf unabhängig ist. Mit einem Wort: nicht ein Geschehen, sondern eine Beziehung zwischen mehreren Beziehungspunkten ist der allgemeine Sinn der verbalen Form; und diese Beziehung kann ebenso gut zwischen Inhalten vorkommen, die stets unzeitlich nur in der Welt des Denkbaren zusammen, wie zwischen solchen, die, der Wirklichkeit angehörig, einer zeitlichen Veränderung zugänglich sind. Gewiß bezeichnen endlich die Stamm-adjectiva der Sprache, wie blau und süß, zunächst das, was unserer ersten Auffassung als wirkliche Eigenschaft von Dingen erscheint; aber jede ausgebildete Sprache kennt doch Worte wie: zweifelhaft parallel und erlaubt; Worte, die schon der einfachsten Ueberlegung nicht mehr in dem einfachen Sinne, wie jene, eine an den Dingen selbst haftende Eigenschaft bedeuten können; sie sind verkürzte und ver-dichtete Bezeichnungen der Ergebnisse von allerhand Be-ziehungen, und nur für Zwecke des Denkens bringen wir ihren adjectivisch gefaßten Inhalt in das formale Verhältniß zu dem eines Substantivs, in welchem wir uns die Eigen-schaft zu ihrem Träger stehend vorstellen. Allgemein aus-gedrückt ist daher der logische Sinn der Redetheile nur ein Schatten von dem jener metaphysischen Begriffe: er wieder-holt nur die formalen Bestimmungen, die diese von dem Wirklichen behaupten; aber indem er ihre Anwendung nicht auf das Wirkliche beschränkt, läßt er auch den Theil ihrer Bedeutung fallen, den sie nur in dieser Anwendung erhalten.

6. Fanden wir endlich in den Formen der Redetheile die ursprünglichsten Denkhandlungen, so müssen wir sie nun auch von diesem ihrem sprachlichen Ausdruck zu unter-scheiden wissen. Jetzt, nachdem einmal der Mensch sich zur Mittheilung seiner Gedanken der Lautsprache bedient, jetzt erscheinen jene Denkhandlungen allerdings am anschau-lichsten in der Form der Redetheile; an sich aber sind sie nicht unlösbar an das Vorhandensein der Sprache gebunden. Schon die Entwicklung, deren die Gedankenwelt der Taub-stummen, wenn auch unter erster Anleitung der Sprechen-den, fähig ist, beweist uns, daß die innere logische Arbeit von der Möglichkeit ihres sprachlichen Ausdrucks unab-hängig ist. Nur darin besteht diese Arbeit, daß wir den einen Vorstellungsinhalt mit dem Gedanken seiner verhältniß-mäßigen Selbständigkeit begleiten, einen andern als der An-

lehnung bedürftig, einen dritten als Mittelglied denken, das
weder für sich besteht, noch an einem anderen ruht, sondern
die vermittelnde Beziehung zwischen beiden bildet. Niemand bezweifelt die höchst wirksame Unterstützung, welche
für die Ausbildung des Denkens in der Fähigkeit der Sprache
liegt, durch scharfbestimmte Lautbilder und regelmäßige
Umlautungen derselben allen jenen Formungen und Umformungen der Gedanken eine für das Bewußtsein anschauliche Gegenständlichkeit zu geben; gleichwohl, wäre dem
Menschen anstatt der Lautsprache eine andere Mittheilungs-
weise natürlich, so würden dieselben logischen Nebengedanken sich auch in dieser einen entsprechenden, freilich
ganz anders gearteten Ausdruck zu verschaffen wissen.
Und wenn die Formenarmuth einzelner Sprachen nicht zur
Ausprägung aller dieser Nebengedanken, nicht zum Beispiel
zur Unterscheidung substantivischer und verbaler Fassung
überall zureicht, so ist doch kein Zweifel, daß das Denken
auch der so Redenden die logischen Unterschiede in der
Formung der lautlich ununterschiedenen Vorstellungen fest-
hält. Wo immer diese innere Gliederung ist, da ist Denken;
es ist nicht, wo sie fehlt. Darum ist Musik kein Denken;
denn wie mannigfach und fein abgemessen auch die Verhältnisse ihrer Töne sind, niemals bringt sie doch den einen
zum andern in die Stellung eines Substantivs zum Verbum,
nie in eine Abhängigkeit, die der eines Adjectivs von seinem
Hauptwort, oder der eines Genitivs zu dem Nominativ gliche,
von dem er regiert wird.

7. Ich habe nur drei bisher aus der größeren Anzahl der
Redetheile erwähnt: diejenigen, ohne die auch die einfachste
logische Aussage unmöglich wäre; ich leugne darum den
logischen Werth der übrigen nicht. Aber unser eigner Weg
ist zu weit, um uns in das anziehende Gebiet sprachwissen-
schaftlicher Betrachtung weitere Umwege zu gestatten, die,
nach der eben besprochenen Unabhängigkeit des Denkens
von seinen Ausdrucksweisen, für unsern Zweck doch Umwege bleiben würden. Gliederung und Gebrauch der Sprache
deckt eben die Leistungen des Denkens nicht durchaus.
Wir werden später finden, daß sie häufig nicht den vollständigen Bau des Gedankens ausdrückt: und dann müssen
wir für die Zwecke der Logik das Geäußerte ergänzen aus
dem, was gemeint war; die Sprache besitzt anderseits tech-
nisch Bestandtheile, die auf wesentlichen logischen Bestimmungen nicht beruhen, oder doch auf solche sich nur

mittelbar in verschiedenen Abstufungen beziehen: wir würden dann unrecht thun, wenn wir ebenso viele logische Handlungen des Denkens unterscheiden wollten, als uns die Sprache grammatisch oder syntaktisch verschiedene Formen des Ausdrucks darbietet. Nicht blos Interjectionen, sondern auch Partikeln gibt es, die im gewöhnlichen Gebrauch, dem Tonfall der Stimme ähnlich, fast nur noch den gemüthlichen Antheil bezeichnen, den der Sprechende an seiner Aussage nimmt, nichts dagegen zu der logischen Fassung ihres Inhalts beitragen. Wenn die Sprache den Unterschied der Geschlechter in alle substantivischen und adjectivischen Worte einführt, folgt sie einer logisch ganz gleichgültigen ästhetischen Phantasie; wenn sie dann aber das Geschlecht des Adjectivs sich nach dem seines Hauptworts richten läßt, deutet sie durch diese Folgerichtigkeit innerhalb einer willkürlich angenommenen Gewohnheit wieder auf ein echt logisches Verhalten hin, das wir kennen lernen werden. Wenn sie in den Beugungen des Zeitwortes den Redenden von dem Angeredeten und dem abwesenden Dritten unterscheidet, so hebt sie damit, für den lebendigen Gebrauch der Rede ganz unentbehrlich, ein vor allem wichtiges sachliches Verhalten hervor, dem aber kein eigentlich logischer Unterschied entspricht. Es ist ganz nur derselbe Grund, der die Grammatik berechtigt, Pronomina als eine eigene Klasse der Redetheile zu betrachten; logisch sind die persönlichen völlig den Substantiven zuzurechnen, mit denen sie die Form der Fassung gänzlich theilen; die possessiven und demonstrativen haben wir keinen Grund von den Adjectiven zu trennen; das relative würden wir für das eigenthümlichste technische Element der Sprache ansehen, nur dem Bedürfniß der geordneten Mittheilung gewidmet, und auf kein anderes logisches Verhältniß gegründet, als auf welchem auch sein Widerspiel, das demonstrative, beruht. Zahlworte behandelt die Grammatik als besondere Redetheile; die lebendige Sprache stellt sie den Adjectiven gleich, und ohne Zweifel gehören sie logisch zu diesen, wenn man sich erinnert, daß logisch die Form der Adjectivität jeder nicht für sich selbständigen Bestimmung eines Inhalts zukommt, und keineswegs derjenigen allein, welche an ihm in dem Sinne einer Eigenschaft haftet. Die Adverbien endlich treten zu dem verbalen Inhalt völlig in dieselbe Beziehung, wie die Adjectiva zu dem substantivischen; auch sie würde daher die Logik nicht Veranlassung haben, als einen besonderen Theil der Rede oder als eine eigen-

thümliche Form des Gedankeninhalts zu fassen. Nur die
Präpositionen und Conjunctionen blieben mithin übrig, um
diesen Anspruch zu erheben, und sie allerdings glaube ich,
gleichviel welche Ableitungen ihre sprachlichen Ausdrücke
noch zulassen mögen, zu den unentbehrlichen Bestandtheilen
unserer Vorstellungswelt rechnen zu müssen. Aus dem
Begriffe der Beziehung, dem sie zunächst verwandt scheinen,
sind sie nicht ableitbar; jede Beziehung, indem sie zwei
Glieder verbindet, enthält den Gedanken einer Stellung jedes
dieser Glieder innerhalb dieser Beziehung selbst, und diese
Stellung braucht nicht für beide dieselbe zu sein, sie wird im
Gegentheil am häufigsten verschieden, das eine Glied das
Umfassende, Ganze, Bedingende das andere das Umfaßte
sein, der Theil, das Bedingte. Man wird nun, wenn man es
versucht, nicht damit zu Stande kommen, die Verschiedenwerthigkeit dieser beiden Endpunkte, ohne welche die Beziehung keinen Sinn hat, durch einen verbal gefaßten Inhalt
allein auszudrücken; man wird irgendwo eine Präposition,
eine Conjunction oder eine der verschiedenen Casusformen
wenigstens bedürfen, in denen viele Sprachen einem Theile
dieser Nebengedanken einen noch kürzeren Ausdruck geben.
Denn dies freilich ist logisch ganz gleichgültig, in welcher
sprachlichen Form diese Nebengedanken auftreten; sowie
wir Bedingtes bald im Genitiv, bald in anderem Sinne im
Accusativ dem bedingenden Nominativ entgegenstellen, so
könnte ein noch größerer Reichthum der Casus, wenn die
Sprache ihn erzeugt oder bewahrt hätte, jede Präposition,
eine gleiche Mannigfaltigkeit der Modi des Verbum jede
Conjunction überflüssig machen. An den logischen Bedürfnissen des Denkens würde hierdurch nichts geändert; so
wie so müßte zu den substantivischen, den adjectivischen
und den verbalen Inhalten noch eine Anzahl von Vorstellungen treten, welche entweder, wie die sprachlichen Präpositionen, die Stellung zweier als einfach geltender Inhalte
in einer einfachen Beziehung, oder, wie die Conjunctionen,
die verschiedenwerthige Stellung zweier Beziehungen oder
Urtheile zu einander bezeichnen.

8. Als die unerläßlichste und in diesem Sinne erste
aller Denkhandlungen wird uns die Vergegenständlichung
der Eindrücke und ihre damit verbundene Formung in dem
Sinne der Redetheile dann stets erscheinen, wenn wir mit
einem Blicke auf die ausgebildete Gestalt unserer Gedankenwelt nach den Bedingungen fragen, auf deren Erfüllung diese

Gestaltung beruht. Denn gewiß, von dem einfacheren oder zusammengesetzteren Satzbau, durch den wir die Arbeit und die Ergebnisse unseres Denkens ausdrücken, wäre nichts möglich gewesen ohne diese Leistung. Aber unsere Meinung kann nicht diese sein, daß im Anfange aller seiner Denkarbeit der logische Geist, ehe er einen weiteren Schritt wagte, diese erste seiner nothwendigen Handlungen ein für allemal an der Gesammtheit seines Vorstellungsinhalts vollzogen habe. Schon die Unbegrenztheit der Zahl möglicher Eindrücke, deren jeder Augenblick neue bringen kann, hätte dies Geschäft unausführbar gemacht; es wird noch unausführbarer darum, weil ja das Denken selbst durch seine Bearbeitung des gegebenen Inhalts unablässig neuen Inhalt erzeugt und diesen wieder in dieselben logischen Formen bringen muß, aus deren Anwendung auf einfacheren Denkstoff er selbst entstand. Jede gebildete Sprache enthält daher in der Form eines einfachen Substantiv, eines Adjectiv oder Verbum zahlreiche Vorstellungen, deren Inhalt nicht ohne vielfache höhere Denkarbeit, nicht ohne Benutzung von Urtheilen und Schlüssen, ja selbst nicht ohne Voraussetzung zusammenhängender wissenschaftlicher Untersuchung sich zusammenbringen ließ und nicht ohne sie völlig verständlich ist. Diese leicht zu machende Beobachtung hat die Behauptung hervorgerufen, mindestens die Lehre vom Urtheile müsse in der Logik der Behandlung der Begriffe vorangeschickt werden, mit welcher nur altes Herkommen die Betrachtung des Denkens eröffne. Ich halte diese Behauptung für eine Uebereilung, die theils aus der Verwechslung des Zieles der reinen Logik mit dem der angewandten, theils aus einer Verkennung dessen überhaupt entspringt, wodurch sich Denken von dem bloßen Verlaufe der Vorstellungen unterscheidet. Denn jene Urtheile, aus denen der Begriff entstehen soll, woraus würden sie selbst denn, so lange sie wirklich Urtheile sein sollen, bestehen können, wenn nicht aus Verknüpfungen von Vorstellungen, die nicht mehr bloße Eindrücke wären, deren jede vielmehr mindestens diese einfache bisher erwähnte Formung schon empfangen hätte, deren Mehrzahl aber, wie ein anzustellender Versuch lehren würde, in der That schon die höhere logische Form besäße, welche die Anhänger jener Meinung selbst mit dem Namen des Begriffs bezeichnen? Das Richtige dieser vorgeschlagenen Neuerung kommt auf einen sehr einfachen Gedanken zurück: um Begriffe eines verwickelten und mannigfachen Inhalts zu bilden, um namentlich die

Grenzen festzustellen, innerhalb deren es sich lohnt und rechtfertigt, diesen Inhalt als ein Begriffsganzes zusammenzufassen und von anderen zu unterscheiden, dazu freilich sind mannigfache Vorarbeiten des Denkens nöthig; aber damit diese Vorarbeiten selbst möglich sind, muß ihnen die Gestaltung einfacherer Begriffe vorangegangen sein, aus denen sie ihre Hülfsurtheile zusammensetzen. Ohne Zweifel hat daher die reine Logik die Form des Begriffes der des Urtheils voranzusetzen; die angewandte erst hat zu lehren, wie zur Bildung bestimmter Begriffe sich Urtheile verwenden lassen, die aus einfacheren Begriffen bestehen. Ein Vorschlag zur Umkehrung dieser Ordnung kann sich nur denen empfehlen, welche das Denken überhaupt nur als Wechselwirkung der von außen uns angeregten Eindrücke betrachten und die rückwirkende Thätigkeit übersehen, die in den Verlauf der Vorstellungen, Zusammengerathenes scheidend, Zusammengehöriges verbindend, und darum auch schon die einzelnen Bestandtheile des künftigen Gedankens formend, überall eingreift.

B. Setzung, Unterscheidung und Vergleichung der einfachen Vorstellungsinhalte.

9. Erkennen wir nun in diesen ersten Formungen der Vorstellungen einen Beitrag an, den zu dem Ganzen unserer Gedankenwelt eben die einwirkende Thätigkeit des Denkens liefert, so schließt sich leicht hieran die Ansicht, der logische Geist trete mit ihnen als fertigen Auffassungsweisen den kommenden Eindrücken gegenüber, und daran dann knüpft sich die Frage, wie es ihm gelinge, jeglichen Inhalt in diejenige dieser verschiedenen Formen zu bringen, die ihm angemessen ist? Aber jene Ansicht ist unzulässig und deshalb diese Frage gegenstandlos, oder sie führt wenigstens zu einer andern als der erwarteten Antwort. Das Denken steht nicht mit einem Bündel logischer Formen in der Hand dem Gewimmel der anlangenden Eindrücke gegenüber, rathlos, welche dem einen, welche dem andern sich wird überstreifen lassen, und deshalb eines besonderen Hülfsmittels bedürftig, um die für einander passenden Paarungen zu errathen. Die Verhältnisse vielmehr, die zwischen den bewußt gewordenen Eindrücken bestehen, sind es selbst, welche die Thätigkeit des Denkens als eine stets nur rückwirkende auf sich ziehen, und nur darin besteht diese Thätigkeit, so

vorgefundene Verhältnisse zwischen den Eindrücken, die
wir leiden, in Beziehungen der Inhalte umzudeuten. Nicht
dazu wird man daher eines besonderen Kunstgriffes bedürfen, um jedem Inhalt die ihm zugehörige Form zu geben;
wohl aber liegt nach anderer Richtung hin in dieser Einordnung des mannigfachen Inhalts in logische Formen eine
zweite nothwendige Denkhandlung; kein Name für irgend
einen Inhalt kann geschaffen werden, ohne diesen als mit
sich selbst gleich, als verschieden von anderen, endlich als
vergleichbar mit anderen gedacht zu haben.

10. Auch diese zweite Leistung des Denkens gehört zu
denjenigen, welche für den Redenden die überlieferte Sprache
beständig schon ausgeführt hat; auch sie wird deshalb leicht
übersehen und der Denkarbeit des Geistes nicht zugerechnet.
Aber die logische Wissenschaft, ausdrücklich dem Selbstverständlichen gewidmet, darf nicht einen Theil desselben
als noch selbstverständlichere Voraussetzung behandeln, die
aus den eigentlichen Gegenständen ihrer Betrachtung sich
ausschließen ließe. Doch bedarf wenigstens der erste Bestandtheil des dreigliedrigen Ausdruckes, welchen wir dieser
neuen Denkhandlung eben gaben, einer ausführlichen Erläuterung nicht. Es ist zu unmittelbar deutlich, wie jeder
Name, sei es süß oder warm, Luft oder Licht, zittern oder
leuchten, den von ihm bezeichneten Inhalt in irgend einem
Sinne als zusammengehörige Einheit faßt, die für sich etwas
bedeutet; nicht blos den substantivisch geformten hebt, am
eindringlichsten allerdings, der vorgesetzte Artikel zu dieser
Einheit mit sich selbst heraus; dieselbe hinweisende Kraft
liegt, in anderer Art des Ausdrucks, in der Form des verbalen
Infinitiv, und selbst ohne jeden unterscheidenden sprachlichen Ausdruck begleitet dieser Nebengedanke der einheitlichen Setzung des Bezeichneten jegliche Wortform. Man
kann zweifeln, ob der Vorgang, den wir unter diesem Namen
der Setzung des Inhalts verstehen wollen, nicht schon in
jener Vergegenständlichung enthalten sei, durch welche wir
den erlittenen Eindruck zur Vorstellung werden ließen; und
wirklich kann man weder vorstellen, ohne dem Vorgestellten
diese Setzung zu geben, noch hat diese Setzung einen Sinn
ohne jene Vergegenständlichung dessen, dem sie ertheilt
wird. In der That ist es daher eine sachlich untrennbare
Leistung, die wir von verschiedenen Seiten her betrachten:
dort brachten wir die Vorstellung, auf welche wir vor-
stellend uns beziehen, in Gegensatz zu dem Eindruck,
welchen wir leiden; hier, wo die Mannigfaltigkeit des Vor-

stellungsinhaltes unsere Aufmerksamkeit zu erregen beginnt, legen wir auf die einheitliche und selbständige Bedeutung Gewicht, mit welcher der so aus unserer Erregung herausgesetzte Inhalt ist was er ist und von allen anderen sich unterscheidet.

11. Ich habe durch diese letzte Wendung sogleich fühlbar machen wollen, in wie enger Verbindung jene bejahende Setzung des Inhalts mit der verneinenden A u s s c h l i e ß u n g jedes anderen steht. Sie ist so eng, daß eben zur Bezeichnung des einfachen Sinnes der Setzung uns nur Ausdrücke zu Gebot standen, die ihre volle Klarheit erst durch Hinzufügung dieses zweiten Nebengedankens erhalten. Denn was mit jener Einheit des gesetzten Inhalts eigentlich gemeint war, interpretiren wir einleuchtend nur dadurch, daß wir seine Verschiedenheit von anderen hervorheben und nicht nur sagen, er sei was er sei, sondern auch: er sei nicht, was andere sind. Jene Bejahung und diese Verneinung sind nur ein untrennbarer Gedanke, und untrennbar verbunden begleiten sie jeden unserer Vorstellungsinhalte, auch dann, wenn wir nicht mit ausdrücklicher Aufmerksamkeit dies stillschweigend verneinte Andere verfolgen. Aber dieser verschmolzene Nebengedanke bestimmt nur die logische Fassung, die wir unserem Inhalte geben; er erzeugt nicht den Inhalt selbst erst, dem wir sie ertheilen. Man kann nicht sagen: roth werde als das was es ist, als roth, erst dann vorgestellt, wenn es von blau oder süß, und nur dadurch, daß es von beiden unterschieden werde; blau anderseits als blau nur durch gleichen Gegensatz zu roth. Weder ein veranlassender Grund zu dem Versuche dieser bestimmten Unterscheidung, noch eine Möglichkeit ihres Gelingens wäre denkbar, wenn nicht das, was jedes der beiden entgegenzusetzenden Glieder für sich ist, vorher dem Bewußtsein klar wäre. Unzweifelhaft wird der eigenthümlich bestimmte Eindruck, den wir unter der Einwirkung des rothen Lichtes erleben, völlig derselbe sein, bevor wir zum ersten Mal ein blaues Licht erfuhren, wie dann, nachdem wir diese Erfahrung gemacht haben; die Möglichkeit der Vergleichung und Unterscheidung, welche durch die letztere gegeben wird, kann wohl, wenigstens bei zusammengesetzterem Vorstellungsstoff, als diese einfachen Farben sind, die Aufmerksamkeit auf früher übersehene Theile der Eindrücke lenken und so den Inhalt beider vervollständigen; aber selbst in diesem Falle, der unserer gegenwärtigen Betrachtung völlig fremd ist, wird das Neue nicht durch die Unter-

scheidung, sondern durch die unmittelbare Empfindung gefunden werden, zu welcher die Vergleichung nur Veranlassung gab. Ueberall ist es daher die bejahende Setzung, welche die verneinende Unterscheidung möglich macht; niemals dagegen entspringt aus der Unterscheidung der Inhalt des Unterschiedenen. Nur die Nebengedanken, die wir uns über den vorgestellten Inhalt machen, nur seine logische Fassung gewinnt an Bestimmtheit durch die Verneinung des Andern, die zu seiner eignen Bejahung tritt, und selbst dieser Gewinn würde mir gering scheinen, wenn es bei ihm sein Bewenden hätte, und wenn nicht jene dritte Leistung positiver Vergleichung hinzukäme, welche ich in dem früher gegebenen Ausdruck dieser zweiten Denkhandlung zuletzt erwähnte.

12. Ich leite die Betrachtung dieser dritten Leistung, die ich für den wesentlichsten Bestandtheil der hier zu erörternden logischen Arbeit ansehe, durch Erinnerung an eine bekannte Thatsache ein, die man zu anderen Folgerungen zu benutzen pflegt. Durch die Worte der Sprache werden Eindrücke niemals so bezeichnet, wie man sie erleben kann; denn erleben oder wirklich empfinden läßt sich immer nur eine besondere Schattirung der Röthe, eine einzelne Eigenart der Süßigkeit, ein bestimmter Grad der Wärme, nicht das allgemeine Roth Süß und Warm der Sprache. Die Verallgemeinerung, welche in diesen und allen ähnlichen Ausdrücken der empfundene Inhalt erfahren hat, pflegt man als eine unvermeidliche Ungenauigkeit der Sprache, vielleicht selbst des Vorstellens anzusehen, das sich ihrer zu seinem Ausdrucke bedient. Unfähig entweder, oder nicht gewöhnt, für jeden einzelnen Eindruck einen bestimmten Namen zu schaffen, verwische sie in ihren Worten die kleinen Unterschiede des einen vom andern und halte nur das fest, was in ihnen allen als ein Gemeinsames in der Empfindung unmittelbar erfahren werde. Durch diese Verminderung ihrer Ausdrucksmittel auf eine mäßige Anzahl mache sie freilich wohl die Mittheilung der Vorstellungen überhaupt erst möglich, schädige aber ebenso sehr die Genauigkeit des Mitzutheilenden. Ich glaube nun nicht, daß diese Auffassungsweise der Bedeutung der Thatsache volle Gerechtigkeit widerfahren läßt.

13. Vor allem, indem man die erwähnte Verallgemeinerung als eine Art von Verfälschung der Eindrücke ansieht, geht man zu achtlos über den sehr merkwürdigen Umstand

hinweg, daß in einer Mehrheit verschiedener Eindrücke
sich eben etwas Gemeinsames vorfindet, das von ihren
Unterschieden getrennt denkbar ist. Denn so selbstverständlich ist doch dieses Verhalten nicht, daß ein entgegen-
gesetztes gar nicht in Frage käme; sehr wohl ließe sich
vielmehr denken, daß jeder einzelne unserer Eindrücke
sich von jedem zweiten so unvergleichbar unterschiede,
wie in der That süß von warm, gelb von weich sich unterscheidet. Daß es sich nicht so verhält, ist mithin eine
thatsächliche Einrichtung der Welt des Vorstellbaren selbst,
die in Betracht zu ziehen sich der Mühe verlohnt. Ich kann
ferner keineswegs reinen Verlust in dem Mangel an Genauigkeit sehen, der allerdings der Mittheilung des Vorgestellten durch die Anwendung der sprachlichen Allgemeinbezeichnungen anhängt. Ohnehin, wo der Werth völlig
genauer Bestimmungen fühlbar wird, kann das, was diese
einfachsten Schöpfungen des beginnenden Denkens zu
wünschen lassen, durch die Leistungen des weiterfort-
geschrittenen immer ergänzt werden; die Wissenschaft hat
uns längst jeden Grad der Wärme messen gelehrt und würde
im Fall des Bedürfnisses auch jede Abstufung der Röthe
oder Süßigkeit zu messen wissen. Die Art aber, wie die
Sprache und das an ihr wirksame naturwüchsige Denken
dieselbe Aufgabe löst, scheint mir logisch sehr bedeutsam.
Denn wenn wir nicht jeden einzelnen wirklich empfundenen
Farbeneindruck mit einem besonderen Namen belegen,
sondern blau roth gelb und wenige andere durch eigne Benennungen bevorzugen, wenn wir dann die übrigen Einzel-
empfindungen als blauröthlich oder rothgelblich zwischen
sie einschalten, so liegt in diesem Verfahren nicht blos ein
Nothbehelf der Annäherung an unerreichbare Genauigkeit,
sondern, wie mir scheint, der Ausdruck der Ueberzeugung,
nur jene wenigen Farben seien in der That feste Punkte,
denen ein eigner Name gebühre, jene anderen aber müsse
man durch annähernde Ausdrücke bestimmen, weil sie selbst
nur Annäherungen zu diesen festen Punkten oder Zwischen-
glieder zwischen ihnen sind. Hätten wir wirklich für alle
einzelnen Schattirungen des Blau besondere von einander
unabhängige Einzelnamen, und entspräche unser Vorstellen
dieser Ausdrucksweise, so würden wir einseitig die Trennung
jedes Inhalts von jedem andern vollzogen, dagegen die
positiven Beziehungen völlig übersehen haben, die zwischen
allen stattfinden. Sprechen wir dagegen von hellblau dunkelblau schwarzblau, so ordnen wir dies Mannigfache in Reihen

oder in ein Gewebe von Reihen, und in jeder von diesen geht ein drittes Glied aus dem zweiten durch Steigerung derselben fühlbaren Veränderung eines allen Gemeinsamen hervor, durch welche das zweite aus dem ersten entstand. Nun aber ist wohl schon hier vollkommen verständlich, daß ein Vorstellen, welches diese Vergleichung des Verschiedenen nicht enthielte, sondern sich auf die nackte Trennung jedes von jedem beschränkte, den späteren Leistungen des Denkens die hinlänglichen Beurtheilungsgründe nicht darbieten würde, nach denen zwei Vorstellungen als irgendwie zusammengehörig zweien andern als nicht zusammengehörigen entgegengesetzt werden könnten. Deshalb fassen wir diese zweite Denkhandlung, von welcher wir hier sprechen, nicht blos als Setzung überhaupt des a oder b, nicht blos als Unterscheidung überhaupt jedes a von jedem b, sondern zugleich als Bestimmung der Weite und der Eigenthümlichkeit des Unterschiedes, der nicht überall gleich groß und gleich geartet, sondern zwischen b und c ein anderer ist als zwischen a und b. Und hiermit meine ich nicht, daß jede einzelne Vorstellung a von der entwickelten Vorstellung aller ihrer Beziehungen zu der unendlichen Anzahl aller übrigen begleitet werden müsse; nur der allgemeine Nebengedanke, daß jede nach allen Seiten hin in ein solches Netz von Beziehungen eingefangen ist, umgibt allerdings in unserem logischen Bewußtsein jede; aufgesucht werden diese Beziehungen in jedem Einzelfalle so weit, als ein bestimmtes Bedürfniß Veranlassung gibt.

14. Diese Vergleichung nun des Verschiedenen setzt offenbar ein Gemeinsames voraus, das in den einzelnen Gliedern der Reihe mit eigenthümlichen Unterschieden behaftet ist. So Gemeinsames pflegt die Logik nur in der Form eines allgemeinen Begriffs zu betrachten, und in dieser Gestalt ist es ein Erzeugniß einer größeren oder geringeren Anzahl von Denkhandlungen. Es ist daher von Wichtigkeit, hervorzuheben, daß dieses erste Allgemeine, welches wir hier bei der Vergleichung einfacher Vorstellungen antreffen, von wesentlich anderer Art, daß es der Ausdruck einer inneren Erfahrung ist, die von dem Denken nur anerkannt wird, und daß es eben um deswillen, wie sich später zeigen wird, eine unentbehrliche Voraussetzung jenes anderen Allgemeinen ist, dem wir in der Bildung des Begriffes begegnen werden. Den Allgemeinbegriff eines Thieres oder einer geometrischen Figur theilen wir einem Anderen dadurch mit, daß wir ihm vorschreiben,

eine genau angebbare Reihe von Denkhandlungen der Verknüpfung Trennung oder Beziehung an einer Anzahl als bekannt vorausgesetzter Einzelvorstellungen auszuführen; am Ende dieser logischen Arbeit werde vor seinem Bewußtsein derselbe Inhalt stehen, den wir ihm mitzutheilen wünschten. Worin dagegen das allgemeine Blau bestehe, das wir im Hellblau oder Dunkelblau, oder worin die allgemeine Farbe, die wir im Roth und Gelb mitdachten, läßt sich nicht auf demselben Wege verdeutlichen. Freilich können wir dem Anderen vorschreiben, er solle alle einzelnen Farben oder alle Schattirungen des Blau vorstellen und durch Absonderung ihrer Unterschiede das in beiden Fällen Gemeinsame der vorgestellten Inhalte hervorheben; aber dies ist nur scheinbar eine Anweisung zu logischer Arbeit; im Grunde muthen wir doch durch sie dem Anderen nur zu, selbst zu sehen, wie er mit der ganzen Aufgabe fertig wird. Denn wie er es eigentlich anfangen soll, um zu entdecken, ob überhaupt in Roth und Gelb etwas Gemeinsames liege, und wie er es machen müsse, um dies Gemeinsame von dem Verschiedenen zu trennen: das können wir ihm doch nicht sagen; wir müssen uns einfach darauf verlassen, er werde die im Roth und Gelb bestehende Verwandtschaft, das Enthaltensein eines Gemeinsamen in beiden, unmittelbar selbst empfinden fühlen oder erleben; seine logische Arbeit kann hier nur in der Anerkennung und dem Ausdruck dieser inneren Erfahrung bestehen. So ist dies erste Allgemeine kein Erzeugniß des Denkens, sondern ein von ihm vorgefundener Inhalt.

15. Ich schalte hier eine Bemerkung ein, die mit geringer Umdeutung auf jedes Allgemeine sich erstrecken läßt, am leichtesten aber an diesem einfachsten Falle, dem ersten Allgemeinen, zu verdeutlichen ist. Das, worin Roth und Gelb übereinstimmen, und wodurch sie beide Farben sind, läßt sich von dem nicht abtrennen, wodurch Roth roth und Gelb gelb ist; nicht so abtrennen nämlich, daß dies Gemeinsame den Inhalt einer dritten Vorstellung bildete, welche von gleicher Art und Ordnung mit den beiden verglichenen wäre. Empfunden wird, wie wir wissen, stets nur eine bestimmte Einzelschattirung einer Farbe, nur ein Ton von bestimmter Höhe Stärke und Eigenart; nur diese ganz bestimmten Eindrücke wiederholt auch die Erinnerung so, daß sie als inhaltvolle Bilder, die sich anschauen lassen, vor unserem Bewußtsein stehen. Diese Anschaulichkeit besitzen die allgemeinen Vorstellungen niemals. Wer das Allgemeine der

Farbe oder des Tones zu fassen sucht, wird sich stets dabei antreffen, daß er entweder eine bestimmte Farbe und einen bestimmten Ton wirklich vor seiner Anschauung hat, nur begleitet von dem Nebengedanken, jeder andere Ton und jede andere Farbe habe das gleiche Recht, als anschauliches Beispiel des selbst unanschaulich bleibenden Allgemeinen zu dienen; oder seine Erinnerung wird viele Farben und Töne nach einander ihm mit demselben Nebengedanken vorführen, daß nicht diese einzelnen selbst gemeint sind, sondern das ihnen Gemeinsame, das in keiner Anschauung für sich zu fassen ist. Versteht man daher unter Vorstellung, wozu der gewöhnliche Sprachgebrauch allerdings neigt, das Bewußtsein eines Inhalts, der ruhig vor uns steht, oder eine Anschauung dessen, was uns vor uns hinzustellen gelingt, so gebührt dem Allgemeinen der Name einer Vorstellung nicht. Worte wie Farbe und Ton sind in Wahrheit nur kurze Bezeichnungen logischer Aufgaben, die sich in der Form einer geschlossenen Vorstellung nicht lösen lassen. Wie befehlen durch sie unserem Bewußtsein, die einzelnen vorstellbaren Töne und Farben vorzustellen und zu vergleichen, in dieser Vergleichung aber das Gemeinsame zu ergreifen, das nach dem Zeugniß unserer Empfindung in ihnen enthalten ist, das jedoch durch keine Anstrengung des Denkens von dem, wodurch sie verschieden sind, sich wirklich ablösen und zu dem Inhalt einer gleich anschaulichen neuen Vorstellung gestalten läßt.

16. Richten wir nun unsere Aufmerksamkeit auf die Unterschiede, welche innerhalb des ersten Allgemeinen seine mannigfachen Beispiele trennen. Eine Wärmeempfindung unterscheidet sich von einer anderen, ein leiserer Klang vom stärkeren, hellblau von tiefblau offenbar durch ein Mehr oder Minder eines fühlbaren Gemeinsamen, das für sich, ohne jede Gradbestimmung, nicht anschaubar ist. Auf denselben Unterscheidungsgrund wird man sich bei allen andern Vorstellungen zurückgeführt finden; nur der Angabe des Allgemeinen, dem diese Größenvergleichung gilt, begegnet in den einzelnen Fällen eine nach den eben gemachten Bemerkungen verständliche Schwierigkeit. Der leisere Ton unterscheidet sich vom lauteren ohne Zweifel durch eine gewisse Steigerung, aber ebenso durch eine gewisse Steigerung der höhere vom tieferen; was aber eigentlich das Gemeinsame ist, dem diese Veränderung widerfährt, glauben wir nur im ersten Fall durch die Bezeichnung

der Stärke unmittelbar, im zweiten nur bildlich durch den Namen der Höhe ausdrücken zu können. Noch mehr scheint Roth von Gelb wesentlich verschieden und das eine aus dem anderen nicht durch Anwachs oder Schwächung eines Gemeinsamen abzuleiten; nur was zwischen ihnen liegt, Rothgelb und Gelbroth, ist uns als eine Mischung verständlich, in welcher ein Mehr oder Minder des einen oder des andern von beiden enthalten ist. Gleichwohl leugnet doch Niemand, daß eine der Grundfarben einer zweiten verwandter ist als einer dritten, das Roth verwandter dem Gelb als dem Grün; diese Abstufungen der Aehnlichkeit sind nicht ohne ein Mehr oder Minder eines Gemeinsamen zu denken, dessen wir uns bei dem Uebergange von einem Gliede der Reihe zum nächsten und von diesem zum dritten bewußt bleiben. Zu bestimmen, worin in den einzelnen Fällen dies Gemeinsame bestehe, zu beurtheilen, ob eine Mehrheit von Vorstellungen sich nur durch Gradverschiedenheiten eines einfachen Allgemeinen oder durch Combinationen von Werthunterschieden mehrerer einander bestimmender Allgemeinheiten von einander sondere, ob also diese Vorstellungen in eine gradlinige Reihe oder flächenförmig oder in Reihen noch höherer Ordnung zusammenzufassen sind: dies alles sind anziehende Gegenstände der Untersuchung, aber sie sind nicht Gegenstände der Logik. Für diese genügt es, zu wissen, daß eine irgendwo verwendbare Größenbestimmung zunächst des Mehr oder Minder das unentbehrliche Hülfsmittel der Unterscheidung zwischen den Beispielen eines Allgemeinen ist. Und auch diese Größenbestimmung gehört zu dem, was wir nicht durch logische Arbeit erzeugen, sondern nur vorfinden anerkennen und weiter entwickeln. Ein Urtheil, a sei stärker als b, ist als Urtheil freilich eine logische Arbeit; aber der Inhalt, den es ausspricht, also die Thatsache selbst, daß es überhaupt Gradunterschiede desselben Vorstellbaren gibt, sowie die besondere, daß der Grad des a den des b übersteige, kann nur erlebt empfunden oder als Bestandtheil unserer inneren Erfahrung anerkannt werden. Welches auch die künstlichen Vorrichtungen sein mögen, durch die wir wissenschaftlich die Genauigkeit einer Messung zu steigern suchen, zuletzt beruht doch Alles auf der Fähigkeit, zwei sinnliche Wahrnehmungen unmittelbar als gleich oder als ungleich zu erkennen und sich darüber nicht zu täuschen, nach welcher Seite hin das Mehr und nach welcher das Minder liegt.

17. Beschränkte sich nun die innere Erfahrung auf das Vorführen von Aehnlichkeiten und Unterschieden der Inhalte, so würde das Denken nur zu einer unveränderlichen systematischen Anordnung der Vorstellungen Veranlassung haben, ähnlich der musikalischen Scala, in welcher alle Töne ihre festen und unverrückbaren Plätze und wechselseitigen Beziehungen ein für allemal besitzen. Aber die Logik hat sich nicht mit einem Denken zu beschäftigen, welches unter nicht vorhandenen Voraussetzungen sein würde, sondern mit dem, welches ist. Allem wirklichen Denken aber ist durch den Mechanismus, welcher die Wechselwirkung der inneren Zustände beherrscht, von Haus aus mehr Anregung dargeboten, als jene Voraussetzung annahm; der mannigfache Inhalt des Vorstellbaren wird ihm nicht blos in jener systematischen Ordnung, die seinen qualitativen Verwandtschaften entspricht, sondern in der buntesten Fülle räumlicher und zeitlicher Verknüpfungen vorgeführt, und auch diese Thatsache gehört zu dem Stoffe, der dem Denken zur Ausführung seiner weiteren Leistungen dient und gegeben sein mußte. Die Verbindungen ungleichartiger Vorstellungen, die so herbeigeführt werden, sind die Aufgaben, an denen das Denken später seine Bemühung zu üben haben wird, Zusammenseiendes auf Zusammengehöriges zurückführen; ihrer braucht jetzt nicht weiter gedacht zu werden. Die gleichartigen oder gleichen dagegen geben Veranlassung, ihre Wiederholungen von einander zu trennen, sie zu verknüpfen, zu zählen; zu diesen Vorstellungen des Einen und Vielen fügen endlich die in Raum und Zeit stetig ausgedehnten Inhalte die des Größeren und Kleineren hinzu. In diesen drei Paaren von Größenvorstellungen, denn die des Mehr oder Minder besaßen wir bereits, sind alle Maßstäbe der Unterscheidungen für die Einzelbeispiele jedes Allgemeinen gegeben.

18. Zweierlei schließe ich hier von den Gegenständen unserer Betrachtung absichtlich aus. Zuerst jede weitere Untersuchung über den Gang, den psychologisch die Entstehung und Entwicklung dieser Größenvorstellungen in unserem Bewußtsein nimmt, über die Reihenfolge, in welcher die eine die Bedingung für den Ursprung der andern sein mag, über den verschiedenen Werth endlich, den für ihre Bildung die zeitlichen und räumlichen Anschauungen haben. So anziehend diese Fragen sind, so würde doch ihre Beantwortung unseren Weg unnöthig verlängern; nicht darauf kommt es der Logik an, auf welche Weise die Elemente

entstehen, die das Denken benutzt, sondern darauf, welchen Werth sie, nachdem sie auf irgend eine Weise entstanden sind, für die Ausführung seiner Leistungen besitzen. Dies nun, was ich mehr als billig vernachlässigt finde, hebe ich hier hervor und werde es später im Auge behalten: die unerläßliche Nothwendigkeit, daß alle vom Denken zu verknüpfenden Vorstellungen einer von den drei erwähnten Arten der Größenbestimmung zugänglich sein müssen. Das Andere, das ich ausschließe, ist die Untersuchung der Folgerungen, die aus diesen Größenbestimmungen für sich gezogen werden können; sie haben sich längst zu dem großen Gebäude der Mathematik entwickelt, dessen reiche Gliederung jeden Versuch einer Wiedereinschaltung in den Zusammenhang der allgemeinen Logik verbietet. Aber die ausdrückliche Hinweisung darauf ist nothwendig, daß alles Rechnen eine Art des Denkens ist, daß die Grundbegriffe und Grundsätze der Mathematik ihren systematischen Ort in der Logik haben, daß wir uns endlich das Recht wahren müssen, auch später überall, wo das Bedürfniß es verlangt, unbedenklich auf die Ergebnisse zurückzugreifen, welche die Mathematik unterdessen, als ein sich für sich selbst fortentwickelnder Zweig der allgemeinen Logik, gewonnen hat.

19. Ueberblickt man nun das Ganze dieser zweiten Denkhandlung, in welcher ich jetzt die bejahende Setzung des Inhalts, die verneinende Abtrennung von jedem andern, endlich die vergleichende Größenschätzung der Unterschiede und Aehnlichkeiten zusammenfasse, so wird man die Bemerkung machen können, daß der Sinn dieser neuen logischen Arbeit in etwas von dem abweicht, welcher der ersten Denkhandlung, der Formung der Vorstellungen, zukommt. Man unterlag dort der allerdings von uns zurückgewiesenen Versuchung, die Formen der Substantivität Adjectivität und Verbalität als Auffassungsweisen zu betrachten, welche das Denken, noch vor aller Aufforderung durch den gegebenen Inhalt, an diesem zu bethätigen begierig ist; allein, wenn wir gleich diese Aufforderung abwiesen, so bleibt es doch richtig, daß in jenen Formen das Denken nicht blos die auffordernde Thatsache des Vorstellungslaufs wiederholt, sondern ihr allerdings die Gestalt gibt, in der sie für den logischen Geist erst gerechtfertigt ist. Denn die Selbständigkeit, welche die substantivische Form, am kenntlichsten durch den Artikel, dem einen Inhalt gibt, lag an sich nicht in der Thatsache, daß dieser Inhalt ein bleibendes

Glied zwischen wechselnden Vorstellungsgruppen war; die
Unselbständigkeit, welche die adjectivische ausdrückt, war,
als ein solcher Nebengedanke, nicht in der Thatsache vorhanden, die zur Ausprägung eines andern Inhalts in dieser
zweiten Form anregte; man kann also fortfahren, in gewissem Sinne zu behaupten, daß in dieser ersten Handlung
das Denken seine eignen Gesetze dem vorstellbaren Inhalt
vorschreibe. Bezeichnen wir dies Verfahren mit einem Ausdruck, den wir übrigens vermeiden werden, als Beweis der
Spontaneität, so trägt die zweite Handlung des Denkens
den Charakter der Receptivität; sie ist Anerkennung von
Thatsachen, denen sie keine neue Form außer dieser Anerkennung ihres Bestehens gibt. Keinen Unterschied kann
das Denken da machen, wo es keinen in dem Inhalt der
Eindrücke vorfindet; das erste Allgemeine ließ sich nur in
unmittelbarer Empfindung erleben, und dem erlebten konnte
zwar ein Name gegeben, aber keine andere logische Arbeit
konnte zu seiner weiteren Feststellung unternommen werden;
alle Größenbestimmungen, wie weit sich auch ihre fernere
Vergleichung durch das Denken erstrecken mag, laufen
immer auf das unmittelbare Innewerden gegebener Bestimmtheiten des Vorstellungsinhalts zurück. Von zwei Gesichtspunkten möchte ich diese Thatsache betrachtet wissen.
Zuerst liegt eine gewisse unrichtige Sorglosigkeit der Logik
darin, daß sie in ihrem späteren Verlauf die Vergleichbarkeit von Vorstellungen und die Möglichkeit ihrer Unterordnung unter ein Allgemeines fast in jedem Augenblicke
voraussetzt, ohne vorher bemerkt zu haben, daß diese Möglichkeit, daß überhaupt das Gelingen aller ihrer Schritte auf
dieser ursprünglichen Einrichtung und Gliederung der ganzen
Welt des Vorstellbaren beruht, einer Einrichtung, die an
sich nicht denknothwendig, um so nothwendiger freilich für
die Möglichkeit des Denkens ist. Denn ich wiederhole: es
ist an sich nicht widersprechend, daß jede Vorstellung von
jeder anderen unvergleichlich verschieden wäre, daß mit
dem Wegfall der qualitativen Vergleichbarkeit auch jeder
Maßstab für ein Mehr oder Minder fehlte, daß keine Vorstellung zweimal sich der Wahrnehmung darböte, daß mit
dem Mangel dieser Wiederholung des Gleichartigen auch
die Vorstellungen des Größeren und Kleineren verschwänden.
Daß es nicht so ist, daß vielmehr die Welt des Vorstellbaren
eben die Gliederung besitzt, die wir fanden, dies mußte als
eine höchst wichtige Thatsache hervorgehoben werden,

nicht aber sollte die Logik da, wo sie dieser Thatsache bedarf, sich auf sie als auf ein man weiß nicht woher gekommenes Selbstverständliche blos nebenbei berufen. Und hiermit hängt denn die andere Bemerkung zusammen, die ich noch vorhatte. Ist das Denken Rückwirkung auf gegebene Anregungen des Vorstellungslaufs, so wird an bestimmten Stellen der systematischen Uebersicht seiner Handlungen auch der bestimmende Einfluß deutlich hervortreten, den auf diese die Gestaltung der Welt des Vorstellbaren ausübt; wie es hier das zweite Glied der ersten dreitheiligen Reihe von Denkhandlungen ist, so wird es auch später das zweite Glied der folgenden höher entwickelten Gruppen sein, worin sich diese eigenthümliche Abhängigkeit der logischen Arbeit von der Natur des Inhalts zeigen wird, dem sie jedesmal gilt. Doch beanspruche ich durch diesen vorläufigen Hinweis nichts weiter, als der Klarheit der Uebersicht über den systematischen Bau meiner Darstellung vorläufig zu Hülfe zu kommen; er selbst wird sich nur durch das rechtfertigen können, was er in jedem nach und nach hervortretenden Theile seiner Gliederung nützen wird.

C. Die Bildung des Begriffs.

20. In der Mannigfaltigkeit der Vorstellungen, die uns gegeben werden, Zusammengerathenes zu scheiden, Zusammengehöriges durch den Nebengedanken des Rechtsgrundes seiner Zusammengehörigkeit neu zu verbinden, ist die fernere Aufgabe des Denkens. Es wird dienlich sein, um ihren Sinn zu verdeutlichen, die verschiedenwerthigen Bedeutungen zu überblicken, in welchen überhaupt eine Verknüpfung des Mannigfachen in unserer Gedankenwelt vorkommt. Zuerst ist keine spätere Handlung des Denkens möglich, ohne daß die verschiedenen Vorstellungen, auf welche sie sich beziehen soll, in einem und demselben Bewußtsein zusammentreffen. Für die Erfüllung dieser Bedingung sorgt die Einheit unserer Seele und der Mechanismus der Erinnerung, welcher zeitlich getrennte Eindrücke zu möglicher Wechselwirkung zusammenbringt. Man kann diese Vereinigung des Mannigfachen die Synthesis der Apprehension nennen; sie ist keine logische Handlung, sondern rafft nur das Mannigfache zu gleichzeitigem Besitz des Bewußtseins zusammen, ohne in seiner Vielheit eine Ordnung zu stiften, welche das eine Glied anders mit dem zweiten als dieses mit dem dritten verbände. Diese Ord-

nung tritt ein in der zweiten Art der Verknüpfung, der Synthesis der Anschauung, in den räumlichen Bildern nämlich und in der zeitlichen Aufeinanderfolge, worin die Einzeleindrücke bestimmte mit einander ungleichwerthige Plätze einnehmen. Auch diese Verknüpfung wird uns ohne eine Handlung des Denkens fertig durch den Mechanismus unserer inneren Zustände gegeben, und wie festbestimmt und feingegliedert auch die Verbindung des Mannigfachen in ihr sein mag, so stellt sie doch stets nur eine thatsächliche äußere Ordnung dar und offenbart keinen Grund der Zusammengehörigkeit, der das Mannigfache zu so geordnetem Zusammensein berechtigt. Ich gehe von dieser zweiten Stufe sogleich zu einer vierten über, zu einer Synthese, in welcher diese letzte Forderung vollständig in Bezug auf den jedesmaligen Inhalt erfüllt wäre. In ihr würde nicht nur eine thatsächliche Ordnung des Mannigfachen, sondern zugleich der bedingende Werth vorgestellt sein, den jeder Bestandtheil für das Zusammenkommen des Ganzen hat; bezöge sich diese Auffassung auf einen Gegenstand der Wirklichkeit, so würde sie zeigen, welche Bestandtheile die vorangehenden bestimmenden und wirkenden sind, in welcher Reihenfolge der Abhängigkeit und Entwicklung die andern aus ihnen hervorgehen, oder welcher Zweck als der gesetzgebende Mittelpunkt zu denken ist, dessen Sinn die gleichzeitige Vereinigung aller Bestandtheile oder ihre allmähliche Nachentstehung fordert; bezöge sie sich auf einen Inhalt, der keine Wirklichkeit außer unserem Bewußtsein und keine zeitliche Entstehung oder Entwicklung hat, wie die geometrischen Figuren, so würde sie wenigstens versuchen, obwohl mit später zu erwähnender Beschränkung des Gelingens, auch hier die Bestandtheile des Ganzen in eine Rangordnung zu bringen, in welcher das, was in dem vorgestellten Inhalt das Bedingende ist, dem Anderen voranginge, was in mannigfacher Abstufung seine Folge ist. Man bemerkt leicht, daß eine Synthese dieser Art nichts anderes als die Erkenntniß der Sache selbst sein würde; sie liegt als das Ziel, zu dem die Arbeit des Denkens führen soll, um ebenso viel höher über dem Boden der Logik, als die erste und zweite Weise der Verknüpfung des Mannigfachen unter ihm lag; in die Lücke dazwischen haben wir die dritte logische Form der Synthese zu stellen, deren Eigenheit jetzt aufzusuchen ist.

21. Wenn der Unkundige vom Creditwesen oder vom Bankwesen spricht, so merken wir dieser Ausdrucksweise

seine Ueberzeugung ab, eine Anzahl von Geschäften und
Einrichtungen bilde ein zusammengehöriges Ganze; aber
er würde nicht anzugeben wissen, worin der Nerv ihres
Zusammenhangs liege oder welche Grenzen dies Ganze von
dem abscheiden, was nicht zu ihm gehört. Durch diesen
Nebengedanken, das Mannigfache sei nicht nur da, wie ein
zusammenseiender Haufe, sondern gebe sich als ein Ganzes
von Theilen gewisse Grenzen, innerhalb deren es eine ge-
schlossene Einheit sei, ist die allgemeine Absicht des
Denkens formell an diesem Inhalt markirt, ohne noch sachlich erfüllt zu sein. In derselben Stellung findet sich nun
unser Bewußtsein, wenn wir unsere Gedankenwelt mustern,
zu sehr vielen Inhalten; ja man wird ohne Ueberraschung
finden, daß sehr bedeutungsvolle Worte der Sprache diese
unvollkommene Form der Fassung ihres Gegenstandes verrathen; denn eben je reicher wichtiger und mannigfaltiger
ein Gegebenes ist, um so leichter werden überredende Eindrücke vielfacher Wahrnehmungen das Gefühl seiner Eigenthümlichkeit Ganzheit und Abgeschlossenheit in sich selbst
erwecken, ohne uns darum sein inneres Gefüge wirklich
aufzudecken. Worte wie Natur Leben Kunst Erkenntniß
Thier und viele andere bedeuten im gewöhnlichen Gebrauch
nichts weiter; sie drücken nur die Meinung aus, daß eine
gewisse meist nicht genau begrenzbare Menge von Einzelheiten, seien es Gegenstände oder Merkmale von Gegenständen oder Ereignisse, die sich aneinanderknüpfen, auf
irgend eine Weise durch ein innerliches Band zu einem
Ganzen vereinigt sind, welches sich weder einen Theil seines
Inhalts rauben läßt, ohne zerstört zu werden, noch einen
beliebigen Zusatz in seine abgeschlossene Einheit auf-
nehmen kann. Wie wenig aber die Natur jenes Bandes
wirklich bekannt ist, zeigt das Mißlingen des Versuchs,
Rechenschaft über die Grenzen zu geben, welche das zu
dieser Einheit Zugehörige umschließen und von Fremd-
artigem trennen. So lange nun die logische Arbeit in der
Zusammenfassung des Mannigfachen nicht weiter gediehen
ist, würde ich Bedenken tragen, schon von Begriffen zu
sprechen, ohne deshalb Werth auf die Erfindung eines besonderen technischen Namens für diese noch unvollkommene
Fassung zu legen. Möge sie denn der unvollkommene oder
der werdende Begriff heißen; den vollkommenen oder ver-
wirklichten Begriff werden wir erst dann zu besitzen glauben,
wenn der unbestimmte Nebengedanke der Ganzheit über-

haupt zu dem Mitdenken eines bestimmten Grundes gesteigert ist, welcher das Zusammensein gerade dieser Merkmale, gerade diese Verbindung derselben und die Ausschließung bestimmter anderen rechtfertigt.

22. Es ist jetzt die Frage, wie wir zu diesem bedingenden Grunde gelangen. Blieben wir nun bei der isolirten Betrachtung eines zusammengesetzten Bildes abcd stehen, so würde keine noch so lange fortgesetzte Beobachtung uns entdecken, welche Bestandtheile desselben nur zusammensind, welche zusammengehören, in welcher Abstufung das Dasein des einen das des anderen bedingt. Vergleichen wir aber abcd mit andern seines Gleichen, d. h. mit solchen, auf welche von ihm aus unsere Aufmerksamkeit ohne logisches Zuthun durch Gesetze unseres Vorstellungslaufs gelenkt wird, und finden wir, daß in abcd, abcf, abcg und ähnlichen die Gruppe abc gleichmäßig vorkommt unter Hinzufügung verschiedener ungleicher Bestandtheile, so erscheinen uns diese letzteren als das locker und trennbar mit dem festen Stamme des abc Verbundene; das gemeinsame abc aber steht ihnen nicht blos als thatsächlich gleicher Mittelpunkt ihrer Anknüpfung gegenüber, sondern unter der allgemeinen Voraussetzung, daß hier ein Ganzes einander bedingender Theile vorliege, wird dieser feste Kern zugleich zum Ausdruck der beständigen Regel, die in den Einzelfällen den Ansatz der verschiedenen Nebenbestandtheile gestattet und die Art ihrer Anfügung bestimmt. Wollen wir im Leben und zu praktischen Zwecken desselben ermitteln, wo in einem Geschöpfe in einem Gegenstande oder in einer gegebenen Einrichtung die Grenzlinie verläuft, die das innerlich Zusammengehörige von zufälligen Anlagerungen scheidet, so setzen wir dies gegebene Ganze irgendwie in Bewegung; unter dem Einfluß der Veränderung werde sich zeigen, welche Theile hier fest zusammenhalten, während die fremden Beimischungen abfallen, und welche allgemeinen Verknüpfungsweisen jener Theile bestehen bleiben, während sie im Einzelnen ihre gegenseitigen Stellungen ändern; in dieser Summe des Beständigen sehen wir dann das wesentliche innere Gefüge des Ganzen und erwarten von ihm, daß es auch die Möglichkeit und die Art und Weise des Ansatzes veränderlicher Bestandtheile bestimme. Das erste Verfahren, die Hervorhebung dessen, was verschiedenen ruhenden Beispielen gemeinsam zukommt, hat die Logik gewöhnlich befolgt und ist auf diesem Wege zur Aufstellung

ihres Allgemeinen gekommen; ich würde den anderen bevorzugen, die Bestimmung dessen, was in demselben Beispiel sich unter veränderten Bedingungen forterhält; denn nur die Voraussetzung, daß diese Selbsterhaltung sich auch an der Gruppe abc, dem Gemeinsamen vieler einzelnen Vorstellungsganzen, werde beobachten lassen, rechtfertigt eigentlich unsere Annahme, dieses Zusammenseiende als zusammengehörig und als Grund der Anfügbarkeit oder der Unzulässigkeit anderer Bestandtheile anzusehen.

23. Man nennt Abstraction das Verfahren, nach welchem das Allgemeine gefunden wird, und zwar, wie man angibt, durch Weglassung dessen, was in den verglichenen Sonderbeispielen verschieden ist, und durch Summirung dessen, was ihnen gemeinsam zukommt. Ein Blick auf die wirkliche Praxis des Denkens bestätigt diese Angabe nicht. Gold Silber Kupfer und Blei sind an Farbe Glanz Gewicht und Dichtigkeit verschieden; aber ihr Allgemeines, das wir Metall nennen, finden wir nicht dadurch, daß wir bei ihrer Vergleichung diese verschiedenen Merkmale ohne einen Ersatz einfach weglassen. Denn offenbar reicht zur Bestimmung des Metalls nicht die Verneinung aus, es sei weder roth noch gelb noch weiß oder grau; ebenso unentbehrlich ist die Bejahung, daß es jedenfalls irgend eine Farbe habe; es hat zwar nicht dieses nicht jenes specifische Gewicht, nicht diesen nicht jenen Grad des Glanzes, aber seine Vorstellung würde entweder gar nichts mehr bedeuten oder doch sicher nicht die des Metalls sein, wenn ihr jeder Gedanke an Gewicht überhaupt, an Glanz und Härte überhaupt fehlte. Durch Vergleichung der einzelnen Thierarten erhalten wir das allgemeine Bild des Thieres gewiß nicht, wenn wir jede Erinnerung an Fortpflanzung Selbstbewegung und Respiration deshalb fallen lassen, weil die einen lebendig gebären, andere Eier legen, manche sich durch Theilung vermehren, weil ferner jene durch Lungen, diese durch Kiemen, noch andere durch die Haut athmen, weil endlich viele auf Beinen wandeln, andere fliegen, einige zur Ortsveränderung unfähig sind. Im Gegentheil ist dies das Allerwesentlichste, wodurch jedes Thier Thier ist, daß es irgend eine Art der Fortpflanzung, irgend eine Weise der Selbstbewegung und der Respiration besitzt. In allen diesen Fällen entsteht mithin das Allgemeine nicht durch einfache Hinweglassung der verschiedenen Merkmale p^1 und p^2, q^1 und q^2, die in den verglichenen Einzelfällen vorkommen, sondern dadurch, daß an die Stelle der weggelassenen die allgemeinen

Merkmale P und Q eingesetzt werden, deren Einzelarten
p^1, p^2 und q^1, q^2 sind. Das einfachere Verfahren der Weglassung kommt nur da vor, wo dem einen der verglichenen
Einzelnen in der That gar keine Art eines Merkmals P zukommt, von welchem das andere nothwendig eine Art zu
seinem Merkmal hat. So glauben wir, gleichviel ob mit
Recht oder Unrecht, in der Pflanze keine Spur von Empfindung und Selbstbewegung zu entdecken, die beide wesentlich
für alle Thiere sind; aus der Vergleichung von Pflanze und
Thier bilden wir daher allerdings die allgemeine Vorstellung
des organischen Wesens durch Weglassung beider Merkmale
ohne einen Ersatz. Eine sachlich eingehende Betrachtung
würde, zwar nicht eben in diesem Beispiele, aber in vielen
verwandten Fällen, vielleicht Veranlassung haben, dennoch
beiden verglichenen Gliedern zwei Merkmale P und Q gemeinsam zuzuschreiben, und nur für das eine, die Pflanze,
einen Nullwerth dieser Merkmale anzunehmen, die in dem
Thiere stets mit wirklichen Größenwerthen vorkommen.
Etwas anders gewendet behaupten wir logisch, der Ersatz
der weggelassenen Einzelmerkmale durch ihr Allgemeines
sei die allgemeingültige Regel der Abstraction, die ersatzlose
Weglassung bilde den Sonderfall, in welchem sich ein
logisch gemeinsames Merkmal nicht finden läßt, als dessen
verschiedene Arten der Besitz eines Einzelmerkmals hier
und sein Nichtbesitz dort angesehen werden könnten. So
gefaßt schließt mithin unsere Regel der Abstraction diese
Fälle der bloßen Weglassung mit ein; umgekehrt, eine Regel,
welche nur von der Weglassung ausginge, fände keinen
Rückweg zu der Forderung jenes Wiederersatzes, dessen
Wichtigkeit für die Bildung des Allgemeinen alle späteren
Schritte der Logik bestätigen werden.

24. Nach den Betrachtungen des vorigen Abschnittes,
von dessen Voraufsendung jetzt die Nothwendigkeit sichtbar ist, wird man nicht ernstlich an dem nur scheinbaren
Cirkel Anstoß nehmen, der uns hier Allgemeines durch
Zusammensetzung von Allgemeinem zu bilden befiehlt. Wir
haben gesehen, daß die allgemeinen Merkmale P und Q, die
wir hier bedürfen, das erste Allgemeine des erwähnten
Abschnittes, uns ohne logische Arbeit lediglich als beobacht-
bare Erzeugnisse unseres Vorstellungslebens zufallen; eben
deswegen können sie nun als Bausteine für die Bildung
dieses zweiten Allgemeinen verwendet werden, welches wir
allerdings durch eine logische Arbeit erzeugen. Daß das
Gelb des Goldes das Roth des Kupfers und das Weiß des

Silbers nur Abwandlungen eines Gemeinsamen sind, das
wir dann Farbe nennen, das empfanden wir unmittelbar;
wem es aber nicht empfindbar wäre, dem würde durch
logische Arbeit nie deutlich gemacht werden können, weder
daß diese Eindrücke Arten dieses Allgemeinen sind, noch
überhaupt, was eigentlich ein Allgemeines und die Beziehung seines Besonderen zu ihm sagen will. Denn dies
eben wünschte ich hier noch hervorzuheben, daß auf der
unmittelbaren Anschauung eines ersten Allgemeinen und
auf der Anwendung irgend welcher Größenvorstellungen
die Bildung dieses zweiten Allgemeinen in allen Fällen
beruht, nicht blos da, wo die Merkmale, wie die des Metalls,
Farbe Glanz und Härte, sich ungezwungen als ruhende
Eigenschaften des Bezeichneten fassen lassen, sondern auch
da, wo sie, wie Fortpflanzungs- und Bewegungsfähigkeit
des Thieres, nur kurze adjectivische Bezeichnungen von
Verhaltungsweisen sind, die wir vollständig nur durch vielfache Beziehungen zwischen mancherlei Beziehungspunkten
denken können. Man überzeugt sich leicht durch eine Zer-
gliederung, die ich nur um ihrer drohenden Weitläufigkeit
willen hier der Aufmerksamkeit des Lesers überlassen muß,
daß alle Unterschiede der Thiere auch in Bezug auf diese
Merkmale immer auf Größenbestimmungen hinauslaufen,
die entweder der Stärke gelten, mit der ein fühlbar gleicher
oder gleichartiger Vorgang sich in ihnen ereignet, oder der
Anzahl der Beziehungspunkte, zwischen denen er stattfindet, oder einer der Formverschiedenheiten, die er durch
eben diese verschiedene Anzahl seiner Beziehungspunkte,
durch die größere oder geringere Engigkeit ihrer Beziehung
auf einander, endlich durch die ebenfalls meßbaren Unterschiede ihres zeitlichen und räumlichen Verhaltens erfahren
kann. Mit dem Hinwegfall dieser quantitativen Abstufung
und Vergleichbarkeit, die sich, in verschiedener Weise
natürlich, über Alles, über einfache Merkmale, über ihre
Beziehungen, über Verbindungsweisen des Gleichzeitigen
und des Successiven erstreckt, würde die Bildung eines
Allgemeinen aus der Vergleichung verschiedener zusammengesetzten Vorstellungsgruppen wenigstens in dem Sinne,
in welchem diese Bildung für die Aufgaben des Denkens
Werth hat, unmöglich sein.

25. Ich gedenke jetzt einiger herkömmlichen Kunst-
ausdrücke. Nennen wir Begriff (notio, conceptus) vorläufig
überhaupt die zusammengesetzte Vorstellung, die wir als
ein zusammengehöriges Ganze denken, so heißt Inhalt

(materia) des Begriffes S die Summe der Einzelvorstellungen oder Merkmale (notae) a, b, c, d..., durch welche S vollständig gedacht und von jedem andern Begriffe Σ unterschieden wird; Umfang aber (ambitus, sphaera) die Anzahl der Einzelbegriffe s^1, s^2, s^3.., in deren jedem der Inhalt von S, also die Merkmalgruppe a, b, c, d.., in irgend einer ihrer möglichen Modificationen enthalten ist. So würden Farbe a, Gewicht b, Dehnbarkeit d und die übrigen ähnlichen zusammen den Inhalt des Metalls S; Kupfer s^1 dagegen, Silber s^2, Gold s^3 und ihres Gleichen zusammengenommen den Umfang desselben S bilden. Man pflegt ferner die einzelnen Merkmale a, b, c als coordinirt in dem Inhalt von S, die einzelnen Arten aber, s^1, s^2, s^3, als coordinirt in dem Umfange des S zu bezeichnen; in dem Verhältniß der Subordination endlich stehen die Arten s^1, s^2, s^3 zu dem allgemeinen S selbst, das ihre Gattung bildet; subsumirt aber sind sie sammt dem S selbst unter jedes der allgemein ausgedrückten Merkmale, welche den Inhalt des S und folglich auch den der s^1, s^2, s^3 zusammensetzen. Zuletzt behauptet man, daß Umfang und Inhalt jedes Begriffes in umgekehrtem Verhältniß zu einander stehen; je größer der Inhalt, also die Zahl der Merkmale, die der Begriff allen seinen untergeordneten Arten vorschreibt, um desto geringer die Zahl der Arten, welche diese Forderung erfüllen; je kleiner der Inhalt des S, um so größer die Menge der Einzelnen, welche die wenigen Merkmale besitzen, die ihnen nöthig sind, um Arten des S zu sein, oder in seinen Umfang zu gehören. Vergleiche man daher den allgemeinen Begriff S mit einem andern gleichartigen allgemeinen T und suche für sie beide das neue dritte Allgemeine U, dem sie wieder als Arten gehören, und setze man dies Verfahren fort, so werde jeder Allgemeinbegriff W, je höher er in dieser Stufenreihe steht, je weiter er nämlich von den ursprünglich verglichenen S und T absteht, um so ärmer an Inhalt und um so größer an Umfang sein; umgekehrt, steigen wir von jenen höchsten Allgemeinbegriffen W durch V und U, S und T bis zu den Arten von S und weiter herab, so wachse mit abnehmendem Umfang der Inhalt und werde am größten in jenen Vorstellungen des völlig Einzelnen und Individuellen, denen dann die Logik nicht ohne Bedenken den Namen eines Begriffes überhaupt noch zugesteht.

26. Diese Bestimmungen sind von ungleichem, überhaupt aber von geringem Werth. Ich beginne, was über sie

zu sagen ist, mit der Feststellung des künftig von mir zu befolgenden Sprachgebrauchs. Ich nenne jeden zusammengesetzten Inhalt s dann begrifflich gefaßt oder Begriff, wenn zu ihm ein Allgemeines S mitgedacht wird, welches den bedingenden Grund für das Zusammensein aller seiner Merkmale und für die Form ihrer Verknüpfung enthält. Nach dieser Erklärung sprechen wir unbedenklich von Begriffen auch des völlig Einzelnen, von singularen Begriffen nach dem alten Ausdruck der Logik und glauben uns dabei in völliger Uebereinstimmung mit dem Sprachgebrauch. Denn wenn wir zum ersten Male einen uns neuen Gegenstand s, vielleicht mit völliger Deutlichkeit der sinnlichen Wahrnehmung, beobachten, mit dieser aber uns nicht zufrieden geben, sondern fragen, was denn nun eigentlich dies s sei, so wünschen wir offenbar die Regel kennen zu lernen, die in dem beobachteten Thatbestand die wahrgenommenen Merkmale verbindet und sie in ein zusammengehöriges Ganze von bestimmtem voraussagbaren Verhalten verwandelt. Erfahren wir dann, dies s sei ein S, ein Thier oder eine Pflanze, so glauben wir dies s begriffen zu haben; seine Vorstellung ist es also, die durch das Mitdenken des allgemeinen S zum Begriff erhoben wird. Jeder Eigenname bietet hierfür ein Beispiel. Alcibiades bedeutet für menschliche Gedanken niemals blos eine Vielheit verschiedenfarbiger Punkte, die im Raum nach bestimmter obwohl nicht ganz unverschiebbarer Zeichnung mit einander verbunden sind und dem Versuch zu ihrer Trennung widerstehen; ebensowenig drückt der Name blos den Nebengedanken aus, diese Vielheit bilde auf irgend eine dahingestellte Weise ein Ganzes; das ganz bestimmte Allgemeinbild des Menschen vielmehr oder des Mannes wird als das Schema mitgedacht, nach welchem der Zusammenhang der hier beobachteten Merkmale unter einander und mit dem künftig von ihnen zu erwartenden Verhalten aufzufassen ist. Auf diese Auffassung aber paßt weder der Name der Anschauung, noch der einer bloßen Vorstellung, sondern nur der eines singularen Begriffes.

27. Gar nicht finde ich dagegen in der Ordnung, daß man dem Allgemeinen S selbst, durch dessen Mitdenken das Einzelne zum Begriff wird, ohne allen Vorbehalt den Namen eines Allgemeinbegriffes gibt. Diese logische Form kann das S haben, hat sie aber keineswegs immer, sondern bleibt häufig ein bloßes allgemeines Bild, dessen

Bestand zwar mit dem Nebengedanken seiner zusammengehörigen Ganzheit, aber ohne Angabe der gliedernden Regel seines Zusammenhangs gedacht wird. Im gewöhnlichen Gebrauch der Rede ist schon der Name Mensch nur Ausdruck für ein solches Bild; einige Ueberlegung macht aus ihm leicht noch, durch Unterordnung unter das Allgemeine Thier, einen Begriff; dann bleibt aber Thier ein allgemeines Bild, das nur der Naturforscher noch durch Mitdenken der Vorstellung des organischen Wesens für seinen wissenschaftlichen Gebrauch zum Begriff umbildet. Auf diesem unfertigen Zustand der logischen Arbeit, die nur den einen Ring der ganzen Kette, den Zusammenhang des Einzelnen mit seinem nächsten Allgemeinen scharf beleuchtet, von da aus aber die übrigen im Dunkel läßt, beruhen die Begriffe, die im natürlichen Gebrauch des Denkens vorkommen; da jedoch wissenschaftliche Untersuchungen, zu denen die Logik vorzugsweis einleiten will, wirklich dahin streben, auch jedes höhere Allgemeine eines gegebenen Begriffs selbst begrifflich zu fassen, so begnüge ich mich, die vorgetragene Bemerkung gemacht zu haben, sehe jedoch von ihrer hartnäckigen Durchführung ab und werde mit dem gewöhnlichen Sprachgebrauch auch jenen allgemeinen Bildern den Namen der Begriffe nicht vorenthalten. Dies Zugeständniß wird mir dadurch erleichtert, daß in der Logik der Name des Begriffs nicht jene vornehme Bedeutung scheint haben zu dürfen, die ihm die Schule Hegel's gegeben hat, und in welcher er darauf Anspruch macht, die Erkenntniß der wesentlichen Natur seines Gegenstandes auszudrücken. Der Unterschied zwischen logischen Formen und metaphysischen Gedanken ist auch hier zu beachten. Es mag einen bevorzugten Begriff geben, welcher die Sache selbst in ihrem Sein und ihrer Entwicklung verfolgt, oder zum Standpunkt der Auffassung den in ihr selbst liegenden Mittelpunkt wählt, von welchem aus sie ihr eignes Verhalten bestimmt und ihre eigne Wirksamkeit gliedert; aber es ist nicht Aufgabe der Logik, ihrer Begriffsform stets nur diese auserlesene Füllung zu geben. Der logische Begriff gilt uns als eine Denkform, welche ihren Inhalt, von irgend welchem Standpunkte aus, so auffaßt, daß aus dieser Auffassung Folgerungen zu ziehen sind, welche an bestimmten Punkten richtig wieder mit dem zusammentreffen, was aus diesem Inhalt selbst, aus der Sache selbst fließt; nach der Wahl jener Standpunkte, für deren jeden sich die Sache anders projicirt, kann es daher verschiedene gleich richtige und gleich fruchtbare logische Begriffe desselben Gegenstandes geben. Mag darum Begriff immerhin jede Auffassung heißen, die, wenn auch nur mit Hülfe eines selbst nicht weiter zergliederten Allgemeinbildes, dies leistet, den gegebenen Gegenstand einer Regel seines Verhaltens zu unterwerfen, deren Anwendung mit diesem wirklichen Verhalten in Uebereinstimmung bleibt.

28. Ernstliche Bedenken erweckt die behauptete Coordination der Merkmale im Inhalt des Begriffs. Schon dies ist ein Uebelstand, daß uns ein passender Name für die Bestandtheile fehlt, aus denen wir den Begriff zusammensetzen; Merkmal, Theilvorstellung passen nur für bestimmte Fälle. Sie erwecken die geläufige falsche Meinung, als seien ganz allgemein die Bestandtheile des Begriffs gleichwerthig, jeder mit dem Ganzen des Inhalts ebenso verbunden wie jeder andere, und jeder erste mit dem zweiten ebenso wie dieser mit dem dritten. Hierzu verführen besonders die Beispiele, welche die Logik aus dem Kreise einfacher Naturgegenstände zu wählen pflegt. Zwar ist Gold gelb nur im Licht, dehnbar nur für eine einwirkende Zugkraft, schwer nur für den Körper den es drückt; aber diese verschiedenen Verhaltungsweisen lassen sich doch für unsere Einbildungskraft leicht als ruhende Eigenschaften vorstellen, die an einem bestimmten Punkte des Raumes versammelt sind und dort alle in nicht weiter angebbarer übrigens gleicher Weise an dem Realen haften, das um ihretwillen Gold heißt. Hier paßt der Name der Merkmale und hier sind die Merkmale allerdings in dem behaupteten Sinne in dem Inhalt coordinirt; nur bedeutet diese Coordination nichts mehr, als daß sie alle dem Ganzen gleich unentbehrlich sind, außerdem aber eine irgendwie gegliederte Ordnung n i c h t besteht. Verlassen wir so einfache Beispiele, überlegen wir Begriffe wie Dreieck Thier oder Bewegung, so bedürfen wir, um ihren Inhalt richtig zu denken, eine Menge von Theilvorstellungen, die nicht mehr so gleichwerthig sind, sondern in den verschiedensten gegenseitigen Stellungen auf einander bezogen werden müssen. Die drei Seiten des Dreiecks sind nicht blos in ihm a u c h da, neben den drei Winkeln, sondern sie müssen durch ihre Schneidungen die Winkel bilden; der Begriff der Bewegung enthält nicht blos überhaupt die Theilvorstellungen Ort Veränderung Richtung Geschwindigkeit; sondern Richtung und Geschwindigkeit sind, beide in verschiedenem Sinne, Bestimmungen der Veränderung; der

Ort, da er ja verlassen wird, kann am wenigsten ein Merkmal des Begriffs heißen, er ist ein Beziehungspunkt für die Vorstellung der Veränderung, zu welcher sein Verhältniß durch den Sinn des Genitivs verglichen mit dem regierenden Nominativ ausgedrückt wird. Die Verfolgung dieser Mannigfaltigkeit ist zu weitläufig; zu der Ueberzeugung aber würde sie ersichtlich führen, daß im Allgemeinen die Merkmale eines Begriffs nicht gleichwerthig einander coordinirt sind, daß sie vielmehr in den mannigfaltigsten Stellungen sich auf einander beziehen, einander verschiedenartige Anlagerungen vorschreiben und so sich wechselseitig d e t e r m i n i r e n; daß ein zutreffendes Symbol für den Bau eines Begriffs nicht die Gleichung $S = a + b + c + d \ldots$, sondern höchstens die Bezeichnung $S = F$ $(a, b, c, \ldots)$ ist, welcher mathematische Ausdruck eben nur andeutet, daß $a, b, c, \ldots$ auf eine im Einzelfall genau angebbare, im Allgemeinen höchst vielförmige Weise verknüpft werden müssen, um den Werth von S zu ergeben. Wäre in irgend einem Einzelfalle

$$S = a\,[\mathrm{b^c\,sin\,d}] + \left(\mathrm{e} - \frac{\mathrm{f}}{\mathrm{g}}\right)\sqrt{\mathrm{h}},$$

so würde diese Formel, so läppisch sie sein würde, wenn sie etwas mehr bedeuten wollte, doch immer noch ein anschaulicheres Bild, als jene unzureichende Summenformel, für die Verschiedenheit der Beiträge geben, welche hier die einzelnen Merkmale a, b, c... zum Aufbau des ganzen Inhaltes von S liefern.

29. Gegen die Coordination von s^1 Kupfer, s^2 Gold und s^3 Silber in dem Umfang des S Metall ist nichts einzuwenden, dagegen der große Werthunterschied zwischen dieser Unterordnung und der des allgemeinen S sowie jeder seiner Arten unter die allgemeinen Merkmale a dehnbar, b farbig hervorzuheben. Die Natur des Allgemeinen S, des Metalls, beherrscht die Natur seiner Arten, des Goldes und Kupfers, vollständig, und keine Eigenschaft der letzteren entzieht sich ihrem bestimmenden Einfluß: gelb oder roth ist vieles, aber das schimmernde Gelb und Roth des Goldes und Kupfers kommt Metallen allein zu; dehnbar ist vieles, aber Größe und sonstige Eigenthümlichkeit der Dehnbarkeit, wie sie Gold und Kupfer zeigen, ist nur bei Metallen erhört; nur die Metallität endlich erklärt die Höhe des specifischen Gewichts. Ebenso bestimmt das Allgemeine Thier jede Eigenschaft und jede Regung dessen,

was seine Art ist: das Thier bewegt sich anders wächst anders und ruht anders als die Pflanze und das Leblose. Versinnlichen wir das Allgemeine Metall durch einen Kreis S, so liegt der kleinere Kreis s^1 des Goldes völlig in S eingeschlossen; neben ihm, getrennt von ihm, aber ebenso ganz innerhalb des S, die Kreise s^2 Kupfer, s^3 Silber. Dies Verhältniß einer wahrhaften Unterordnung unter das maßgehende Allgemeine bezeichne ich, indem ich zwei meist gleichbedeutend gebrauchte Namen verschieden benutze, als S u b o r d i n a t i o n unter die Gattung; ich nenne dagegen S u b s u m p t i o n unter das Merkmal die Unterordnung des Goldes unter das Gelb g oder das Dehnbare d. Diese allgemeinen Merkmale beherrschen und durchdringen offenbar die ganze Natur des Goldes nicht; jedes drückt vielmehr nur eine Seite derselben aus, die andern Gegenständen von völlig abweichender Natur ebenfalls zukommt, und aus der sich, für unsere logische Einsicht, keinerlei Folgerung in Bezug auf die. anderen Eigenschaften des Goldes ziehen läßt. An den größeren Kreis G des Gelben tritt daher der kleinere s des Goldes nur an einer bestimmten Stelle an und schneidet ihn, ohne gänzlich in ihm zu liegen; .an anderen Stellen wird G durch die Kreise der andern gelben Gegenstände ebenso geschnitten und sie alle bleiben theilweis außer ihm.

30. Von dem Allgemeinen S aus, welches die Regel für die ursprünglich verglichenen s^1 s^2 s^3 war, konnten wir zu immer höheren Allgemeinbegriffen T U V W aufsteigen. In der Naturgeschichte, für welche diese Stufenreihe Werth hat, sind ihre einzelnen Glieder in der Richtung nach aufwärts als Art Gattung Familie Ordnung Klasse bezeichnet worden; doch ist schon dies nicht ganz unstreitig, was ein Allgemeinbegriff zu leisten habe, um eine Art, und was, um eine Gattung vorzustellen; noch verschiedener werden die übrigen Benennungen und immer nach Gesichtspunkten angewandt, die für den Kreis zu behandelnder Gegenstände jedesmal aus der besondern Natur derselben eigens gerechtfertigt werden. Ohne diese Unterstützung, welche die Bedeutung und Wichtigkeit dieser Abstufungen von Seiten sachlicher Kenntniß erfährt, läßt sich nur für Art und Gattung einigermaßen ein fester logischer Werth auf folgende Weise bestimmen. Veranlassung zur Aufsuchung eines Allgemeinen überhaupt findet das natürliche Denken nur in der Vergleichung von Einzelfällen, welche nicht gleich, aber ähnlich sind. Einen

Begriff zu suchen, der Gurkenfrüchte und mathematische Lehrsätze unter sich befaßte, ist ein Spiel des Witzes; aber alle großen und kleinen alten und jungen dicken und magern schwarzen und weißen Menschen fordern das natürliche Denken zu diesem Schritte auf. Denn ihre sinnlichen Erscheinungen liefern ähnliche Bilder, an deren entsprechenden Punkten sich nur Merkmale finden, die unmittelbar als Arten desselben allgemeinen Merkmales, der Härte oder Farbe, empfunden werden; auch die Beziehungen zwischen zweien dieser Punkte sind in ihnen allen nur durch Grad und Größe verschiedene Modificationen einer und derselben allgemeinen Beziehung. Die Vergleichung der einzelnen Menschen erzeugt daher ein allgemeines Bild; nicht in dem Sinne freilich, als ließe der allgemeine Mensch sich wirklich malen, aber doch in dem Sinne der naturgeschichtlichen Abbildungen, die gar nicht daran zweifeln, durch ein Pferd alle Pferde und durch ein Kameel alle Kameele in einer Anschauung, die mehr als bloßes Schema oder Symbol ist, deutlich darzustellen; oder in dem Sinne der Geometrie, die durch ein gezeichnetes Dreieck, obgleich es immer nur ein einzelnes sein kann, neben dem es andere gibt, doch alle diese andern, und zwar gleichfalls in anschaulicher Weise, mit vertritt. Diese Möglichkeit verschwindet aber, wenn wir zu höheren Allgemeinheiten aufsteigen, die diese allgemeinen Bilder selbst wieder als ihre Arten unter sich befassen; das allgemeine Säugethier, das weder Pferd noch Kameel ist noch sonst Namen hat, läßt sich nicht in einem schematischen Bild'e mehr zeichnen, und ebenso wenig das Polygon, das weder Dreieck noch Viereck ist noch eine andere bestimmte Seitenzahl hat. Diese höheren Allgemeinbegriffe fassen wir mithin nicht mehr in einer Anschauung, sondern nur noch in einem Gedanken, durch eine Formel oder eine Gleichung, die im Wesentlichen dieselbe Beziehungsweise zwischen verschiedenen Beziehungspunkten vorschreibt, aber zu anschaulich ganz abweichenden Gestaltungen führt, je nachdem man die unbestimmt gelassenen Werthe dieser Beziehungspunkte selbst und ihrer engeren und schlafferen Verbindung so oder anders bestimmt denkt. Dasjenige Allgemeine nun, das noch ein Bild gewährt, würde ich eine Art, das erste von denen aber, die nur noch eine Formel möglich machen, die Gattung nennen, in Uebereinstimmung, wie ich glaube, mit dem gewöhnlichen Sprachgefühl und nebenbei mit den

alten Bestimmungen des Aristoteles. Denn die Wahl seiner
beiden Ausdrücke Eidos und Genos ist ohne Zweifel durch
die ursprüngliche Wortbedeutung bestimmt worden; Eidos,
die Art, welche unter sich nur Individuen befaßt, ist das
Gemeinsame des Aussehens oder der Erscheinung; Genos
begreift das Formverschiedene, das in seiner Entstehung,
oder, wenn es überhaupt nicht zeitlich entspringt, doch in
dem bedingenden Zusammenhang seiner Bestandtheile derselben gesetzgebenden Formel gehorcht.

31. Es bleibt uns noch die letzte der früher angeführten
Behauptungen: das umgekehrte Verhältniß zwischen Inhalt
und Umfang der Begriffe; ich finde es unrichtig da, wo
seine Richtigkeit wichtig wäre, und ziemlich unwichtig da,
wo es richtig ist. Die Anzahl der Merkmale, aus denen
wir unsere Begriffe zusammensetzen, ist nicht unendlich;
reicht doch die Sprache mit zwar vielen doch nicht zahllosen Worten zu ihrer Bezeichnung aus. Leicht möglich
kann daher eine Gruppe derselben, sagen wir ikl, in mehreren
Allgemeinbegriffen S T und U zugleich vorkommen, ohne
daß deshalb ikl einen höhern Allgemeinbegriff darstellte, der
ein Bildungsgesetz für alle Arten von S T und U enthielte.
Man kann Kirschen und Fleisch unter die Merkmalgruppe ikl
röthlicher saftiger eßbarer Körper unterordnen, aber man
wird nicht glauben, damit einen Gattungsbegriff für beide
erreicht zu haben, dessen Arten sie zu heißen verdienten.
Ich behaupte nun nicht, daß die einseitige Hervorhebung
einer solchen Merkmalgruppe überall so wenig Sinn habe,
wie in diesem abgeschmackten Beispiele; im Gegentheil
werden wir ihren Werth später kennen lernen: sie dient
zu dem oft nützlichen und nöthigen Nachweis, daß verschiedene Subjecte, obgleich sonst einander ganz fremd und
keinem gemeinschaftlichen Gattungsbegriffe subsumirbar,
dennoch wegen eines einzigen oder weniger gemeinsamen
Merkmale gewissen unabweislichen Folgerungen gleichmäßig
verfallen sind. Wer nun fortfahren will, diese Merkmal-
gruppen Allgemeinbegriffe zu nennen, hat dann freilich
mit jenem umgekehrten Verhältniß zwischen ihrem Umfang
und Inhalt Recht: je weniger Glieder die Gruppe zählt,
um so sicherer wird sie in allerhand Begriffen anzutreffen
sein; und anderseits je größere Anzahlen verschiedener
Vorstellungsinhalte man vergleicht, um so kleiner wird die
Merkmalgruppe sein, in der sie alle übereinstimmen. Von

dem wahren Allgemeinbegriff dagegen, dem, welcher die Regel für die ganze Bildung der Arten enthält, ließe sich eher behaupten, daß sein Inhalt allemal ebenso reich, die Summe seiner Merkmale ebenso groß ist, als die der Arten selbst; nur sind im Allgemeinbegriffe, in der Gattung, eine Menge Merkmale blos in unbestimmter und selbst allgemeiner Form enthalten, für welche in der Art bestimmte Einzelwerthe oder besondere Ausprägungen auftreten, bis in dem singularen Begriffe jede Unbestimmtheit verschwunden und jedes allgemeine Merkmal der Gattung durch ein nach Größe Eigenthümlichkeit und Verknüpfung mit andern völlig determinirtes ersetzt ist. Allerdings kann man gegen die Allgemeingültigkeit dieser Behauptung Beispiele wie das früher erwähnte des organischen Wesens anführen, unter dessen Begriff wir Pflanze und Thier unterordnen; man kann es eine logische Willkürlichkeit nennen, in diesem Begriffe die Merkmale der Empfindungs- und Bewegungsfähigkeit beizubehalten, mit dem Hintergedanken, beiden dann in der Pflanze einen Nullwerth zuzuschreiben; aber dies Beispiel zeigt eigentlich mehr, daß wirklich die höheren Allgemeinheiten, von der Gattung aufwärts, aufhören wahre Allgemein begriffe zu sein und in Complexe von Bedingungen übergehen, denen der Inhalt verschiedener im eigentlicheren Sinne so zu nennender Gattungen mit gleichen daraus fließenden Folgen unterliegt. Der Begriff des organischen Wesens ist ein solches ikl, eine Gruppe von Merkmalen, die für sich in keinem gegebenen Beispiel vorkommt, die aber in den Gattungen, in denen sie vorkommt, in Thier und Pflanze, dieselben aus ihr entspringenden Folgerungen nothwendig macht.

32. Die vorigen Bemerkungen enthielten weder die Hoffnung noch den Anspruch, eine bleibende Aenderung in dem hergebrachten Sprachgebrauch hervorzubringen; sie sollten nur der deutlicheren Einsicht in den Bau der Begriffe überhaupt dienen. Zu gleichem Zwecke füge ich noch Folgendes hinzu. Ich bezeichne die Gattung G, sofern ihr Begriff die Verbindungsregel einer Anzahl allgemeiner Merkmale A B C ... darstellt, durch F [A B C], und nehme an, jedes der Merkmale lasse Einzelformen zu, welche $a^1 a^2 a^3 .. b^1 b^2 b^3 .. c^1 c^2 c^3 ..$ heißen mögen; die Verbindungsform F endlich bewege sich gleichfalls in einem Spielraum veränderlicher Gestaltungen, von denen wir drei durch f φ und f andeuten wollen. Da nun die Merkmale

A B C von sehr verschiedenem Werthe für das Ganze von G sein können, so ist es möglich, daß die verschiedenen Werthe, welche etwa A annimmt, von entscheidender Wichtigkeit für die Gestalt des Ganzen sind und sich auch in der Verbindungsweise der übrigen mit ihrem umformenden Einfluß gelten machen. Dies kann den Erfolg haben, daß, wenn A den einen oder den andern seiner Werthe annimmt, damit auch die Gliederungsweise F des Ganzen von einem ihrer Einzelfälle sich zu einem andern ändert; die Gesammtzahl der Arten von G würde dann sein: $G = f(a^1\,B\,C..) + \varphi(a^2\,B\,C..) + \mathfrak{f}(a^3\,B\,C..)$, in welcher Formel ich der Kürze halber die correspondirenden Aenderungen von B und C unausgedrückt lasse. Diese entscheidenden Merkmale $a^1\;a^2\;a^3$ sind in diesem Falle die artbildenden Unterschiede, differentiae specificae. So pflegt schon Aristoteles, der dafür den Namen Diaphora hat, wenn er den Menschen unter die Gattung Thier unterordnet, die Bestimmung zum vernünftigen Denken als die eigenthümliche Ausprägung a^1 des allgemeinen Seelenlebens zu bezeichnen, durch die sich der Mensch von allen andern Thieren unterscheidet; im Sinne meiner obigen Bezeichnung kommt dann noch hinzu, daß dieses a^1 nicht blos den Menschen von den Thieren abgrenzt, sondern auch die ihm eigenthümlichen Werthe der übrigen Eigenschaften B und C, endlich die Verbindungsweise f derselben oder den ganzen Habitus bestimmt, durch den der Mensch sich von den Thieren mit ihrer durch φ oder $\mathfrak{f}$ charakterisirten Organisation unterscheidet. Es kann ferner geschehen, daß die besonderen Werthe, welche eines oder mehrere der allgemeinen Gattungsmerkmale in einer einzelnen Art angenommen haben, nur in dieser Art und in keiner andern möglich sind, daß sie aber dennoch keinen wichtigen Einfluß auf die Gestaltung der übrigen Merkmale äußern und deshalb die Natur der Art, an welcher sie vorkommen, nicht nach ihrer ganzen Bestimmtheit repräsentiren. Eigenheit oder Idion nennt Aristoteles ein solches Merkmal: es ist das, was wir ein Kennzeichen nennen. Die Lachfähigkeit führt er als Idion des Menschen an, Hegel in ähnlichem Sinne das Ohrläppchen; beide unterscheiden den Menschen vom Thiere, aber sie erschöpfen sein Wesen nicht. Noch gibt es nach Aristoteles Merkmale, die nicht zu dem eisernen Bestand eines Begriffs gehören, sondern etwas bezeichnen, was seinem Inhalt zustößt oder

widerfährt; jedes Verbum, welches sagt, daß Sokrates sitze
oder stehe, gibt davon ein Beispiel. Die Uebersetzer quälen
sich vergeblich, den von Aristoteles dafür gebrauchten Ausdruck Symbebekos zugleich sachgemäß und in Uebereinstimmung mit der ursprünglichen griechischen Wortbedeutung zu übersetzen; was an ihm sachlich wichtig und
richtig ist, wird völlig dem entsprechen, was wir einen
Zustand nennen. Daß dieser Ausdruck dennoch nicht
den Sprachgebrauch des Aristoteles deckt, scheint mir die
Schuld einer von ihm selbst begangenen Ungenauigkeit,
deren Erörterung kaum die Mühe lohnen würde. Die Betrachtung des sachlichen Verhältnisses aber, das zwischen
dem Begriffsganzen und dieser Art seiner Merkmale ob-
waltet, gehört der Lehre vom Urtheil an. Man findet in
des Porphyrius Einleitung zur Aristotelischen Logik Stoff
genug, um ein meist freilich nutzloses Nachdenken über
die Aehnlichkeiten und Unterschiede der hier berührten
logischen Bestimmungen noch weiter zu üben; uns dienten
sie wesentlich zur Verdeutlichung der mannigfachen Gliederung der Begriffe und sind zu diesem Zweck nicht in
durchgängiger Uebereinstimmung mit Aristoteles vorgetragen
worden.

33. Wohin gelangt man nun zuletzt, wenn man zu allen
gefundenen Allgemeinbegriffen immer höhere sucht? welche
Form nimmt das Gesammtsystem aller unserer Begriffe
an, wenn man sich dieses Geschäft vollendet denkt? Von
einer breiten Grundfläche, welche durch alle singularen
Begriffe oder Vorstellungen gebildet wird, erhebt es sich
offenbar mit zunehmender Verschmälerung; die gewöhnliche
Meinung gibt ihm geradezu die Gestalt einer Pyramide,
die mit einer einzigen Spitze, dem alles umfassenden Begriffe des Denkbaren, schließe. Ich finde wenig Witz in
dieser Annahme; sie beruht ganz auf der geistlosen Subsumption unter ein Merkmal, deren logischen Werth wir
gering anschlugen. Unter das Merkmal des Denkbaren überhaupt fällt alles auf einmal und mit einem Schlage; man
kann sich die Mühe ersparen, zu diesem Ergebniß erst
durch eine pyramidale Stufenleiter empor zu klettern; zugleich ist in diesem Endgliede von allem Inhalt und aller
Eigenthümlichkeit des Gedachten auf die gründlichste und
gedankenloseste Weise abgesehen. Folgen wir dagegen dem
Verfahren der Subordination unter die Gattung und ordnen
wir das Mannigfache nur solchen Allgemeinheiten unter,
welche den Gedanken der allgemeinsten Regeln für die Eigen-

arten seiner Formung noch aufbewahren, so kommen wir
nicht zu einem, sondern zu mehreren auf einander nicht
zurückführbaren Endbegriffen, in denen wir ohne Ueberraschung dieselben Bedeutungen der Redetheile wieder-
erkennen, die wir am Anfang dieses Hauptstücks als die
ersten logischen Elemente kennen lernten. Alle substantivischen Inhalte führen auf den Stammbegriff des Etwas,
alle adjectivischen auf den der Beschaffenheit, die verbalen
auf den des Werdens, die andern auf den des Verhältnisses
zurück. Alle diese Stammbegriffe haben freilich das gemeinsame Merkmal, denkbar zu sein; aber eine gemeinsame
Gattung, unter der ihre wesentlichen Inhalte verschiedene
Arten bildeten, gibt es weder über ihnen allen, noch vertritt einer von ihnen diese Stelle für die übrigen; es ist
nicht möglich, das Etwas als eine Art des Werdens, oder
das Werden als eine Art des Etwas zu fassen. So angesehen erhebt sich das Gesammtgebäude unserer Begriffe
wie eine Gebirgskette, die von einem breiten Fuße beginnt
und mit mehreren scharf getheilten Gipfeln endigt.

Uebergang zu der Form des Urtheils.

34. Auf diesem Bilde einer zusammenhängend sich auf-
bauenden Begriffswelt hat schon der Blick Platons geruht.
Ihn, der die ewige Sichselbstgleichheit jedes Begriffsinhaltes
und ihre Bedeutung gegenüber der Veränderlichkeit des
Wirklichen zuerst erkannt, ihn konnte es reizen, alle einfachen Elemente des Denkbaren aufzusuchen, alle Verbindungen der verbindbaren zu vollziehen und in dem
gegliederten Ganzen einer Ideenwelt das ewige Vorbild auf-
zurichten, dem die geschaffene Welt unvollkommen nach-
ahmt. Weder er selbst indessen noch die Folgezeit hat
eine wirkliche Ausführung dieser an sich unvollendbaren
Aufgabe versucht; noch weniger könnten wir jetzt geneigt
sein, in ihr eine wünschenswerthe Leistung zu sehen. Und
dies nicht nur deshalb, weil die Wirklichkeit, das was ist,
uns zu zahlreiche und schwere Räthsel aufgibt, um uns
Zeit zur Aufstellung eines Verzeichnisses dessen zu lassen,
was sein könnte, aber nicht ist; vielmehr auch die vollständige Kenntniß der Ideenwelt würde uns wenig in der
Begreifung des Wirklichen unterstützen. Denn Alles, was
wir im besten Fall auf diesem Wege erreichen könnten,
würde nur das Bild einer ruhenden Ordnung sein, in welcher

einfache und zusammengesetzte Begriffe, jeder unveränderlich sich selbst gleich und jeder durch unwandelbare Beziehungen zu allen andern an seinen unverrückbaren systematischen Ort gestellt, neben einander ständen; was uns dagegen die Wirklichkeit vorhält, ist ein wechselndes Durcheinander der mannigfachsten Beziehungen und Verknüpfungen, die sich zwischen den einzelnen Vorstellungsinhalten, ohne Rücksicht auf ihre systematische Stellung, bald so bald anders gestalten. Diese große Thatsache der Veränderung hört nicht dadurch auf dazusein, daß wir im Sinne des Alterthums sie als eine Unvollkommenheit schelten, im Gegensatz zu der feierlichen Ruhe der Ideenwelt; immerfort führt sie der Verlauf unserer Vorstellungen uns wieder vor, und das Denken, das von diesem ja seine Anregung empfängt, muß sich bemühen, auch dies veränderliche Zusammensein auf Gründe der Zusammengehörigkeit zurückzuführen. Hierdurch wird der weitere Weg der Logik bestimmt.

35. Verschiedene Erwägungen führen zu demselben nächsten Schritte. Wo an einen scheinbar unveränderten Begriffsinhalt neue Merkmale sich anfügen, die wir früher in ihm nicht mitdachten, werden wir am unmittelbarsten zu der Frage aufgefordert, welcher Grund eines veränderlichen Zusammengehörens sich für beide denken lasse. Aber auch wenn wir verschiedene Beispiele eines Allgemeinen vergleichen, in dessen allgemeinen Merkmalen wir die Möglichkeit vieler besonderen bereits eingeschlossen haben, fragt es sich doch nach dem Grunde, der in jedem einzelnen dieser Beispiele die Zusammengehörigkeit des besondern Merkmals mit dem übrigen Ganzen des Inhalts vermittelt und dieses Merkmal vor den übrigen besonderen bevorzugt, die als Arten desselben Allgemeinen eben so gut vorhanden sein könnten, aber nicht vorhanden sind. Zuletzt, da wir in jedem Begriffe eine Mehrheit von Merkmalen vereinigt denken, und zwar solchen, die nicht ihrem eigenen Inhalte nach, als Glieder einer und derselben systematischen Reihe einander verwandt, die vielmehr einander ungleichartig und fremd sind, die aber dennoch einander determiniren und in ihrer Verbindung eine bedingende Macht über den Ansatz anderer ausüben sollen, so kehrt auch hierüber die Frage nach dem Rechtsgrunde wieder, der dieses Zusammensein des Ungleichartigen als ein Zusammengehören erscheinen lasse. Wir werden uns bewußt, daß wir in unserer

Betrachtung des Begriffs, als wir einer gewissen Verknüpfung
von Merkmalen diese Stellung einer beherrschenden
logischen Substanz zuschrieben, welche sich in einer Mannigfaltigkeit verschiedener oder wechselnder Formen bethätigt,
eine Auffassungsweise gefordert und vorausgenommen
haben, deren logisch rechtliche Ausführbarkeit uns noch
zu erweisen obliegt. Dies also ist unsere Aufgabe nun,
diese vorausgesetzten Verknüpfungen entweder wieder auf-
zulösen, oder, wenn sie sich rechtfertigen lassen, sie noch
einmal, dann aber in einer Form zu vollziehen, welche den
Grund der Zusammengehörigkeit des Verbundenen mit ausspricht. Wenn das Denken diese Aufgabe zu lösen sucht,
wird ersichtlich die Form seiner Bewegung die des
Urtheils sein. In ihm tritt ein bleibendes oder bedin-
gendes Glied, das Ganze eines Begriffsinhalts, als Subject
den veränderlichen oder bedingten Gliedern oder der Summe
dieser Theile als Prädicaten gegenüber, die Beziehung
beider aber, welche ihre Verknüpfung erklärt und rechtfertigt, liegt in der Copula, nämlich in dem Nebengedanken,
welcher, sprachlich mehr oder minder vollständig ausgedrückt, beide Satzglieder zusammenhält.

Zweites Kapitel.

Die Lehre vom Urtheil.

Vorbemerkungen über Bedeutung und gewöhnliche Eintheilung der Urtheile.

Der allgemeinen Absicht meiner Darstellung gemäß würde ich die verschiedenen Urtheilsformen nun systematisch als Glieder einer Reihe von Denkhandlungen zu entwickeln haben, deren jede durch den von ihr unbewältigten Rest ihrer Aufgabe den Eintritt der nächstfolgenden begründet. Ehe ich diesen Versuch beginne, habe ich üblichen anderen Betrachtungsweisen und den Gründen meiner Abweichung von ihnen einige Worte zu widmen.

36. Jedes Urtheil, welches im natürlichen Gebrauch des Denkens gebildet wird, will ein Verhältniß zwischen den Inhalten zweier Vorstellungen, aber nicht ein Verhältniß dieser beiden Vorstellungen aussprechen. Von diesem sachlichen Verhältniß der vorgestellten Inhalte ist natürlich ein gewisses Verhältniß der Vorstellungen, durch die wir es denken, eine unvermeidliche Folge; aber nicht diese freilich unausbleibliche Beziehung unserer Denkmittel, durch die wir den sachlichen Inhalt ergreifen wollen, sondern eben dieser selbst ist der wesentliche Sinn der im Urtheil vollzogenen Denkhandlung. Wenn wir sagen: das Gold ist gelb, so ist es freilich unwidersprechlich, daß nach diesem Urtheile unsere Vorstellung des Goldes in dem Umfange unserer Vorstellung des Gelben liegt, daß mithin das Prädicat von weiterem Umfange ist, als das Subject; aber dies war es doch gewiß nicht, was man durch dies Urtheil auszusprechen beabsichtigte. Vom Golde selbst vielmehr wollte man sagen, daß das Gelb selbst ihm als Eigenschaft zukomme, und nur deshalb, weil man dieses sachliche Ver-

hältniß, gleichviel jetzt, welche Bedenken es sonst haben
mag, als bestehend schon voraussetzt, kann man es in
einem Satze abbilden, in welchem die Vorstellung des
Goldes von der des Gelben eingeschlossen wird. Daß man
nicht einmal ganz Recht hat mit diesem Satze, hat die
Logik auch sonst schon bemerkt; indem sie von dem, was
man ausdrückt, sich auf das beruft, was man meint, lehrt
sie, daß auch das Subject seinerseits dies allzuweite Prädicat
beschränke; das Gold sei nicht gelb überhaupt, sondern
goldgelb, die Rose rosenroth, ja diese Rose habe eben nur
das Roth dieser Rose. Aber auch diese Verbesserung
ändert nichts an der Unvollkommenheit dieser ganzen Auffassung des Urtheils; denn welches Verhältniß nun eigentlich zwischen den beiden so corrigirten Gliedern stattfinde,
sagt sie doch nicht, und die ganze Mannigfaltigkeit der
verschiedenen Zusammenhangsweisen, die hier stattfinden
können, geht für sie verloren. So ist ja das Gold im
Finstern nicht gelb; seine Farbe hängt also an ihm nur
unter einer Bedingung, der des Lichtzutrittes; wer nun
diese neue Erfahrung mit der vorigen im Stil dieser Auffassung zu verbinden wünschte, würde sagen müssen, die
Vorstellung des Goldes liege gleichzeitig im Umfange des
im Lichte Gelben und im Umfange des im Finstern Nicht-
gelben; aber durch diese Ausdrucksweise würde er, wie
mir scheint, doch nur verrathen, daß es ihm Vergnügen
macht, von dem worauf es ankommt, der Erwähnung jenes
Bedingungsverhältnisses, zu freilich richtigen, aber ganz
bedeutungslosen Folgen abzuschweifen. Natürlich haben
auch diese Umfangsverhältnisse der im Urtheil verbundenen
Vorstellungen ihren logischen Werth; aber wo man diesen
bedürfen wird, ist er nicht so schwierig zu ermitteln, um
sich seiner nicht nebenher augenblicklich zu bemächtigen;
einen Hauptgesichtspunkt für die Betrachtung der Urtheile
aus jenen Verhältnissen zu machen, halte ich für ebenso
irrig als langweilig.

37. Auf die Auffassung, welche ich hier vertrete, weisen
übrigens die technischen Ausdrücke der Logik zurück.
S u b j e c t unseres obigen Urtheils ist im Satze, oder grammatisch betrachtet, das W o r t Gold, logisch angesehen aber,
oder im Urtheile, nicht die Vorstellung Gold, sondern das
Gold; denn nur zu diesem gehört das Gelb als ein P r ä -
d i c a t, das von ihm ausgesagt wird, und zwar in einem
bestimmten Sinne ausgesagt wird, den die Bedeutung der
Copula angibt. Die Vorstellung des Gelben dagegen ist

nicht in demselben Sinne eine Eigenschaft der Vorstellung des Goldes, in welchem Gelb eine des Goldes ist; jene wird gar nicht von dieser ausgesagt oder prädicirt; zwischen beiden Vorstellungen findet zunächst nur die Beziehung statt, daß immer, oder doch unter bestimmten Bedingungen immer, die eine dieser Vorstellungen, gelb, sich einfindet, wo die andere, Gold, gegeben ist; daß aber, wo jene gegeben ist, nicht überall diese hinzutritt. Was das aber ist, was dieses Verhalten ermöglicht rechtfertigt oder nothwendig macht, das zu ermitteln und auszusprechen, ist allein die Aufgabe des logischen Urtheils, und es löst sie, indem es durch den Sinn seiner Copula die Beziehung angibt, die zwischen den beiden vorgestellten Inhalten, um deswillen, was sie vorstellen, und in verschiedenen Fällen verschieden, stattfinde; nur zwischen diesen Inhalten ist anderseits eine logische Copula denkbar; zwischen ihren Vorstellungen besteht nur die psychologische Verbindung, die ich erwähnte, und außer ihr jenes monotone, in allen Fällen gleiche Verhältniß der Einordnung der einen in den Umfang der anderen.

38. Es ist jetzt bereits deutlich, daß es für uns nur so viel wesentlich verschiedene Urtheilsformen wird geben können, als es wesentlich verschiedene Bedeutungen der Copula, d. h. verschiedene Nebengedanken gibt, welche wir über die Art der Verknüpfung des Subjects mit seinem Prädicat uns machen und in der syntaktischen Form des Satzes mehr oder minder vollständig zum Ausdruck bringen. Manche andere Unterscheidung, der wir in der Logik begegnen, fällt daher für unsere systematische Uebersicht als unbrauchbar hinweg, ohne deswegen ihren anderweitigen logischen Werth zu verlieren. Dieser Umstand macht mir zur Klarheit des Folgenden eine vorläufige Erörterung des Hergebrachten wünschenswerth; doch glaube ich sie auf diejenige Eintheilung der Urtheile beschränken zu können, die, an sich sehr alt, in Deutschland durch Kant die üblichste geworden ist. Man weiß, daß Kant jedes Urtheil nach den vier verschiedenen Rücksichten der Quantität Qualität Relation und Modalität bestimmt sein ließ und in jeder dieser Rücksichten für jedes Urtheil eine von drei einander ausschließenden Formen nothwendig fand. Von dieser Eintheilung darf ich das dritte Glied aus dieser vorläufigen Betrachtung ausschließen. Denn die Relation (zwischen Subject und Prädicat), nach welcher Kant kategorische hypothetische und disjunctive Urtheile unter-

scheidet, bezieht sich offenbar auf eben die wesentlichen
Bestimmtheiten des Urtheils, die wir suchen, und die den
weiteren Gegenstand meiner eigenen Darstellung ohnehin
bilden werden. Wenn das kategorische sein Subject S und
sein Prädicat P schlechthin, wie man sagt, oder nach
dem einfachen Vorbild des Verhältnisses eines Dinges zu
seiner Eigenschaft verknüpft, das hypothetische dagegen
dem S an sich nicht, sondern nur unter Voraussetzung
der Erfüllung einer Bedingung sein P beilegt, das disjunctive
endlich dem S gar kein bestimmtes Prädicat ertheilt, ihm
aber die nothwendige Wahl zwischen mehreren einander
ausschließenden auferlegt, so ist ohne Zweifel in jeder
dieser drei Formen der Sinn der Copula, die Art der Verknüpfung zwischen S und P, verschieden und eigenthümlich; diese drei werden die Glieder der nachher aufzu-
bauenden Stufenreihe der Urtheile bilden; nur die neun
übrigen bedürfen der folgenden Vorerwägung.

39. Ihrer Quantität nach müssen die Urtheile entweder allgemein oder particular oder singular sein.
Drückt man diese Unterschiede durch die üblichen Formeln
aus: alle S sind P, einige S sind P, dieses S ist P, so
zeigen sie offenbar nur die verschiedene Ausdehnung an,
in welcher eine Verbindung von S und P gelten soll; die
Art der Verbindung ist in allen drei Fällen dieselbe, und
muß dieselbe sein, weil das allgemeine Urtheil, in dieser
Fassung seines Sinnes, aus der Summirung der besondern
und particularen soll entstehen können, mithin diesen völlig
gleichartig sein muß. Die quantitative Bezeichnung gilt
deshalb dem Subject allein, aber sie bezieht sich nicht
auf das logische Verhältniß zwischen ihm und seinem
Prädicat; sie ist daher von Wichtigkeit da, wo es gilt,
in dem Zusammenhang der Gedanken von einem Urtheile
eine Anwendung zu machen, deren Tragweite sich nach
dem Umfang richtet, über den seine Gültigkeit sich erstreckt;
einen eigenthümlichen Fortschritt der logischen Arbeit dagegen bezeichnen diese Unterschiede in ihrer hier gegebenen Formulirung nicht. Ich füge diese letztere Beschränkung hinzu, weil ja gewiß die quantitativen Unterschiede der Urtheile mit logisch wichtigen Unterschieden
auch der Verknüpfungsweise zwischen S und P wirklich
zusammenhängen; denn was allen S zukommt, haftet an der
Natur seines Subjects ohne Zweifel auch in anderem Sinne,
als das, was nur einigen eigen ist, anderen nicht; aber die
quantitative Formulirung des Urtheils, welche die Subjecte

blos z ä h l t, bemächtigt sich eben dieser wichtigen Nebengedanken nicht und läßt, häufig gegen die Natur der Sache, das Verhältniß des Prädicats zu seinem Subjecte überall als das nämliche erscheinen.

40. In Bezug auf Q u a l i t ä t unterschied Kant a f f i r m a t i v e, n e g a t i v e und l i m i t a t i v e Urtheile. Nun ist nichts klarer, als daß die beiden Sätze: S ist P, und S ist nicht P, so lange sie die logische Eigenschaft haben sollen, einander entgegengesetzt zu sein, nothwendig genau dieselbe Verbindung von S und P meinen müssen, nur daß die Geltung derselben von dem einen bejaht, von dem andern verneint wird. Es ist gewiß nicht nothwendig, aber nützlich, sich dies Verhalten durch Spaltung jedes dieser Urtheile in zwei zu verdeutlichen. Eine bestimmte Beziehung zwischen S und P, welcher Art sie auch immer sein mag, denken wir uns durch ein Urtheil: S ist P, als einen noch fraglichen Gedanken ausgedrückt; diese Beziehung bildet den Gedankeninhalt, über den zwei einander entgegengesetzte Nebenurtheile gefällt werden; das eine affirmative gibt ihm das Prädicat der Gültigkeit oder der Wirklichkeit, das andere negative verweigert sie ihm. Natürlich ist es im Zusammenhang unserer Gedanken von der größten Wichtigkeit, welches dieser beiden Nebenurtheile über eine gegebene Verknüpfung von S und P gefällt wird; aber zwei wesentlich verschiedene Arten des Urtheils als solchen begründet dieser Unterschied nicht; Gültigkeit oder Ungültigkeit sind vielmehr in Bezug auf die Frage, die uns hier beschäftigt, als sachliche Prädicate zu betrachten, die von dem ganzen Urtheilsinhalte als ihrem Subjecte gelten. Dieser Inhalt selbst hat seinen von Bejahung und Verneinung noch freien Ausdruck im Fragesatz, und dieser hätte als drittes Glied wohl schicklicher die Dreiheit der Urtheilsqualitäten ausgefüllt, als das limitative oder unendliche Urtheil, das durch eine positive Copula dem Subject ein negatives Prädicat beilegen soll und durch die Formel: S ist ein Nicht-P, ausgedrückt zu werden pflegt. Viel Scharfsinn ist auch in neuerer Zeit zur Ehrenrettung dieser Urtheilsform aufgeboten worden, in der ich dennoch nur ein widersinniges Erzeugniß des Schulwitzes finden kann. Schon Aristoteles hat vollkommen hinlänglich bemerkt, daß Ausdrücke wie Nicht-Mensch keine Begriffe sind; sie sind nicht einmal Vorstellungen, die sich fassen ließen. In der That, wenn Nicht-Mensch Alles bedeutet, was es logisch bedeuten soll, nämlich Alles, was nicht Mensch ist, mithin

nicht blos Thier oder Engel, sondern auch Dreieck Wehmuth und Schwefelsäure, so ist es eine ganz unausführbare Forderung, dies wüste Gemeng des Verschiedenartigsten in e i n e Vorstellung zusammenzufassen, die sich dann als Prädicat zu einem Subject hinzufügen ließe. Jeder Versuch, dies undenkbare Nicht-P an einem S zu bejahen, schlägt für das unbefangene Denken stets dahin um, das denkbare P an demselben S zu verneinen, und anstatt zu sagen: der Geist ist eine Nicht-Materie, sagen wir alle: der Geist ist nicht Materie. Selbst in Fällen, wo wir im natürlichen Denken ein limitatives Urtheil wirklich zu bilden scheinen, wie z. B. wenn wir sagen, daß Aerzte Nicht-Combattanten seien, bilden wir in Wahrheit doch nur ein negatives. Denn dies Nicht-P hat hier nicht die Bedeutung, die ihm der limitative Satz gäbe; Nicht-Combattanten würden für diesen auch die Pferde die Wagen die Dreiecke und die Buchstaben sein; gemeint aber sind doch nur die menschlichen Personen, die zum Heere gehören, von denen aber die Theilnahme am Kampfe negirt wird. Und so gibt es nirgends für das natürliche Denken eine zwingende Veranlassung, limitative Urtheile zu bilden; jede Folgerung, die aus dem Satze: S ist ein Nicht-P, möglich wäre, bleibt auch möglich aus dem andern: S ist nicht P. Es ist nicht der Mühe werth, hierüber weitläufiger zu sein; offenbare Grillen müssen in der Wissenschaft nicht einmal durch zu sorgfältige Bekämpfung fortgepflanzt werden.

41. Durch die Formen der M o d a l i t ä t soll der zwischen S und P gedachten Beziehung ein verschiedener Werth ihrer Geltung gegeben werden; als blos mögliche spreche sie das p r o b l e m a t i s c h e, als wirkliche das a s s e r t o r i s c h e Urtheil aus, als nothwendige das a p o d i k t i s c h e. Aber man behandelt diese neuen Eigenschaften ganz unabhängig von der Art, in welcher die Urtheile bereits nach jedem der drei andern Gesichtspunkte bestimmt sind. Nachdem schon feststeht, ob ein gegebenes Urtheil U seine Bestandtheile in kategorischer in hypothetischer oder in disjunctiver Form verbindet, nachdem schon entschieden ist, ob es die in einer dieser Formen gedachte Beziehung bejaht oder verneint, nachdem endlich durch die quantitative Bezeichnung auch der Umfang des Subjects begrenzt ist, für den das ausgesprochene Prädicat gelten soll: nach alledem hält man es noch für eine offene Frage, ob das so zusammengesetzte Urtheil problematisch assertorisch oder apodiktisch sein wird. In dieser Behandlung der Sache

liegt ganz offen das Zugeständniß, daß die Möglichkeit Wirklichkeit oder Nothwendigkeit, von denen hier die Rede ist, mit dem logischen Gefüge des Urtheils in gar keinem Zusammenhange stehen. Alle diese Urtheile, die man in den Formeln: S kann P sein, S ist P, S muß P sein, auszudrücken pflegt, sind in Bezug auf die Geltung, die sie ihrem Inhalt aus logischen Mitteln geben, einander vollkommen gleichartig; sie sind sämmtlich bloße Behauptungen des Urtheilenden und unterscheiden sich nur nach dem Inhalt, den sie behaupten. Diesen Inhalt, hier Möglichkeit dort Wirklichkeit oder Nothwendigkeit einer Beziehung zwischen S und P, sprechen sie entweder ohne allen Grund oder aus Gründen einer sachlich richtigen Ueberlegung aus, welche sie in ihrem logischen Baue auf keine Weise mehr zum Vorschein kommen lassen; eben deswegen bedürfen sie jener hinzugefügten Hülfszeitwörter, um nebenbei das auszudrücken, was in der Gliederung des Urtheils selbst nicht liegt. In dem weiteren Zusammenhang unserer Gedanken haben natürlich auch solche Urtheile ihren Werth; denn häufig kommt es eben darauf an, Ergebnisse früheres Nachdenkens, ohne beständig ihre Begründung mit zu wiederholen, in die Gestalt einfacher Behauptungen zusammenzuziehen; hier sind jene Hülfszeitwörter am Platz, welche die einst logisch begründete Möglichkeit Wirklichkeit und Nothwendigkeit als einen jetzt bekannten Urtheilsinhalt bezeichnen. Aber für die Unterscheidung wesentlicher Urtheilsformen und für ihre systematische Anordnung könnte nur eine solche Modalität von Werth sein, welche nicht fremd neben dem übrigen logischen Gefüge der Urtheile herginge, sondern eben aus ihm selbst entspränge und denjenigen Anspruch auf blos mögliche oder auf nothwendige oder wirkliche Geltung ausdrückte, welcher dem Urtheilsinhalte aus der Art der Verbindung seiner Bestandtheile erwächst.

42. Es wäre nutzlos, eine solche Modalität zu verlangen, wenn man nicht die Erfüllbarkeit des Verlangens zeigen könnte. Deshalb greife ich Späterem etwas vor. Der Satz: alle Menschen müssen sterben, gilt gewöhnlich für apodiktisch; für mich ist er nur assertorisch; denn er behauptet nur, aber er begründet nicht die Nothwendigkeit, von der er spricht; sogar dies läßt seine formelle Fassung unentschieden, ob alle Menschen aus demselben Grunde sterben oder jeder um eines besonderen Umstandes willen, so daß nur thatsächlich alle diese verschiedenen Zufälle sich dafür vereinigen, keinen am Leben zu lassen. Gemeint

aber hatten wir mit diesem Satze doch dies, daß nicht alle
blos thatsächlich sterben, sondern daß die Ausdehnung
der Sterblichkeit auf alle ihren Grund in dem Allgemeinbegriffe des Menschen, in der Natur der Menschlichkeit
habe; und diesen Gedanken drücken wir in der That durch
die generelle Form des Urtheils aus: der Mensch stirbt;
denn der Sinn dieses Urtheils, auf dessen Unterscheidung
von dem gewöhnlichen allgemeinen ich zurückkommen
werde, ist natürlich nicht, daß der Allgemeinbegriff Mensch,
wohl aber, daß Alles stirbt, was unter ihm befaßt ist und
deswegen weil es unter ihm befaßt ist. Jedes hypothetische
Urtheil ferner begründet durch seinen Vordersatz den Inhalt
des Nachsatzes und ist deshalb in unserem Sinne eine
apodiktische Urtheilsform; der Nachsatz wird hier nicht
schlechthin, sondern unter der Bedingung der Gültigkeit
des Vordersatzes behauptet, aber diese Gültigkeit vorausgesetzt ist dann der Inhalt des Nachsatzes nicht mehr
eine Thatsache blos, sondern eine Nothwendigkeit, mit demselben Rechte, mit dem eben jede Folge aus ihrer Bedingung nothwendig entspringt. Aehnliches, nur zu weitläufig für diese Vorbemerkungen, würde sich über das
disjunctive Urtheil sagen lassen, und wir würden so in den
drei Formen der Relation zugleich drei verschiedene Formen apodiktischer Modalität gefunden haben.

43. Ich scheue mich fast, ein gar zu grobes Mißverständniß noch ausdrücklich abzuwehren. Die sachliche
Richtigkeit eines Urtheils kann ja nie durch die logische
Form verbürgt werden, in die wir seinen Inhalt bringen;
sie hängt allezeit davon ab, daß die eignen Beziehungen
zwischen den Bestandtheilen dieses Inhalts selbst schon
in Wahrheit solche sind, wie sie die Urtheilsform voraussetzt, wenn sie ihnen eine Geltung von bestimmtem Werth
zutheilen soll. Dies gilt von der gewöhnlichen Modalität
nicht minder als von der, die wir an ihre Stelle setzen
möchten. In der gewöhnlichen Form des apodiktischen
Urtheils: S muß P sein, läßt sich jeder Widersinn aussprechen, ohne dadurch Sinn zu werden; ebenso steht
es uns frei, unsere formell apodiktischen Urtheile zu den
Aussagen zu mißbrauchen: der Mensch sei allmächtig; wenn
es regne, werde alles trocken; jedes Dreieck sei entweder
krumm oder süß oder jähzornig. Auch diese letzteren
Urtheilsformen machen also nicht jede Begriffsverbindung
wahr oder nothwendig, die man in sie hineinbringt; ihre
Bedeutung besteht nur darin, zu zeigen, unter welchen

formalen Bedingungen wir dann, wenn ein bestimmter Inhalt ihnen durch sich selbst genügt, diesem Inhalt apodiktische Geltung zuschreiben dürfen. Hierin aber unterscheidet sich unsere Auffassung der Modalität zu ihrem Vortheil von der gewöhnlichen. Diese letztere sagt uns nur: es gebe apodiktische Erkenntnisse, und wenn man sie habe, könne man sie in der Form: S muß P sein, ausdrücken; wie aber eine Erkenntniß aussehen und innerlich gefügt sein müsse, um apodiktisch zu sein und diesen Ausdruck zu rechtfertigen, sagt sie uns nicht; wir erfahren es dagegen auf unserem Wege. Wir finden: es gibt drei Formen der Beziehungen zwischen S und P, die, wo sie stattfinden, zu nothwendigen Erkenntnissen führen; in eine dieser Formen versucht eure Vorstellungen zu bringen: entweder bildet generelle Urtheile und sucht das P auf, welches in einem Gattungsbegriffe S an sich schon mitgedacht wird; dies P kommt dann nothwendig jeder Art des S zu; oder bildet hypothetische Urtheile und zeigt, daß aus dem Hinzukommen einer Bedingung X zu S für dies S ein P entspringt, das ohne diese Bedingung nicht vorhanden sein würde; dies P gilt dann nothwendig von jedem S, auf welches dieselbe Bedingung in derselben Weise einwirkt; oder endlich bildet disjunctive Urtheile; sobald ihr eine Frage auf ein scharfes Entweder-Oder zurückgebracht habt, seid ihr eurer Sache auch gewiß und es bedarf dann nur noch einer Erfahrung, um in jedem Einzelfalle zu bestimmen, welches von zwei Prädicaten, P oder Q, und zwar dann mit Nothwendigkeit, statthaben werde. Andere Wege aber, zu nothwendigen Erkenntnissen zu gelangen, gibt es nicht, und jedes Urtheil, welches ihr in der Form: S muß P sein, aussprechen mögt, ist nur noch eine Behauptung, deren Inhalt, wenn er triftig ist, allemal auf einem jener drei Wege ursprünglich erkannt worden ist.

44. Ich sprach bisher von den apodiktischen Urtheilen; die Zweideutigkeit der gewöhnlichen Modalitätslehre ist noch auffallender an den problematischen. Dem Satze: alle Körper können durch angemessene Kräfte in Bewegung gesetzt werden, kann man mit ungefähr gleich gutem Rechte jede der drei Modalitäten zuschreiben. Zuerst, als Behauptung, die den Grund ihres Behauptens nicht beifügt, ist er assertorisch; aber, was er behauptet, ist doch nicht ein wirkliches Ereigniß, sondern die Möglichkeit eines unwirklichen oder nur in Gedanken gefaßten, und dies reicht nach gewöhnlichem Herkommen hin, ihn problematisch zu

nennen; apodiktisch endlich kann er heißen, weil er allen Körpern eine Eigenschaft zuschreibt, die mithin keinem fehlen kann und deshalb für jeden nothwendig ist; in der That, dieses Urtheil enthält die Wirklichkeit der Nothwendigkeit einer Möglichkeit. Nach welcher Rücksicht soll man nun den Namen wählen? Ich würde mich dafür entscheiden, hier ein assertorisches Urtheil zu sehen, die nothwendige Möglichkeit aber zu dem asserirten Inhalt zu rechnen. Da jedoch dieselbe Betrachtung sich auf alle problematischen Urtheile der gewöhnlichen Form ausdehnen läßt, so entsteht die Frage, ob es denn überhaupt eine Urtheilsform gebe, die an sich problematische zu heißen verdiene? Man hat Fragesatz und Bitte angeführt; beide behaupten in der That nichts; sie scheinen die Verbindung von S und P, die ihren Inhalt bildet, durchaus nur als mögliche vor dem Bewußtsein schweben zu lassen. Ich zweifle gleichwohl, ob sie überhaupt als eigene logische Urtheilsformen gelten können. Denn am Ende muß doch die Frage sich wieder von der Bitte unterscheiden, und das kann sie nur dadurch, daß das Bewußtsein des Fragenden sich anders zum Inhalt seiner Frage verhält, als das des Bittenden zu dem seiner Bitte. Bedeutet nun die Frage: ich weiß nicht, ob S ein P sei, und die Bitte: ich wünsche, daß S ein P sei, so würde die Behauptung freilich sehr pedantisch sein, der Redende selber müsse sich in jedem Falle seine Aeußerung in diese zweigliedrige Form zerlegen; allein in dem Gesammtzustand seines Inneren müssen sich doch in diesen beiden Fällen zwei verschiedene, sagen wir Zustände Stimmungen oder Dispositionen finden, welche, wenn man sie ausdrücken wollte, sich eben nur so ausdrücken lassen würden. Dann aber ist sogleich klar, daß beide Urtheile einen assertorischen Hauptsatz enthalten, der nichts vom Inhalt sagt, sondern nur die Stellung des Redenden zu diesem Inhalt seiner Rede bezeichnet; der andere abhängige Satz, durch die Conjunctionen Ob und Daß eingeführt, enthält den ganzen Inhalt ohne irgend eine Aussage über Art und Werth seiner Geltung. Eben deshalb halte ich auch diesen abhängigen Satz nicht für ein problematisches Urtheil; denn dazu reicht nicht der Mangel einer Angabe über die Art der Geltung hin, vielmehr müßte diese ausdrücklich auf bloße Möglichkeit beschränkt werden. Von der Bitte ließe sich dies noch sagen, daß sie die Möglichkeit des Erbetenen und nichts als diese einschließt; die Frage, da sie ja eben nach der Möglichkeit selbst fragen kann, thut auch das nicht immer; in beiden würde außerdem die Voraussetzung der Möglichkeit einer zwischen S und P gedachten Verbindung nur als ein dem Redenden zuzutrauender Gemüthszustand angerechnet werden können, in der logischen Form des Urtheils läge sie nicht. Ich halte vielmehr diesen abhängigen Satz für eine modalitätslose Bezeichnung eines bloßen Urtheilsinhaltes, und eben weil kein vollständiges Urtheil aussprechbar ist, ohne entweder Möglichkeit oder Wirklichkeit oder Nothwendigkeit seiner Geltung zu beanspruchen, so kommen diese modalitätslosen Sätze nie selbständig, sondern immer von einem andern selbständigen regiert vor, welcher von ihrem Inhalt eine dieser Modalitäten asserirt.

45. Problematisch könnten im Sinne unserer Ansicht nur die Urtheile heißen, welche durch ihre logische Form eine zwischen S und P gedachte Beziehung als mögliche und blos als mögliche charakterisiren. Dies thun alle nach ihrer Quantität particularen und singularen Urtheile. Sätze von der Form: einige S sind P; einige S können oder müssen P sein; dieses S ist P oder kann oder muß P sein, sagen unmittelbar nur von bestimmten Fällen des S das thatsächliche mögliche oder nothwendige Vorkommen des Prädicates P aus, und lassen zweifelhaft, wie in dieser Beziehung die nicht erwähnten andern Fälle des S sich verhalten; für S an sich ist daher nur die Möglichkeit jedes von jenen drei Verhältnissen zu P ausgesprochen und diese particularen Sätze sind gleichbedeutend mit den assertorischen: S kann P sein können; S kann P sein; S kann P sein müssen. Deshalb nenne ich die particularen Sätze problematisch in Bezug auf das allgemeine S; daß sie zugleich offenbar assertorisch sind in Bezug auf die einigen S, von denen jeder spricht, streitet gar nicht gegen meine Auffassung; dieser Umstand macht nur darauf aufmerksam, daß die bloße Möglichkeit einer Beziehung zwischen S und P sich in der That auf keinem andern Wege erkennen läßt, als durch die Beobachtung, daß diese Beziehung von einigen S wirklich gilt, gelten kann oder muß, von anderen nicht gilt, nicht gelten kann oder muß. Es gibt daher allerdings gar keine selbständigen problematischen Urtheile, die nicht in Bezug auf einen Theil ihres allgemein ausgedrückten Subjectsbegriffes insofern assertorisch wären, daß sie von diesem die Möglichkeit Wirklichkeit oder Nothwendigkeit eines Prädicates behaupteten.

46. Man bemerkt endlich leicht, daß das Kann und
Muß der gewöhnlichen problematischen und apodiktischen
Urtheile und das Ist der assertorischen einerseits zur Bezeichnung aller sachlich wichtigen Unterschiede der Geltung
des Urtheilsinhaltes gar nicht ausreichen, anderseits, und
eben deshalb, sehr verschiedene Verhältnisse unter denselben Ausdruck zusammenwerfen. Zuerst: welche Modalität
haben Sätze wie diese: S wird P sein; S soll P sein;
S darf P sein; S ist P gewesen? Wirklichkeiten behaupten
sie alle nicht; aber die Unwirklichkeit des Vergangenen
im letzten ist doch ganz etwas anderes als die des Er-
laubten Befohlenen oder Zukünftigen in den ersteren; möglich ist dies Unwirkliche im dritten, zweifelhaft seine Möglichkeit im zweiten, unvermeidlich seine Wirklichkeit im
ersten, unwiderruflich, aber zugleich unwirklich im letzten.
Hätte man alle diese Schattirungen berücksichtigt, so würde
man die Modalitätsformen noch um viele Glieder haben
vermehren können. Anderseits wie ganz Verschiedenes bedeuten die gleichgeformten Sätze: es kann heute regnen;
der Papagei kann reden; jedes Viereck kann in Dreiecke
getheilt werden! Dort eine Annahme, die möglich ist, weil
man keinen Gegengrund weiß; dann eine Fähigkeit, die
da ist aus Gründen, welche nicht dazusein brauchten; zuletzt ein nothwendiges Ergebniß einer Operation, die man
beliebig anstellen oder unterlassen kann. Ich vermeide,
diese Beispiele zu häufen, die sich ins Unbestimmte vermehren ließen; sie alle zergliedern wollen wäre eine ebenso
thörichte Aufgabe, als die eines mathematischen Lehrbuchs,
das alle möglicherweis vorkommenden Exempel im Voraus
auszurechnen unternähme. Im Gebrauch des Denkens fließen
freilich unsere Folgerungen eben aus diesen verschiedenen
sachlichen Bedeutungen der erwähnten Bezeichnungen; aber
es bleibt nichts anderes übrig, als eben in jedem Einzelfalle
zuzusehen, was man vor sich hat, ob eine versuchsweis
annehmbare Möglichkeit wegen Mangels des Beweises der
Unmöglichkeit, ob eine wohlbegründete auf ihren Bedingungen sicher ruhende Fähigkeit, ob eine Nothwendigkeit
wegen Vorhandenseins zwingender Gründe, oder ob eine
solche des Gebotes des Zweckes der Pflicht, ob endlich eine
jener Combinationen von Möglichkeit Wirklichkeit und Nothwendigkeit, von denen wir oben ein Beispiel berührten.

Die Reihe der Urtheilsformen.

A. Das impersonale Urtheil. Das kategorische Urtheil. Der Satz der Identität.

47. Es kann nicht zweifelhaft sein, daß in der Reihe der Urtheilsformen das kategorische dem hypothetischen und dem disjunctiven vorangeht. Das Auftreten eines Prädicates P an einem Subject S von einer vorauserfüllten Bedingung abhängig zu machen, kann Veranlassung nur durch frühere Erfahrungen gegeben sein, die an einigen S dies P fanden, an andern nicht; Erfahrungen, die zuletzt immer in der Form des kategorischen Urtheils: S ist P, ihren Ausdruck gefunden haben müssen. Ebensowenig kann daran gedacht werden, dem S die nothwendige Wahl zwischen verschiedenen Prädicaten vorzuschreiben, ehe frühere Erfahrungen die immer vorkommende Beziehung des S zu einem allgemeineren Prädicate festgestellt haben, dessen Arten jene zur Wahl gestellten sind; auch diese Erfahrungen würden ihren natürlichen Ausdruck in einem Urtheil der Form: S ist P, finden. Diese Abhängigkeit verräth sich bleibend auch in dem Bau der hypothetischen und der disjunctiven Urtheile; wie verwickelt auch im einzelnen Falle ihre Gliederung sein mag, sie laufen doch auf das allgemeine Schema zurück, zwei Urtheile der Form: S ist P, entweder als Vordersatz und Nachsatz oder als einander ausschließende Glieder zu einer Gesammtbehauptung zu verknüpfen. Aber fraglich kann sein, ob nicht eine noch einfachere Form dem kategorischen Urtheile selbst in der systematischen Reihenfolge vorangehen müsse. Der Satz: S ist P, kann nur ausgesprochen werden, wo der Vorstellungsverlauf ein feststehendes und durch seinen eignen Inhalt gekennzeichnetes S bereits kennen gelehrt hat, zu welchem der Inhalt eines P als hinzukommendes Prädicat gedacht werden kann. Dies wird nicht immer geschehen sein; ja man kann fragen, ob nicht in jedem Falle die Ermittelung des bestimmten S, welches einem kategorischen Urtheile zum Subject dienen wird, die logische Verwerthung von Erfahrungen voraussetzt, in denen S in dieser fertigen Gestalt noch nicht vorkommt. Die Beantwortung dieser Frage, welche sich auf die psychologische Entwicklung unseres Denkens bezöge, lasse ich dahin ge-

stellt; es genügt hier die Thatsache, daß auch in unserem ausgebildeten Denken sich eine Urtheilsform noch gar nicht verloren hat, welche diese einfachste Aufgabe behandelt, einen Inhalt der Wahrnehmung logisch zu fassen, ohne ihn als Bestimmung oder Veränderung eines schon festgestellten Subjectes anzusehen. Es ist das impersonale Urtheil, welches ich, als die erste Urtheilshandlung des Denkens, hier zur Vorstufe des kategorischen mache.

48. Ich glaube nicht nöthig zu haben, die logische Bedeutung des impersonalen Urtheils weitläufig gegen eine Meinung zu vertheidigen, die in ihm nur den sprachlichen Ausdruck des Wahrnehmungsinhaltes selbst, ohne alle logische Arbeit, erblicken möchte. Der Naturlaut, mit dem der Frierende sich gegen seinen frierenden Nachbar schüttelt, ist ein solches bloßes Zeichen, das nur zur Verlautbarung seines Zustandes dient; aber sobald er sein Unbehagen in dem Satze ausspricht: es ist kalt, hat er unstreitig eine Denkarbeit vollzogen. Indem er dem an sich ungeschiedenen Inhalt seiner Wahrnehmung diese zweigliedrige Form eines Prädicates gibt, das durch eine Copula auf ein Subject bezogen ist, drückt er aus, daß nur in solcher Gestalt dieser Inhalt ihm als eine wahrgenommene Wirklichkeit denkbar ist. Allerdings ist er nicht im Stande, dem Subject einen für sich bestehenden Inhalt zu geben; nur die leere Stelle desselben, und daß sie einer Ausfüllung bedürfe, deutet er an, entweder durch das unbestimmte Pronomen oder in andern Sprachen durch die dritte Person des Zeitwortes, die er statt seines Infinitivs braucht; allerdings fällt der ganze angebbare Inhalt der Wahrnehmung, die er ausspricht, in das Prädicat allein; allerdings endlich hat die Copula, die er zwischen beide stellt, noch nicht den Sinn einer bestimmten ausdrückbaren Beziehung; sie hält nur formell als Subject und Prädicat auseinander, was inhaltlich unaufhaltsam in einander übergeht und verschmilzt. Aber eben durch diesen Versuch, eine Gliederung herzustellen, der sich der vorgestellte Inhalt noch nicht fügen will, drückt das impersonale Urtheil um so deutlicher die Voraussetzung des Denkens aus, Alles, was Inhalt einer Wahrnehmung sein wolle, sei nur als Prädicat an einem bekannten oder unbekannten Subjecte zu denken.

49. Warum ich hier wiederholt von Wahrnehmung gesprochen habe, erläutere ich jetzt. Die Unbestimmtheit des Subjects hat man so gedeutet, daß es nur in sub-

stantivischer Fassung dasselbe meine, was das Prädicat
verbal ausdrückt. Nun bezweifle ich nicht, daß Jemand,
darüber befragt, was er unter dem Es meine, von dem
er sagt, es blitze oder donnere, sehr leicht zu der Antwort
getrieben werden kann: eben das Blitzen blitze oder der
Donner donnere. Ich glaube jedoch, daß er dann aus Verlegenheit etwas anderes sagt, als er mit seinem impersonalen
Urtheile wirklich wollte. Ganz wesentlich scheint es mir,
daß der, welcher es ausspricht, in der That den bestimmten
Inhalt als haftend an einem unbestimmten Subject betrachtet, dessen Umfang viel größer ist und über den des
bestimmten Prädicates hinausreicht; wenn er dann verschiedene Ausdrücke dieser Art aufeinanderfolgen läßt: es
blitzt, es regnet, es ist kalt, so sagt er zwar nicht ge-
flissentlich, daß das unbestimmte Pronomen in allen diesen
Sätzen dasselbe bedeute, aber gewiß würde er, wenn er
sich selbst richtig verstände, diese Antwort eher geben
als die vorige. Dieses Es ist in der That als das gemeinsame Subject gedacht, an welchem alle verschiedenen Erscheinungen als Prädicate hängen oder aus dem sie hervorgehen; es bezeichnet den allesumfassenden Gedanken der
Wirklichkeit, die bald so bald anders gestaltet ist. Dies
haben diejenigen richtig gefühlt, welche in dem impersonalen
Urtheile einen Existenzialsatz zu finden glaubten und
den Satz: es blitzt, in den andern umformten: das Blitzen
ist. Nur diese Umformung selbst halte ich für unnatürlich;
so drückt man sich eben niemals aus; unser unbefangenes
Denken sieht nicht den Inhalt der Erscheinung so an,
als wäre er vor seiner Existenz schon etwas, wovon man
sprechen und unter Anderem auch die Wirklichkeit aussagen könnte; sondern umgekehrt sieht es den bestimmten
Inhalt der Wirklichkeit als eine Erscheinung ein Prädicat
eine Folge an, die neben anderen aus einem vorausgehenden
bleibenden wenn auch ganz unsagbaren Subjecte hervorgeht. Aber darin hat doch dieser unzulässige Versuch Recht,
daß jedes echte impersonale Urtheil eine wirkliche jetzt
eben gemachte Wahrnehmung ausdrückt und mithin seiner
Form nach ein assertorisches Urtheil ist. Wir unterscheiden dabei von den echten Urtheilen dieser Art jene
anderen Ausdrucksweisen, die zwar mit dem unbestimmten
Es als Subject beginnen, aber sogleich durch einen er-
läuternden Satz seinen Inhalt feststellen, wie die Rede-
formen: es ist nützlich, daß dies oder jenes geschehe.

50. Je bestimmter nun das Denken die Nothwendigkeit des Subjects hervorhebt, an dem das Prädicat haften soll, um so weniger kann es bei dem Ausdrucke dieser unerfüllten Forderung bleiben. Es gehört nun, wie ich schon bemerkte, nicht zu meiner logischen Aufgabe, zu schildern, auf welchem Wege der Vergleichung und Beobachtung uns allmählich die Vorstellungen der gesuchten Einzelsubjecte entstehen, welche in den verschiedenen impersonalen Urtheilen das unbestimmte Es zu ersetzen haben; nur die logische Form habe ich aufzuzeigen, in welcher diese Forderung erfüllt ist. Es ist die des kategorischen Urtheils von der bekannten Form: S ist P, unter welche die meisten der einfachen Beispiele fallen, deren die Logik sich gewöhnlich zur ersten Verdeutlichung des Urtheils überhaupt bedient: das Gold ist schwer, der Baum ist grün, der Tag ist windig. Zu lehren ist kaum etwas über diese Form, deren Bau ganz durchsichtig und einfach scheint; es ist nur zu zeigen, daß diese scheinbare Klarheit völlig räthselhaft ist, und daß die Dunkelheit, die über dem Sinne der Copula in dem kategorischen Urtheile schwebt, auf lange hinaus den weitertreibenden Beweggrund zu den nächsten Umformungen der logischen Arbeit bilden wird.

51. Man bemerkt sogleich eine gewisse Verlegenheit. welche entsteht, wenn nach dem Sinne der Verbindung zwischen S und P gefragt wird, durch den sich das kategorische vom hypothetischen und vom disjunctiven Urtheil unterscheide. Eine häufige Antwort ist: das kategorische behaupte das Prädicat P von seinem Subjecte S schlechthin; doch diese Antwort befriedigt nur durch den verneinenden Theil ihres Sinnes, welcher von dem kategorischen Satze den Gedanken einer Bedingung und den eines Gegensatzes einander ausschließender Prädicate negirt; aber nachdem wir wissen, was diese Urtheilsform nicht thut, erhalten wir über das, was sie thut, gar keine positive Aufklärung durch die Angabe, daß sie ihr P ihrem S schlechthin zufüge. In der That erwähnt diese Angabe nur die größere Einfachheit der kategorischen Copula im Vergleich mit der des disjunctiven und des hypothetischen Urtheils; aber immer muß doch diese einfachere Verknüpfung ihr S und P in einem bestimmten angebbaren Sinne verknüpfen, durch den sie sich von andern denkbaren theils verwickelteren theils gleich einfachen Verbindungsweisen derselben unterscheidet. Wie nöthig diese Forderung ist, erhellt am ein-

fachsten daraus, daß unter allen Verbindungen von S und P
die vollkommene Identität beider diejenige sein würde,
die am allereinleuchtendsten den Namen einer schlecht-
hinigen verdienen würde. Aber gerade diese wird im kategorischen Urtheil im Allgemeinen gar nicht gemeint; der
Satz: Gold sei schwer, will nicht sagen, daß Gold und
Schwere identisch seien; die Sätze: der Baum sei grün,
der Himmel blau, setzen ebensowenig den Baum der Grüne
und den Himmel der Bläue gleich. Im Gegentheil, was
man wirklich mit diesen Urtheilen meint, wird man eifrig
so ausdrücken: P sei nicht das S selbst, sondern nur ein
Prädicat von S, oder: S sei nicht P, sondern habe nur P.
Man gesteht damit ein, daß zwischen S und P hier ein bestimmtes von anderen unterscheidbares Zusammengehören
gedacht wird, und es bleibt nur übrig, auch wirklich klar
zu machen, worin jenes Haben besteht, das man dem Sein
gegenüberstellt, oder logischer ausgedrückt: worin das Verhältniß eines Subjects zu seinem Prädicate zu suchen
sei, welches man von dem Verhältniß der Identität beider
unterschieden wissen will.

52. **Platon zuerst berührte** diese Aufgabe; seine Lehre,
die Dinge besitzen ihre Eigenschaften durch Theilnahme
an den ewigen Allgemeinbegriffen derselben, war mehr eine
unzureichende Beantwortung einer metaphysischen Frage
nach dem Baue des Wirklichen, als eine Auskunft über das,
was wir uns dabei denken, wenn wir logisch eine Beziehung zwischen Subject und Prädicat aufstellen. Aristoteles
schaffte die Vorbedingung richtiger Behandlung durch die
Bemerkung herbei, daß die Merkmale vor allem von ihren
Subjecten ausgesagt werden; es stand nun wenigstens
fest, daß eine logische Thätigkeit des Denkenden es ist,
welche den Begriffsinhalt des einen dieser Glieder auf
den des anderen bezieht; aber mehr als diesen Namen des
Aussagens, des κατηγορεῖν, von dem das kategorische
Urtheil und in lateinischer Uebersetzung das Prädicat den
seinigen herleitet, entdeckte auch Aristoteles nicht. Von
einer Verirrung späterer Logik blieb er allerdings frei:
er schwächte die Verknüpfung von S und P, die er meinte,
nicht aus einer logischen Thätigkeit zu einem blos
psychischen Ereigniß ab, so daß die Beziehung zwischen
beiden nur darin bestanden hätte, daß mit der Vorstellung
von S sich die des P in unserem Bewußtsein lediglich
associirte; ein sachliches Verhältniß zwischen beiden Vorstellungsinhalten war vielmehr für ihn der Sinn des Urtheils

und der Grund es auszusprechen. Aber er gab nicht an, was denn dem S eigentlich dadurch geschieht, daß wir P von ihm aussagen; das Aussagen selbst, welches doch diese sachliche Beziehung zwischen S und P nur anerkennen und zum Ausdruck bringen kann, ließ er zugleich als Bezeichnung dieses Verhältnisses selbst gelten, welches den Gegenstand seiner Anerkennung bilden müßte. Nun ist es leicht, die völlige Unzulässigkeit dieser Vermischung einzusehen: man kann nicht von dem Sokrates den Begriff Sklave blos aussagen, so daß das Aussagen selbst das Verhältniß feststellte, in welchem dieser Begriff zu dem des Sokrates stände; was man mit einem Urtheile wirklich meint, ist immer dies, daß Sokrates entweder Sklave ist oder nicht ist, entweder Sklaven besitzt oder nicht besitzt, sie entweder freiläßt oder nicht freiläßt. Eine dieser verschiedenen Beziehungen, in welche die Inhalte beider Begriffe gebracht werden können, bildet in jedem Falle dasjenige, was die Aussage aussagt, und es ist nur Sache des Sprachgebrauchs, wenn man gewöhnlich nur die erste dieser Beziehungen, nämlich daß Sokrates Sklave sei, stillschweigend verstanden wissen will, wo man den zweiten dieser Begriffe von dem ersten auszusagen behauptet. Das Verhältniß mithin, welches in einem kategorischen Urtheil zwischen S und P stattfindet, wird nicht in seinem Unterschiede von andern Verhältnissen dadurch bestimmt, daß man angibt, P von S auszusagen, sondern die Bedeutung dieses Aussagens, welche an sich vieldeutig ist, wird vielmehr durch den verschwiegenen Nebengedanken bestimmt, P solle von S als Prädicat vom Subjecte ausgesagt werden. Worin nun dieses eigenthümliche Verhältniß bestehe, bleibt nach wie vor Gegenstand weiterer Frage.

53. Wir Neueren sind gewöhnt, uns hierüber an die Lehre Kant's zu halten, welcher das Verhältniß eines Dinges zu seiner Eigenschaft oder der Substanz zu ihrem Accidens als das Muster bezeichnete, nach welchem das Denken in dem kategorischen Urtheile S und P verknüpfe. Welchen triftigen Sinn nun immer diese Behauptung in dem Gedankenzusammenhange Kant's haben möge, so scheint sie mir doch für unsere logische Frage unverwendbar. Ohne die Bedenken darüber zu berühren, ob denn dieses Verhältniß selbst zwischen Substanz und Eigenschaft ein so klarer und unmißverständlicher Gedanke sei, daß durch ihn alle Dunkelheit des kategorischen Urtheils verschwände, begnüge ich mich zu erinnern, daß logische

Urtheile nicht blos von Wirklichem, von Dingen sprechen; viele von ihnen haben zu ihrem Subjecte einen nur denkbaren Inhalt, ein Unwirkliches, selbst Unmögliches. Auf das Verhältniß dieser Subjecte zu ihren Prädicaten kann die Beziehung, welche zwischen dem wirklichen Dinge als solchem und seinen Eigenschaften stattfindet, offenbar nicht in ihrer vollen Bedeutung, sondern nur gleichnißweise, sagen wir symbolisch, übertragen werden. Drücken wir uns genauer aus, so besteht zwischen den hier besprochenen Verhältnissen nur die formelle Gemeinsamkeit, daß beide das eine ihrer Beziehungsglieder, Ding oder Subject, als selbständig fassen, das andere, Eigenschaft oder Prädicat, unselbständig diesem ersten anhaften oder inhäriren lassen. In Bezug auf das Ding aber hat sich die Metaphysik wenigstens darum bemüht, nachzuweisen, wie Eigenschaften entstehen können, die nicht das Ding sind, aber doch an ihm haften, und worin das besteht, was wir unter diesem Anhaften verstehen; in Bezug auf das Verhältniß zwischen Subject und Prädicat vermissen wir den gleichen Nachweis des Sinnes, den hier die Inhärenz des einen an dem andern hat. Die Berufung auf die Relation zwischen Ding und Eigenschaft nützt daher der Logik nichts; es wiederholt sich die Frage: wieviel bleibt von dieser m e t a p h y s i s c h e n Relation als eine im kategorischen Urtheil aussprechbare l o g i s c h e Beziehung zwischen S und P übrig, wenn anstatt des Dinges etwas gesetzt wird, was nicht Ding, und anstatt der Eigenschaft etwas, was nicht Eigenschaft ist?

54. Ohne diesen üblichen, aber untriftig befundenen Versuchen zur Rechtfertigung des kategorischen Urtheils neue hinzuzufügen, spreche ich die Folgerung aus, zu der wir gedrängt werden: diese schlechthinige Verbindung zweier Begriffsinhalte S und P, so daß der eine unmittelbar der andere sei und doch auch wieder nicht sei, beide vielmehr einander als verschieden gegenüber bleiben, ist eine im Denken ganz unausführbare Beziehung; durch d i e s e Copula des kategorischen Urtheils, das einfache I s t, lassen sich überhaupt zwei verschiedene Inhalte nicht verknüpfen; sie müssen entweder ganz ineinanderfallen oder ganz getrennt bleiben, und das unmögliche Urtheil S ist P löst sich in die drei anderen auf: S ist S, P ist P, S ist nicht P. Man möge sich nicht zu sehr an das Auffallende dieser Behauptung stoßen. Kategorische Urtheile von der Form: S ist P, sind im Gebrauch unseres Denkens so gewöhnlich,

daß ohne Zweifel das, was man mit ihnen meint, sich schließlich rechtfertigen wird, und wir werden sehr bald sehen, wie dies möglich ist. Aber dieser Rechtfertigung bedarf das kategorische Urtheil auch in der That; in der Form, in welcher es unmittelbar auftritt, ist es eine widersprechende und sich wiederauflösende Figur des Ausdrucks, in welcher das Denken entweder eine noch nicht gelöste Aufgabe, die Beziehung zwischen S und P zu bestimmen, als gelöst hinstellt, oder die gefundene Lösung so verkürzt ausspricht, daß ihr Zusammenhang nicht mehr sichtbar bleibt. Dem gegenüber drängt sich jetzt uns das Bewußtsein einer Schranke auf, die unserem Denken allgemein gesetzt ist, oder eines Gesetzes, dem es sich in allen seinen Verfahrungsweisen fügen muß: die Ueberzeugung, daß in kategorischer Urtheilsform jeder Inhalt nur als sich selbst gleich gedacht werden darf. Durch die Formel A = A drücken wir dies erste Denkgesetz, den Grundsatz oder das Princip der Identität bejahend aus; die verneinende Formel A nicht = Non A bezeichnet es als Princip des Widerspruchs gegen jeden Versuch, A = B zu setzen.

55. Ich unterbreche meine Darstellung hier noch nicht durch später nachzuholende Bemerkungen über die verschiedenen Deutungen, welche dies erste Denkgesetz erfahren hat, und beschränke mich auf die genaue Bestimmung des Sinnes, den ich, im Gegensatz zu manchen dieser Deutungen, ihm beilegen werde. Von einem höchsten Grundsatz, welcher unser ganzes Denken einschränkt, versteht es sich von selbst, daß er in der Anwendung des Denkens auf verschiedene Gruppen seiner möglichen Gegenstände sich in eine Anzahl specieller Sätze verwandelt, welche den allgemeinen Sinn des Princips in den besondern Formen darstellen, in denen es auf die besonderen Eigenthümlichkeiten jener Gegenstände anwendbar und für ihre Behandlung wichtig ist. Diese Folgerungen aus dem Princip der Identität, die theils völlig theils gar nicht unzweifelhaft sind, müssen von seinem eignen ursprünglichen Sinne unterschieden werden und haben ihre Heimat an dieser Stelle der Logik nicht. So ist es ganz nutzlos, den Ausdruck des Gesetzes bis zu der Formel anzuschwellen: jedem Dinge könne in demselben Augenblicke und an demselben Theile seines ganzen Wesens immer nur ein Prädicat A, aber nicht zugleich ein von A conträr oder contradictorisch verschiedenes Non A zukommen. Richtig freilich ist auch

dieser Satz, aber er bleibt eine besondere Anwendung des Princips auf Subjecte von dinghafter Wirklichkeit, die aus Theilen zusammengesetzt und eines zeitlichen Wechsels ihrer Zustände fähig sind. Unrichtig dagegen ist die schon in diesem Ausdruck häufig vorausgesetzte, ebenso häufig offen ausgesprochene Unterscheidung zwischen verträglichen Prädicaten, die demselben Subject gleichzeitig zukommen könnten, und anderen, die es nicht könnten, weil sie unter einander und mit der Natur des Subjects unverträglich wären. In den Anwendungen des Denkens hat natürlich auch diese Behauptung ihre Gültigkeit, nachdem sie sich einmal vor dem Gesetze der Identität gerechtfertigt haben wird; unmittelbar aber weiß dies Gesetz gar nichts von Prädicaten, welche, von S verschieden, dennoch mit ihm so verträglich wären, daß sie mit ihm in einem kategorischen Urtheile verbunden werden könnten; jedes Prädicat P vielmehr, welches sich irgendwie von S unterscheidet, wie freundlich es auch sonst gegen S gedacht würde, ist durchaus unverträglich mit S; jedes Urtheil von der Form: S ist P, ist unmöglich und es bleibt im allerstrengsten Sinne dabei, daß nur gesagt werden könne: S sei S und P sei P. Und diese Deutung muß man auch gegen andere metaphysische Folgerungen aus dem Princip aufrecht erhalten. Es kann sein, daß im Verlauf metaphysischer Untersuchung die Behauptungen nothwendig werden: Widersprechendes könne nicht wirklich sein, das Seiende müsse unveränderlich sein, und ähnliche; aber das logische Identitätsgesetz sagt nur: Widersprechendes sei widersprechend, Seiendes seiend, Veränderliches veränderlich; alle jene Sätze, welche den einen dieser Begriffe zum Prädicat eines anderen machen, bedürfen ihrer weiteren besonderen Begründung.

B. Das particulare Urtheil. Das hypothetische Urtheil. Der Satz des zureichenden Grundes.

56. Es würde ermüden, länger auf einem Standpunkt zu verweilen, auf dem doch unseres Bleibens nicht ist; wir folgen dem Denken zu den neuen Formen, in denen es seine kategorischen Urtheile mit dem Gesetz der Identität in Einklang zu bringen sucht. Synthetisch nennt man Urtheile von der Form: S ist P, wenn man unter P ein

Merkmal versteht, welches in der Merkmalgruppe noch nicht
enthalten ist, durch welche man sich den Begriff von S
bestimmt denkt; analytisch heißen sie, wenn P, obgleich
nicht dem ganzen S identisch, doch wesentlich zu jenen
Merkmalen gehört, durch deren Vereinigung der Begriff
des S überhaupt erst vollständig wird. In den analytischen
Urtheilen fand man keine Schwierigkeit; die synthetischen
aber erregten früh die Aufmerksamkeit und sind für uns
besonders durch Kant's Behandlung in den Vordergrund
getreten. Auch ihm kam es jedoch hauptsächlich darauf an,
die Möglichkeit synthetischer Urtheile a priori zu ergründen,
d. h. solcher, welche zwischen S und einem zu dem Begriffe
von S nicht unentbehrlichen P. eine dennoch bestehende
und nothwendige Verknüpfung behaupten, ohne sich auf
die Erfahrung eines wirklichen Vorkommens derselben berufen zu müssen; synthetische Urtheile dagegen a posteriori,
welche nur erzählen, daß eine solche Verbindung zweier
für einander nicht nothwendiger Begriffsinhalte in der Erfahrung vorliege oder vorgelegen habe, schienen ihm als
bloße Ausdrücke von Thatsachen unverfänglich. Diese
Unterscheidungen mögen ihre gute Berechtigung innerhalb
des Kreises von Untersuchungen haben, in welchem Kant
sich bewegte; unsere logische Frage nach der Möglichkeit
kategorischer Urtheile dagegen erstreckt sich auf alle drei
genannten Formen mit gleicher Dringlichkeit. Es ist nur
am meisten augenfällig, daß ein apriorisch-synthetisches
Urtheil sich vor dem Satz der Identität rechtfertigen muß,
dem es formell widerspricht; aber von dem aposteriorischen
gilt dasselbe. Denn ein Urtheil bildet nicht wie ein Spiegel
das Thatsächliche blos ab, sondern schiebt den beobachteten
Bestandtheilen desselben allemal den Gedanken einer inneren
Beziehung unter, die nicht mitbeobachtbar ist. Die Erfahrung
zeigt uns immer nur, daß S und P beisammen sind; daß
beide aber durch die innere Beziehung zusammengehören,
welche wir meinen, wenn wir im Urtheil P als Prädicat des
Subjectes S fassen, ist die Deutung, die lediglich unser
Denken jenem Zusammensein gibt. Wie nun dieses Verhältniß zwischen Subject und Prädicat überhaupt, und wie
es zwischen zwei bestimmten Inhalten S und P stattfinden
könne, bleibt gerade so dunkel, wenn uns die Erfahrung
ihr Zusammensein thatsächlich gezeigt, als wenn wir der
Erfahrung vorgreifend es im Voraus behaupten. Die analytischen Urtheile endlich erregen dasselbe Bedenken. Wenn

noch so sehr das Gelb in dem Begriffe des Goldes schon mit gedacht wird: das Urtheil, Gold sei gelb, behauptet nicht blos dies: die Vorstellung des Gelb liege in der Vorstellung des Goldes, sondern dem Golde selbst schreibt es die Gelbheit, als seine Eigenschaft, zu; zu ihr muß also das Gold ein bestimmtes Verhältniß haben, welches nicht das der Identität ist. Dies Verhältniß ist zu ermitteln und es bleibt die Frage noch immer: mit welchem Recht können wir einem S ein P, welches nicht S ist, in einem kategorischen Urtheile als Prädicat beilegen?

57. Die Antwort kann nur die sein: wir können es mit gar keinem Recht; die zahllosen kategorischen Urtheile der Form. S ist P, die wir im täglichen Leben bilden, lassen sich nur durch den Nachweis rechtfertigen, daß sie etwas ganz anderes meinen, als sie ausdrücken, und daß sie, wenn man hervorhebt, was sie meinen, in der That so identische Urtheile sind, wie sie der Satz der Identität verlangt. Die erste Form, in welcher sich dies im natürlichen Denken verräth, sind die quantitativ bezeichneten Urtheile überhaupt, die ich künftig kurz die particularen nennen und als die erste Form dieser zweiten Gruppe von Urtheilsformen betrachten werde. Ich fasse unter diesem Namen nicht blos die hergebrachten Formen zusammen, welche, wie: alle S sind P, einige S sind P, dieses S ist P, eine Anzahl von Beispielen des Allgemeinbegriffs S zu ihrem Subjecte haben, sondern auch diejenigen, welche durch Zeitpartikeln, wie: jetzt, oft, oder durch Raumbestimmungen, wie: hier, dort, dann durch ein Präteritum oder Futurum des Zeitworts, endlich durch Nebengedanken überhaupt, die unvollkommen oder gar nicht ausgesprochen werden, die allgemeine Geltung der Verbindung zwischen S und P auf bestimmte Fälle beschränken, also particularisiren. In der allgemeinen Formel: S ist P des kategorischen Urtheils sieht es so aus, als sei der allgemein ausgedrückte Begriff S das Subject, das allgemeine P sein Prädicat, die beständige unveränderliche und uneingeschränkte Verknüpfung von S und P der Sinn des ganzen Urtheils. Ergänzt man dagegen ausdrücklich, was durch jene particularisirenden Nebengedanken angedeutet, jedenfalls aber gemeint ist, so findet man, daß das wahre Subject nicht in dem allgemeinen S, sondern in einem bestimmten Beispiele Π desselben, das wahre Prädicat nicht in dem allgemeinen P, sondern in einer besonderen Modification Π desselben, daß endlich die behauptete Beziehung nicht zwischen S und P, sondern

zwischen Σ und Π besteht, und daß diese, wenn jene Ergänzungen richtig gemacht sind, keine synthetische mehr,
ja nicht einmal eine analytische, sondern geradezu eine
identische ist. Dies verdeutlichen wir an einigen Beispielen.

58. Einige Menschen sind schwarz, sagen wir, und
meinen damit ein synthetisches Urtheil zu bilden, weil die
Schwärze P nicht im Begriff S des Menschen liege. Nun
ist aber nicht der Allgemeinbegriff Mensch das wahre Subject dieses Satzes, denn nicht er ist ja schwarz, sondern
einige Einzelmenschen sind dies Subject; unter diesen
einigen aber, obgleich sie nur als unbestimmter Theil des
ganzen Umfangs der Menschheit b e z e i c h n e t sind, ver-
s t e h e n wir doch keineswegs einen so unbestimmt gelassenen Theil; denn es ist gar nicht in unser Belieben gestellt, welche einigen Menschen wir aus der ganzen Menge
der Menschen herausgreifen wollen; durch unsere Auswahl, durch die sie zu „einigen" Menschen werden, werden
sie nicht schwarz, wenn sie es nicht ohnehin sind; man
muß also diejenigen wählen und m e i n t von Anfang an
nur diejenigen, die schwarz sind, kurz die Neger; diese
allein sind das wahre Subject des Urtheils. Daß auch **das**
Prädicat nicht in seiner Allgemeinheit, daß vielmehr nur
diejenige bestimmte Schwärze gemeint wird, die an menschlichen Körpern vorkommt, ist für sich klar, und ich verfolge diese Bemerkung später; hier erinnere ich nur, daß
blos der Mangel an Flexion im deutschen Ausdruck uns
über seinen eigentlichen Sinn täuscht; der lateinische: non-
nulli homines sunt nigri, beweist sogleich durch den Plural
und das Genus von nigri, daß homines zu ergänzen ist.
Der völlige Sinn des Urtheils ist also: einige Menschen,
unter denen jedoch nur die schwarzen Menschen zu verstehen sind, sind schwarze Menschen; es ist dem Inhalt
nach völlig identisch und nur der Form nach dadurch synthetisch, daß ein und dasselbe Subject von verschiedenen
Gesichtspunkten aus bezeichnet wird, einmal als schwarze
Menschen im Prädicat, ein andermal als Bruchtheil aller
Menschen im Subject. Wir sagen ferner: der Hund säuft.
Aber der allgemeine Hund säuft nicht; nur ein bestimmter
einzelner oder viele oder alle einzelnen sind Subject dieses
Satzes. Aber auch das Prädicat meinen wir anders, als
wir es ausdrücken: wir stellen den Hund nicht als Widerspiel eines stets laufenden Röhrenbrunnens vor: er säuft
nicht schlechthin, immer und unaufhörlich, sondern dann

und wann. Und dies Dann und Wann ist zwar als eine unbestimmte Anzahl von Augenblicken ausgedrückt, aber auch nicht so gemeint; der Hund säuft nur in bestimmten Augenblicken: wenn er Durst hat oder mindestens Appetit, wenn er etwas Trinkbares findet, wenn Niemand ihn dann durch Drohung abhält; kurz: der Hund, den wir mit jenem Urtheil meinen, ist wirklich nur der saufende Hund, und derselbe saufende Hund ist auch das Prädicat. Ferner: Cäsar ging über den Rubico; aber nicht der Cäsar, der in den Windeln lag, sondern der, welcher aus Gallien kam; nicht der schlafende sondern der wachende, im Bewußtsein der eben vorhandenen Weltlage; nicht der unentschlossene sondern der, der seinen Entschluß gefaßt hatte, kurz: der Cäsar, den das Subject des Urtheils meint, ist nur derjenige, den das Prädicat bestimmt: der über den Rubico gehende; in allen frühern Augenblicken seines Lebens war er nicht das Subject, an welches dieses Prädicat sich hätte knüpfen können. Auch leuchtet schwacher Fassungskraft ein, daß Cäsar, als er über den Fluß gegangen war, nicht fortfahren konnte, hinüber zu gehen, sondern drüben war; auch in keinem späteren Augenblicke gedacht kann er also das Subject sein, welches wir meinten. Ich führe noch zwei Beispiele an, die durch Kant berühmt geworden sind. Synthetisch, sagt man, sei der Satz: die gerade Linie ist der kürzeste Weg zwischen zwei Punkten, denn weder in dem Begriffe des Geraden noch in dem der Linie liege irgend eine Hindeutung auf Längenmaß. Aber der wirkliche geometrische Satz sagt ja nicht von einer geraden Linie überhaupt, daß sie dieser kürzeste Weg sei, sondern nur von derjenigen, welche zwischen jene beiden Punkte eingeschlossen ist. Darin aber, daß ihre Ausdehnung durch zwei Endpunkte begrenzt ist, und mit dieser Nebenbestimmung erst bildet sie das wahre Subject, darin liegt allerdings jede in diesem Fall wünschenswerthe Begründung des Prädicates. Man überzeugt sich leicht, daß der Begriff einer Geraden a b zwischen den Punkten a und b mit dem Begriff der Entfernung beider Punkte von einander völlig identisch ist; denn es ist unmöglich, von dem, was wir mit dem Namen räumlicher Entfernung eigentlich sagen wollen, eine andere Vorstellung zu geben als die, daß sie die Länge der geraden Linie zwischen a und b sei. Es gibt daher nicht kürzere und längere Entfernungen zwischen a und b, sondern nur die eine ab, die immer sich gleich ist. Von kürzeren und längeren Wegen dagegen läßt sich zwischen a und b

sprechen; der Begriff des Weges bedeutet nur irgend eine
Art des Fortschreitens, die von a nach b führt; da hierdurch
die Ueberwindung der Differenz gefordert ist, welche b
von a trennt, so kann es keinen von a zu b führenden Weg
geben, der einen Theil dieser Differenz unüberwunden ließe;
daß mithin der kürzeste aller möglichen Wege die Entfernung, mithin die Gerade zwischen den gegebenen Punkten
sei, ist ein völlig, dem Inhalt nach, identisches Urtheil,
das nur denselben Gedankeninhalt von verschiedenen Stand-
punkten betrachtet. Auch der arithmetische Satz: $7 + 5 = 12$
kann nicht deswegen synthetisch sein, weil 12 weder in 7
noch in 5 enthalten sei; das vollständige Subject besteht
in keiner einzelnen dieser Größen, sondern in ihrer durch
das Summenzeichen verlangten Verbindung; in dieser aber
muß, sobald die Gleichung richtig sein soll, der Inhalt des
Prädicats vollständig liegen: sie würde falsch sein, wenn
zu der linken Seite $7 + 5$ noch irgend ein x hinzutreten
müßte, um die rechte Seite 12 zu erzeugen. Auch hier
liegt daher ein dem Inhalte nach völlig identischer Satz
vor, der nur seiner Form nach synthetisch wird, indem
er dieselbe 12 einmal als Summe zweier andern Größen,
das andere Mal als ein durch seine Ordnungszahl bestimmtes
Glied der einfachen Zahlenreihe darstellt. Und nun füge
ich noch hinzu, daß nicht Alles sich schicklich auf einmal
sagen läßt; was es eigentlich damit auf sich habe und wie
es möglich sei, daß das Denken den gleichen Inhalt unter
verschiedenen Formen vorstellt, dies zu erwägen findet sich
* sehr bald Gelegenheit; eine spätere wird dann noch zeigen,
daß meine letzten Bemerkungen nicht die Absicht hatten,
Kant eines so leicht aufzufindenden logischen Versehens
zu beschuldigen.

59. Unser Ergebniß wäre jetzt dies: die kategorischen
Urtheile von der Form: S ist P, sind im Gebrauch zulässig,
weil sie immer als particulare in dem Sinne unserer Bezeichnung gedacht werden, als solche aber schließlich identische sind. Mit dieser Entscheidung wird sich jedoch
Niemand befriedigt fühlen; man wird mit Recht einwenden,
daß durch sie der wesentliche Charakter eines Urtheils, ein
Verhältniß der Zusammengehörigkeit zwischen den Inhalten
zweier Vorstellungen S und P auszusprechen, überhaupt
wieder aufgehoben wird. In der That, wenn wir durch
die angeführten Ergänzungen unsere Beispiele identisch
machen, ihren ganzen Inhalt mithin schon in ihrem Sub-

---

* Vgl. §§ 352 ff. (Anm. d. Hg.).

jecte zusammendrängen, so daß A den schwarzen Menschen,
B den saufenden Hund, C den über den Rubico gehenden
Cäsar bedeutet, so schmilzt die ganze Aussage dieser Urtheile, außer der unfruchtbaren Wahrheit, daß $A = A$,
$B = B$, $C = C$, dahin zusammen, A gebe es in der Wirklichkeit beständig, B zuweilen, C sei einmal in der Geschichte vorgekommen. Mit andern Worten: diese Urtheile
behaupten gar kein wechselseitiges Verhältniß
zwischen den einzelnen Bestandtheilen ihres Inhalts mehr,
sondern nur noch von dem zusammengefaßten Ganzen
dieses Inhalts eine mehr oder minder ausgedehnte Geltung
in der Wirklichkeit; ein offenbarer Rückfall auf den unvollkommenen Standpunkt des impersonalen Urtheils. Dieser
Mangel wird noch empfindlicher durch folgende Ueberlegung.
Ich habe zwar eben noch B als Begriff des saufenden Hundes
bezeichnet, aber eigentlich nicht mit Recht; denn dieser
Ausdruck, welcher das Saufen participial zu dem Subject
Hund hinzufügt, ist ja selbst begreiflich und zulässig nur
unter der Voraussetzung, daß wirklich in einem kategorischen Urtheile dem Begriff S des Hundes ein in ihm nicht
enthaltenes Merkmal P des Saufens, und zwar in dem
Sinne zugeschrieben werden könne, daß P wie die Eigenschaft oder der Zustand an S als Subject oder Träger hafte.
Diese Möglichkeit aber hat unsere vorige Erörterung eben
aufgehoben; es bleibt uns blos die Befugniß, dieses B
lediglich als zusammenseiende Summe seiner Merkmale
abcd zu fassen und zu sagen: diesem nach dem Satz der
Identität stets sich selbst gleichen abcd komme eine bestimmte Wirklichkeit zu; einem anderen Aggregat von Merkmalen abce komme solche Wirklichkeit ein anderes Mal
zu. Dagegen haben wir gar kein Recht, etwa die gemeinsame Gruppe abc als etwas anzusehen, das innerlich zusammengehörte und zwar in sich mehr zusammengehörte,
als mit den wechselnden Bestandtheilen d und e, noch
weniger als ein solches Etwas, das in der Weise eines
Subjectes diesen wechselnden Elementen als Merkmalen
einen Träger darböte. Sprachlich würden wir freilich fortfahren, dieses abc als Hund, acbd als fressenden, abce vielleicht als saufenden Hund zu bezeichnen; aber diese Ausdrucksweisen würden dann ohne logische Begründung sein;
alle unsere Urtheile würden nur einfache oder zusammengesetzte Wahrnehmungen ausdrücken können, und zwischen
diesen einzelnen Wahrnehmungen, ja selbst zwischen den
einzelnen Bestandtheilen jeder zusammengesetzten würde

gar keine angebbare Verknüpfung bestehen, durch welche ihr bloßes Zusammensein sich auf ein Zusammengehören zurückführen ließe.

60. Gegen dieses vollständige Scheitern seiner logischen Absicht wehrt sich das Denken durch eine weitere andere Umformung des particularen Urtheils, die man zunächst als einfache Leugnung dieses Zerfalls unseres Vorstellungsstoffes in lauter nur thatsächlich zusammenseiende Einzelheiten auffassen kann. Die Ergänzungen, welche wir dem ausgesprochenen Subject S des kategorischen Urtheils hinzufügten, waren für uns das Hülfsmittel, durch welches sich dieses Urtheil vor dem Satze der Identität rechtfertigte; sie werden jetzt auch als der sachlich gültige Grund anerkannt, welcher jenes S befähigt, ein Prädicat P anzunehmen, das ihm, so lange es allein vorhanden wäre, nicht zukommen würde. Die Nebenumstände, durch welche jenes ausgesprochene S erst zu dem wahren Subject Σ des nun identischen Urtheils wurde, erscheinen jetzt als die Bedingungen, durch deren Einwirken oder Hinzutreten der Inhalt jenes ausgesprochenen Subjectes S so beeinflußt wird, daß ein früher ihm fremdes P jetzt ihm angemessen ist und ihm nun in Uebereinstimmung mit dem Satze der Identität zugehört. Das hypothetische Urtheil ist es also, was als zweites Glied dieser zweiten Gruppe von Urtheilsformen auftritt, zusammengesetzt aus einem Vordersatz und einem Nachsatz, die in dem einfachsten typischen Falle dasselbe Subject S, aber verschiedene Prädicate haben, im Vordersatz ein Q, welches die zu S hinzutretende Bedingung, im Nachsatz ein P, welches das durch diese Bedingung an dem S erzeugte Folgemerkmal bezeichnet. Alle hypothetischen Urtheile mit verschiedenen Subjecten ihrer beiden Glieder sind sprachliche Verkürzungen des Ausdrucks und führen durch leicht zu ergänzende Mittelglieder auf diese Urform zurück: wenn S ein Q ist, so ist S ein P. Der Wunsch ferner, zugleich die wirkliche Gültigkeit des an sich nur problematischen Vordersatzes mit auszudrücken, erzeugt die Form: weil S ein Q ist, so ist S ein P; die Behauptung endlich, Q sei nicht der Grund für S, ein P zu sein, bringt die letzte Form hervor, deren Erwähnung zu thun ist: obgleich S ein Q ist, so ist S dennoch nicht P. Beide haben logisch nichts Eigenthümliches.

61. Zur Charakteristik der äußeren Formen des hypothetischen Urtheils reicht diese kurze Uebersicht völlig aus. Aber ein aufmerksamer Leser muß an dieser Stelle

nach dem Rechte fragen, mit welchem wir die ergänzenden Nebenbestimmungen, durch deren Hinzufügung das wahre Subject Σ des dann identischen Urtheils erst entstand, in Bedingungen umdeuteten, die auf ein schon bestehendes Subject S wirkend, an diesem das Prädicat P begründen. Für sich allein nun behauptet der Satz der Identität nur die Gleichheit jedes Inhaltes mit sich selbst, zwei verschiedene setzt er in keine andere Beziehung als die der gegenseitigen Ausschließung. Dächten wir uns nun verschiedene einfache Inhalte a b c q p in irgend einer Wirklichkeit zugleich gegeben, aber so, daß sie auch nur zugleich wären, ohne unter einander in irgend einem innern Zusammenhange zu stehen, so würde in jedem nächsten Augenblicke jede beliebige andere Combination einiger dieser Elemente mit beliebigen anderen ebenso gut auftreten können, und wir würden daraus, daß a b c q zum zweiten Male in unsere Beobachtung fielen, nicht darauf schließen können, daß nun auch p sich einfinden müsse; jedes beliebige r oder s würde seine Stelle mit demselben Rechte einnehmen. Machen wir dagegen die ganz allgemeine Voraussetzung, daß die Gesamtheit aller denkbaren und wirklichen Inhalte eine nicht blos zusammenseiende Summe, sondern ein zusammengehöriges Ganze sei, so reichen dann die Folgen des Identitätsgesetzes weiter. Mit genau demselben abcq, mit welchem einmal sich p verbunden fand, kann dann nach dem Gesetze der Identität weder jemals ein Non p verbunden sein, noch kann diesem acbq das frühere Prädicat p jemals fehlen. Wie überhaupt eine solche Zusammengehörigkeit zwischen verschiedenen Elementen denkbar ist, lassen wir einen Augenblick noch dahingestellt; wenn sie aber stattfindet, so findet sie in allen Wiederholungsfällen identisch statt, und wenn wir uns auf drei Elemente beschränken, so kann, wenn ab gegeben ist, nur c, wenn ac gegeben ist, nur b, wenn bc, nur a als nothwendiges neues Glied hinzutreten; d. h. für jedes erste dieser Elemente ist jedes zweite die zureichende und nothwendige Bedingung, unter der das jedesmal dritte zu ihm sich gesellen kann und muß. Dasjenige Element oder diejenige Gruppe von Elementen, der wir hier den ersten Platz geben, erscheint uns dann logisch als Subject, das Element oder die Gruppe, die wir zu zweit stellen, als die auf dies Subject wirkende Bedingung, das dritte oder die dritte Gruppe als die durch die Bedingung an jenem erzeugte Folge. Ich bemerke noch ausdrücklich, daß diese Wahl der Plätze in unserer Willkür liegt und in der Anwendung sich nach der Natur der Gegenstände und unserem Denkinteresse an ihnen richtet; an sich ist jedes Element einer solchen Combination eine Function der übrigen, und von jedem kann man folgernd zu diesem übergehen. Gewöhnlich fassen wir eine Mehrheit in vielen Fällen verbunden bleibender Elemente, etwa amn, zusammen als ein Subject S, welches meistens ein Ding, einen beharrlichen Gegenstand der Wirklichkeit bedeutet, ein einzelnes Element b dagegen, das in einigen Beobachtungen des S fehlt, in andern vorkommt, als die hinzutretende Bedingung Q, und ein mit b immer verbundenes c als die durch Q bedingte Folge P. Es ist einleuchtend, daß man auch anders verfahren kann; in der That: die mechanische Physik kann die immer sich gleiche einfache Schwerkraft b oder Q als Subject behandeln und die verschiedenen Folgen P untersuchen, die ihr zukommen, wenn man die Körper, auf welche sie wirkt, $amn = S$ oder $amr = S^1$ als die Bedingungen ansieht, unter deren Einfluß sie in verschiedenen Fällen steht.

62. Wir hätten hiermit jene Deutung, durch die wir überhaupt zu hypothetischen Urtheilen gelangten, insoweit gerechtfertigt, als wir sie auf die allgemeinste Voraussetzung einer Zusammengehörigkeit der verschiedenen Denkinhalte zurückführten. Diese Voraussetzung selbst als eine zulässige und triftige weiter zu beweisen, kann nicht unsere Aufgabe sein; offenbar würde jeder Versuch eines solchen Beweises seinerseits das zu Beweisende voraussetzen; denn wie könnte man zeigen, es sei erlaubt und nothwendig, das Gegebene als einen Zusammenhang von Gründen und Folgen zu fassen, wenn man nicht diese Behauptung wieder als Folge aus einem Grunde ableitete? Man muß daher diesen Gedanken der Zusammengehörigkeit des Denkbaren entweder, als die Seele alles Denkens, mit unmittelbarer Gewißheit erfassen, oder alles, was auf ihm beruht, zugleich mit ihm aufgeben. Berechtigt dagegen ist das Verlangen, weitere Aufklärung über die Möglichkeit und den Sinn einer solchen Zusammengehörigkeit des Verschiedenen zu erhalten. Die Möglichkeit nun der Wechselbeziehung des Verschiedenen wird nicht wirklich durch den Satz der Identität bedroht, welcher jedes Einzelne nur in Beziehung zu sich selbst setzt; denn nur seinen eigenen Inhalt kann dieser Satz behaupten, aber andere nicht ausschließen, die

mit ihm nicht streiten. Was aber den Sinn jener Zusammengehörigkeit betrifft, so haben wir zwei Aufgaben zu scheiden. Uns, in der Logik, kümmert es gar nicht, worin der wirkliche Vorgang bestehen mag, durch den das uns hier ganz unbekannte Reale, das wir durch unsere Vorstellungen recht oder schlecht bezeichnen, auf einander einwirkt und Veränderungen seiner Zustände hervorbringt; über das Band dieses Zusammenhanges nachzudenken ist Aufgabe der Metaphysik, und mag in einer Lehre von der wirkenden Ursache, der causa efficiens, gelöst werden. Die Logik dagegen, die auch die Beziehungen des nur Denkbaren zu beachten hat, das niemals in sachlicher realer Wirklichkeit existiert, hat als ihr Eigenthum nur den andern Satz vom zureichenden Grunde, das principium rationis sufficientis, zu entwickeln; sie hat nur zu zeigen, wie aus der Verbindung zweier Denkinhalte S und Q die Nothwendigkeit entsteht, auch einen dritten Inhalt P, und zwar in bestimmter Beziehung zu S, zu denken; fände sich dann in wirklicher Erfahrung an irgend einem Realen diese Vereinigung zweier Inhalte S^1 und Q^1 vollzogen, so würde sich nach dem Satz vom Grunde das bestimmte P^1 folgern lassen, welches zu dieser Combination denknothwendig hinzutreten müßte, im Unterschied von einem P^2, welches zu ihr nicht hinzutreten könnte; wie dagegen es gemacht wird, daß gerade dies P^1, welches das Denken fordert, auch in Wirklichkeit eintritt, diese Frage würde jenen metaphysischen Untersuchungen überlassen bleiben.

63. Das unendlich oft erwähnte Gesetz des zureichenden Grundes, mit dem wir nun, als dem dritten Gliede und dem Reinertrag dieser zweiten Gruppe der Urtheilsformen, abschließen, hat das wunderliche Schicksal gehabt, auch von denen, die am häufigsten sich auf es beriefen, eigentlich niemals formulirt zu werden. Denn die gewöhnliche Anweisung, zu jedem Gültigkeit verlangenden Ausspruche müsse man einen Grund seiner Geltung suchen, vergißt, daß man das nicht suchen kann, von dem man nicht weiß, worin es besteht; zuerst muß offenbar klar gemacht werden, in welchem Verhältniß Grund und Folge zu einander stehen, und in welchem Inhalt man folglich den Grund für einen andern zu entdecken hoffen darf. Ich werde am kürzesten deutlich sein, wenn ich im Vergleich mit dem Ausdruck des Identitätssatzes $A = A$ sogleich die Formel $A + B = C$ als Bezeichnung des Satzes vom Grunde

aufstelle und folgende Erläuterung hinzufüge. Für sich
allein würde A nur $=A$, $B=B$ sein; aber nichts hindert,
daß eine bestimmte Verbindung $A+B$, deren in den verschiedenen Fällen sehr verschiedenartigen Sinn hier symbolisch das Additionszeichen vertritt, dem einfachen Inhalt
der neuen Vorstellung C äquivalent oder identisch sei.
Nennen wir dann $A+B$ den Grund und C die Folge, so
sind Grund und Folge völlig identisch, und der eine ist
die andere; man hat in diesem Falle unter $A+B$ ein beliebiges Subject sammt der Bedingung, von der es beeinflußt wird, unter C aber nicht ein neues Folgeprädicat dieses
Subjects, sondern das Subject selbst in seiner durch dies
Prädicat veränderten Gestalt zu verstehen. Der gewöhnliche Sprachgebrauch verfährt anders. Da von dem ganzen
Grunde $A+B$, wenn wir von Thatsachen der Wirklichkeit
sprechen, gewöhnlich der eine Theil A vorher gegeben zu
sein, der andere B nachher hinzuzukommen pflegt, so bezeichnet man die Bedingung B, die nur einen Theil des
ganzen Grundes $A+B$ bildet, gewöhnlich als den Grund
überhaupt, der auf A als leidendes Subject wirkt; unter C
aber versteht man dann meist die neue Eigenschaft allein,
die von B bedingt wird, und nennt dies C die Folge; indessen denkt man doch immer dabei diese Eigenschaft nicht
als für sich, wie in einem leeren Raume, entstehend,
sondern als haftend an dem Subject A, auf welches man B
wirken ließ. Unter anderen Benennungen meint daher der
gewöhnliche Sprachgebrauch dasselbe, wie wir. Wenn wir
mit der Vorstellung A des Pulvers die Vorstellung B der
hohen Temperatur des glühenden Funkens verbinden, mithin in A das Merkmal der gewöhnlichen Temperatur durch
das der erhöhten B ersetzen, so ist dieses $A+B$ die Vorstellung C des explodirenden Pulvers, nicht der Explosion
überhaupt; der gewöhnliche Sprachgebrauch läßt zu dem
gegebenen Subject A des Pulvers die hohe Temperatur B
als Grund treten, aus welchem die Explosion C folgt, aber
diese Folge denkt er sich natürlich nicht als einen Vorgang, der irgendwo stattfindet, sondern als eine Ausdehnung
desselben Pulvers, auf welches der Funke wirkte. Es ist
nicht nöthig, Erläuterungen so einfacher Art weiter fort-
zusetzen.

64. Ueberlegt man das Ganze unserer Erkenntnisse, so
ist unmittelbar deutlich, daß der Satz der Identität nicht
ihre einzige Quelle sein kann. Für sich allein würde er
jedes Urtheil, ja jeden Begriff vereinzeln und keinen Fort-

schritt von der unfruchtbaren Sichselbstgleichheit jedes Vorstellungselements zu der fruchtbaren Verbindung verschiedener einleiten. Man irrt sich, wenn man zuweilen der Mathematik nur diesen einzigen Satz als Grundlage ihrer Wahrheiten zuschreibt; dem wirklichen erfinderischen Verfahren dient vielmehr auch hier nur der Satz vom Grunde. Aus einem sich selbst gleichen Obersatze würde gar nichts neues fließen, wenn es nicht möglich wäre, in mannigfachen Untersätzen eine und dieselbe Größe C in unzähligen verschiedenen äquivalenten Gestalten bald $= A + B$, bald $= M + N$ oder $= N - R$ zu setzen, oder anders ausgedrückt: wenn nicht die Natur der Zahlen so beschaffen wäre, daß man jede auf unzählige Weisen theilen und aus den Theilen in den mannigfachen Combinationen wieder zusammensetzen kann; wenn ferner nicht die Natur des Raumes so gebildet wäre, daß jede Linie sich unzähligen Figuren in den verschiedensten Lagen als Bestandtheil oder irgendwie zugehöriges Beziehungsglied einreihen läßt und daß jeder der Ausdrücke, die für sie aus diesen verschiedenen Relationen fließen, der Grund zu neuen vielfachen Folgerungen ist. Ich brauche kaum zu erwähnen, daß auch Mechanik und Physik den reichlichsten Gebrauch von diesen Zerlegungen und Zusammensetzungen gegebener Thatsachen machen, und daß der erfinderische Gedankengang auch in diesen Zweigen unserer Erkenntniß auf Operationen beruht, welche alle zuletzt auf diese typische Formel $A + B = C$ zurücklaufen. Herbart gebührt das Verdienst, die Wichtigkeit dieser in aller Praxis der Wissenschaft offen vorliegenden Verfahrungsweise in den Gesichtskreis der formalen Logik gerückt zu haben.

65. Ich überlasse weitere Beispiele hiervon der angewandten Logik; über die Berechtigung des Satzes vom Grunde selbst habe ich noch eine Bemerkung zu machen. Wir konnten nur zeigen, eine Erweiterung unserer Erkenntniß sei dann möglich, wenn es einen Grundsatz gibt, welcher $A + B = C$ zu setzen erlaubt. Man konnte nun versuchen, ohne Weiteres die Gültigkeit dieses Grundsatzes als eine unmittelbare Gewißheit, gleich der des Satzes der Identität, zu behaupten. Dies haben wir gethan; aber zwischen beiden Principien bleibt doch ein bemerklicher Unterschied. Der Satz der Identität sagt von jedem A eine Gleichheit mit sich selbst aus, die wir unmittelbar als nothwendig und deren Gegentheil wir zugleich ebenso überzeugend als denkunmöglich empfinden. Der letzteren Unter-

stützung entbehrt der Satz des Grundes; wir empfinden die
Annahme keineswegs als denkunmöglich, daß jeder Inhalt
nur sich selbst gleich, eine Combination $A + B$ von zweien
dagegen niemals einem dritten C äquivalent sei. Die Geltung
des Satzes vom Grunde ist daher von einer andern Art, als
die des Princips der Identität; nennen wir dies letztere
denknothwendig wegen der Unmöglichkeit seines Gegentheils, so ist der Satz vom Grunde vielmehr nur eine dem
Denken zweckmäßige Voraussetzung, welche in dem Inhalt des Denkbaren eine gegenseitige Beziehung annimmt,
für deren wirkliches Bestehen der vereinigte Eindruck aller
Erfahrungen Bürgschaft gibt. Ich wünsche über den letzteren Ausdruck nicht mißverstanden zu werden. Ich meine
zuerst nicht, daß das Denken erst durch Vergleichung des
Erfahrungsinhaltes auf die Vermuthung der Gültigkeit eines
solchen Satzes geführt werde; die allgemeine Tendenz des
logischen Geistes, Zusammenseiendes als Zusammengehöriges
aufzuweisen, enthält für sich vielmehr den Trieb, der, auch
abgesehen von aller wirklichen Erfahrung, zur Voraussetzung eines Zusammenhanges von Gründen und Folgen
führen würde. Aber daß diese Voraussetzung sich bestätigt, daß das Denken in dem denkbaren Inhalt, den es
selbst nicht macht, sondern empfängt oder vorfindet, solche
Identitäten oder Aequivalenzen des Verschiedenen antrifft,
das ist eine glückliche Thatsache, ein glücklicher Zug in
der Organisation der Welt des Denkbaren, der thatsächlich
besteht, aber nicht mit derselben Nothwendigkeit bestehen
müßte, wie die Geltung des Identitätsprincips. Denkunmöglich wäre eine Welt gar nicht, in welcher jeder einzelne
Inhalt mit jedem andern so unvergleichbar wäre, wie süß
und dreieckig, in welcher mithin jede Möglichkeit fehlte,
Verschiedenes zur Begründung eines Dritten zusammenzufassen; wäre diese Welt, so würde das Denken zwar
nichts mit ihr anzufangen wissen, aber es würde sie, als
eine nach seinem eigenen Urtheile mögliche, anerkennen
müssen. Ich füge ferner hinzu, daß, wenn ich hier von
einer Art empirischer Beglaubigung des Satzes vom Grunde
spreche, ich doch nicht eine Bestätigung meine, welche
das Ganze unserer nach diesem Satze bereits gegliederten
Gedankenwelt darin fände, daß der beobachtende Gehalt
der äußeren Wirklichkeit mit dieser Gliederung zusammen-
stimmt; ich spreche hier nur davon, daß die Welt des Denkbaren, die vorstellbaren Inhalte, die wir, woher sie auch

immer kommen mögen, in unserer i n n e r e n Erfahrung antreffen, sich der Forderung, als Gründe und Folgen zu-
sammenzuhängen, wirklich fügen. Es ist an diesem Orte
der Logik ganz gleichgültig, ob überhaupt außer den Vorstellungen, die sich in unserem Bewußtsein bewegen, etwas
vorhanden ist, was man äußere Welt oder Wirklichkeit
nennen könnte; auch diese nur in uns sich bewegende inhaltvolle Vorstellungswelt ist von dem Denken nicht gemacht, sondern wird von ihm, als Stoff seiner Thätigkeit,
in uns nur angetroffen, ist also für den logischen Geist
und seine Tendenz ein Gegenstand innerer Erfahrung; daß
nun an d i e s e m empirischen Gegenstand sich ein Entgegenkommen findet, das die Ausführung dieser Tendenz
möglich macht, darin besteht das nicht Denknothwendige,
sondern Thatsächliche der Geltung des Satzes vom Grunde.

66. Worin dies Entgegenkommen liegt, werde ich, wenn
noch einmal hiernach gefragt werden sollte, am kürzesten
erinnern, wenn ich auf die Analogie der systematischen
Stellung, welche der Satz vom Grunde als zweites Denkgesetz einnimmt, mit der des zweiten Gliedes in unserer
Betrachtung des Begriffes hinweise. Die Möglichkeit, Allgemeinbegriffe zu bilden, beruhte auf der nicht selbst denk-
nothwendigen, aber gegebenen Thatsache, daß nicht jeder
Vorstellungsinhalt unvergleichbar mit jedem andern ist, daß
vielmehr Farben Töne Gestalten sich in Reihen mit er-
kennbarer abgestufter Verwandtschaft ihrer Glieder ordnen;
daß es außer den Verwandtschaften auch Gegensätze von
verschiedener Weite des Unterschieds und ein Aufheben des
Entgegengesetzten, daß es endlich vor allem ein System von
Größenbestimmungen in der Welt des Denkbaren gibt, durch
deren Anwendung mittelbar auch die an sich nicht vergleichbaren Glieder verschiedener Inhaltsreihen in gegenseitige
Beziehungen gebracht werden können. Mit diesem kurzen
Hinweis begnügt, schließen wir die zweite Gruppe der Urtheilsformen mit dem Satze vom Grunde als dem durch sie
gewonnenen Reinertrage ab.

**C. Das generelle Urtheil. — Das disjunctive Urtheil. — Das
Dictum de omni et nullo und das Principium exclusi medii.**

67. In jedem Einzelfalle der Anwendung bleibt nun zu
bestimmen, welches A, in welcher Verbindung mit welchem
B zusammengefaßt, den genügenden Grund welches C bilde.

Die Aufgabe des sachlichen Erkennens hat die Logik der
Erfahrung und den einzelnen Wissenschaften zu überlassen;
aber eine eigene neue Aufgabe erwächst ihr doch auch.
Von allen Leistungen unseres Denkens würde wenig übrig
bleiben, wenn wir wirklich in jedem Einzelfalle von neuem
die Erfahrung befragen müßten, welche A B und C hier als
Grund und Folge zusammengehören; einen Grundsatz
wenigstens muß es geben, der uns erlaubt, wenn einmal die
eine Wahrheit $A + B = C$ gegeben ist, von ihr eine Anwendung zu machen auf Fälle, über die uns die Erfahrung
noch nicht belehrt hat. Was wir nun hier suchen, ist
leicht zu finden und nebenher schon früher erwähnt worden.
So oft wir $A + B$ als Grund einer Folge C ansehen, denken
wir nothwendig die Verknüpfung dieser drei Glieder als
eine allgemeine; $A + B$ wäre gar nicht eine Bedingung
von C, wenn es möglich wäre, daß in einem zweiten Beispiel seines Vorkommens nicht dasselbe C, sondern ein
beliebiges D mit ihm verbunden würde. Für unsere hier
zu machende Anwendung bedeutet dies nun: überall, in
jedem Subject S, in welchem $A + B$ als Merkmal neben beliebigen andern Merkmalen N O P enthalten ist, begründet
dies $A + B$ dieselbe Folge C; und dieses C wird entweder
wirklich als Merkmal dieses S auftreten, oder wo es nicht
auftritt, kann es nur dadurch verhindert sein, daß die
übrigen Merkmale, $N + O$ oder $N + P$ oder $O + P$, zusammen
den Grund einer dem C entgegengesetzten und dieses selbst
aufhebenden Folge bildeten; für sich allein, ohne diese
Hemmung, geht die das C bedingende Kraft des $A + B$ ihres
Erfolges nie verlustig. Fassen wir nun $A + B$ unter der
Bezeichnung M als einen Allgemeinbegriff, unter welchen
S untergeordnet ist, so können wir den gefundenen Grundsatz vorläufig so ausdrücken, daß von jedem Subject nach
rein logischem Recht und ohne Anrufung der Erfahrung
dasjenige Prädicat behauptet werden darf, welches durch
den ihm übergeordneten Gattungsbegriff gefordert wird.
Und es bedarf keiner weiteren Ausführung, daß eben dieser
Gedanke, die Unterordnung des Einzelnen unter sein Allgemeines, das umfassende logische Hülfsmittel ist, dessen
wir uns allenthalben zur weiteren denkenden Bearbeitung
des erfahrungsmäßig Gegebenen bedienen.

68. Die Urtheilsform, die erste dieser dritten Gruppe,
in welcher das Denken diese Ueberzeugung ausspricht, ist
die des quantitativ unbezeichneten Satzes, in welchem die

Stelle des Subjectes einfach durch einen Allgemeinbegriff oder einen Gattungsbegriff M ausgefüllt erscheint: der Mensch ist sterblich; die Sünde ist strafbar. Ich unterscheide diese Urtheile unter dem Namen der generellen von den universalen: alle Menschen sind sterblich; jede Sünde ist strafbar. Obgleich der sachliche Inhalt in beiden Formen derselbe ist, so ist doch die logische Fassung desselben in beiden sehr verschieden. Das universale Urtheil ist nur eine Sammlung vieler Einzelurtheile, deren sämmtliche Subjecte zusammengenommen thatsächlich den ganzen Umfang des Allgemeinbegriffs M ausfüllen; daß mithin das Prädicat P von allen M gilt, folgt hier nur daraus, daß es von jedem M einzeln gilt; es kann aber von jedem einzelnen aus einem besonderen Grunde gelten, der nichts mit der allgemeinen Natur des M zu schaffen hat. So läßt der universale Satz: alle Einwohner dieser Stadt sind arm, ganz zweifelhaft, ob jeder einzelne durch eine besondere Ursache verarmt ist, oder ob die Armuth aus seiner Eigenschaft als Einwohner dieser Stadt fließt; ebenso läßt der Satz: alle Menschen sind sterblich, noch dahingestellt, ob sie nicht eigentlich alle ewig leben könnten, und ob nicht blos eine merkwürdige Verkettung von Umständen, die für jeden andere sind als für jeden andern, es dahin bringt, daß zuletzt keiner am Leben bleibt. Das generelle Urtheil dagegen: der Mensch ist sterblich, behauptet seiner Form nach: an dem Charakter der Menschheit liege es, daß die Sterblichkeit von jedem unzertrennlich ist, der an diesem Charakter theilnimmt. Während daher das universale Urtheil eine allgemeine Thatsache blos behauptet und deswegen nur assertorisch ist, läßt das generelle zugleich den Grund ihrer nothwendigen Geltung hindurchscheinen und kann also, in dem Sinne unserer früheren Festsetzungen, apodiktisch heißen. Zu unerhörten Entdeckungen wird diese Unterscheidung beider Urtheilsformen nicht führen; aber neben so vielen unnützen Distinctionen, welche die Logik belasten, verdiente sie wohl, nebenher erwähnt zu werden. Kaum der Erwähnung aber bedarf es, daß im generellen Urtheil nicht der Gattungsbegriff M, der die Stelle des Subjects im Satze einnimmt, das wahre logische Subject des Urtheils ist; nicht der allgemeine Mensch M ist sterblich, sondern der einzelne S, welcher an diesem für sich unsterblichen Typus theilhat. Man sieht daraus, daß das generelle Urtheil eigentlich ein im Ausdrucke verkürztes hypothetisches ist; es muß vollständig heißen: wenn S ein

M ist, so ist S ein P; wenn irgend ein S ein Mensch ist, so ist dieses S sterblich. Und hierdurch rechtfertigt sich die systematische Stellung, die wir diesem Urtheil erst nach dem hypothetischen anweisen konnten.

69. Ebenso klar wird aber auch sogleich die Nothwendigkeit eines neuen Schrittes. So lange formell in dem generellen Urtheil ein allgemeiner Gattungsbegriff M als Subject auftritt, so lange kann auch das Prädicat P nur in gleicher Allgemeinheit gefaßt ihm zugeordnet werden. Sagen wir: der Mensch ist sterblich, so umschließt das Prädicat alle denkbaren verschiedenen Arten der Sterblichkeit und bestimmt weder die Art des Todes noch seinen Zeitpunkt; oder behaupten wir: die Körper erfüllen den Raum, so bleibt unausgesprochen, mit welcher Dichtigkeit und mit welchem Grade des Widerstandes jeder einzelne diese allgemeine Eigenschaft seiner Gattung realisirt. Aber gerade die einzelnen Menschen und die einzelnen Körper waren die wirklichen Subjecte des generellen Urtheils; es ist also ganz falsch zu behaupten, daß ihnen das Merkmal P ihrer Gattung in der Allgemeinheit als Prädicat zukommt, in welcher es zu dem Begriff der Gattung, und zwar hier nicht als Prädicat, hinzugedacht wird; vielmehr kann P an jedem dieser einzelnen Subjecte nur in einer der bestimmten Arten oder Modificationen vorkommen, in welche das allgemeine P sich zerfällen oder besondern läßt. Den gemachten Fehler berichtigt das Denken durch die neue Behauptung: wenn irgend ein S ein M ist, so ist dies S entweder p^1 oder p^2 oder p^3; und hier bedeuten p^1 p^2 p^3 die verschiedenen Arten eines allgemeinen Merkmals P, welches in dem Gattungsbegriffe M enthalten ist. Dies ist die bekannte Form des disjunctiven Urtheils, des zweiten dieser dritten Gruppe, und für sich keiner weiteren Erläuterung bedürftig. Man pflegt mit ihm zusammen das copulative Urtheil: S ist sowohl p als q als r, und das remotive: S ist weder p noch q noch r, zu erwähnen; trotz der äußerlichen Analogie der Form haben jedoch beide nicht den gleichen logischen Werth mit dem disjunctiven; das erste ist nur eine Sammlung positiver, das andere eine Sammlung negativer Urtheile von gleichem Subject und verschiedenen Prädicaten, welche letztere in gar keine logisch wichtige Beziehung zu einander gesetzt werden. Das disjunctive Urtheil allein drückt ein eigenthümliches Verhältniß seiner verschiedenen Glieder aus: es gibt seinem Sub-

ject gar kein Prädicat, schreibt ihm aber die nothwendige Wahl zwischen einer bestimmten Anzahl verschiedener vor.

70. Der Gedanke, den die Form des disjunctiven Urtheils ausdrückt, wird gewöhnlich in zwei gesonderten Denkgesetzen, dem Dictum de omni et nullo und dem Principium exclusi tertii inter duo contradictoria ausgesprochen; ihre Verschmelzung in ein einziges drittes Grundgesetz ist indessen nicht nur leicht, sondern nothwendig. Völlig falsch sind für das erste die oft gehörten lässigen Formulirungen: was vom Allgemeinen gelte, gelte auch vom Einzelnen; was vom Ganzen, auch von den Theilen; es versteht sich vielmehr von selbst, daß, was vom Allgemeinen als solchem, oder von dem Ganzen als solchem gilt, nicht von dem Einzelnen oder von den Theilen als solchen gelten könne. Richtig ist nur die Formel: quidquid de omnibus valet, valet etiam de quibusdam et de singulis, und quidquid de nullo valet, nec de quibusdam valet nec de singulis. Aber diese Ausdrucksweise (über deren Geschichte man Rehnisch vergleichen kann, Fichte's Zeitschrift LXXVI, 1) * ist ebenso unfruchtbar als richtig; denn daß etwas von allen gelte, heißt und bedeutet gleich von Anfang an gar nichts anderes, als daß es von jedem Einzelnen gelte; soll daher anstatt dieser nackten Tautologie etwas gesagt werden, was der Mühe werth ist, so muß allerdings an die Stelle der bloßen Summe aller die Natur des allgemeinen Begriffs gesetzt werden. Dann aber läßt sich in der That der Satz gar nicht anders mit Genauigkeit ausdrücken, als so, daß er ganz mit dem Sinne der disjunctiven Urtheilsform zusammenfällt: von jedem allgemeinen P, welches als Merkmal in dem Allgemeinbegriff M enthalten ist, kommt jedem S, welches eine Art von M ist, eine seiner Modificationen p^1 p^2 p^3 mit Ausschluß der übrigen als Prädicat zu; und: von jedem allgemeinen P, welches aus dem Begriffe M ausgeschlossen ist, kommt jedem S, als einer Art von M, weder die eine noch die andere seiner Modificationen p^1 p^2 oder p^3 zu.

71. Von diesem vollständigen Denkgesetz berücksichtigt der gewöhnliche Ausdruck des Dictum de omni et nullo nur den einen positiven, für sich, wie wir sahen, nicht genau ausdrückbaren Bestandtheil, nämlich den Gedanken, daß das Besondere sich überhaupt nach seinem Allgemeinen richte; der andere verneinende Bestandtheil, der erst die Art und Weise dieses sich Richtens bestimmt, der Gedanke, daß dem Besondern nur eine Art des allgemeinen Prädicats

---

* Zeitschrift f. Phil. u. phil. Kritik 76 (1880), S. 48–63 (Anm. d. Hg.).

seines Allgemeinen mit Ausschluß der übrigen zustehe, hat
nur einen partiellen Ausdruck in dem Satze des ausgeschlossenen Dritten gefunden. Ich glaube hierüber am einfachsten folgendermaßen zu berichten. Steht für ein Subject S
vermöge seiner Unterordnung unter M bereits fest, daß es
sein eigenes Prädicat unter den Arten p^1 p^2 p^3 eines allgemeinen, dem M zukommenden Merkmals P wählen muß,
und beträgt die Anzahl der möglichen Arten des P mehr,
als zwei, so wird die Bejahung der einen von ihnen p^1, als
Prädicat von S, die Verneinung aller übrigen, p^2 p^3 p^4, einschließen, aber durch die Verneinung einer von ihnen wird
keine bestimmte der übrigen als Prädicat von S bejaht;
was nicht p^1 ist, hat noch die unentschiedene Wahl zwischen
p^2 p^3 p^4. Prädicaten dieser Art legt man conträren
Gegensatz bei. Gibt es aber überhaupt nur zwei Arten p^1
und p^2 des allgemeinen P, so wird für ein Subject S, von
welchem schon feststeht, daß es eine Art des P zum Prädicat
haben muß, nicht nur die Bejahung der einen p^1 die Verneinung der andern p^2, sondern auch die Verneinung der
einen p^1 die bestimmte Bejahung der andern p^2 als Prädicat
zur Folge haben oder involviren; diese beiden p^1 und p^2
sind dann contradictorisch entgegengesetzte Prädicate
des S. So sind für die Linie (S), welche eine Richtung
überhaupt (P) haben muß, gerade (p^1) und krumm (p^2)
contradictorische Prädicate, für den Menschen, dem ein
Geschlecht von Natur gebührt, männlich und weiblich; beide
würden nur conträr sein für beliebige andere Subjecte,
von denen noch nicht feststeht, ob in ihrem Begriffe das
allgemeine P, Geschlecht oder Richtung, überhaupt vorkommt; für sie wird die Eintheilung ihrer möglichen Prädicate immer dreigliedrig, sie sind entweder männlich p^1
oder weiblich p^2 oder geschlechtslos p^3, entweder gerade p^1
oder krumm p^2 oder gestaltlos p^3. Der Satz des ausgeschlossenen Dritten oder des exclusi tertii inter duo
contradictoria behauptet nun nichts, als was wir eben bemerkten: von zwei Prädicaten, welche für ein Subject S
contradictorische sind, hat S immer das eine mit Ausschluß
des andern, und wenn es das eine nicht hat, so hat es
nothwendig das andere mit Ausschluß jedes dritten. So
angesehen ist dieses Gesetz nur ein Sonderfall des allgemeineren, welches den Sinn des disjunctiven Urtheils
bildet: von allen conträren Prädicaten, deren Allgemeines P
in dem Gattungsbegriff M eines Subjectes S liegt, hat S

immer eines mit Ausschluß der übrigen, und wenn es das eine nicht hat, so bleibt ihm nur die nothwendige Wahl zwischen den übrigen; diese Wahl wird zur bestimmten Bejahung, wo sie nur noch auf ein Glied fallen kann, also in dem Grenzfall, wo die Zahl der conträren Prädicate nur zwei beträgt. Ohne Zweifel ist dieser Grenzfall, welcher den Inhalt des Satzes vom ausgeschlossenen Dritten bildet, in den Anwendungen des Denkens von besonderer Wichtigkeit; die logische Systematik dagegen wird ihn doch nur als ein besonderes Beispiel des allgemeineren Satzes fassen können, den wir schon mehrfach aussprachen und kurz als disjunctives Denkgesetz bezeichnen wollen.

72. Man stellt dies gewöhnlich anders dar. Aus Beweggründen, die ebenfalls nur aus Zwecken des angewandten Denkens begreiflich sind, ist der logische Wunsch entstanden, die von uns stets festgehaltene Voraussetzung, eine nothwendige Beziehung des jedesmaligen Subjects S zu dem allgemeinen P stehe bereits fest, unerwähnt lassen und von zwei Prädicaten sprechen zu dürfen, welche für jedes beliebige Subject als contradictorische gelten. Man findet leicht, daß dies nur möglich ist, wenn man die Gesammtheit aller denkbaren Prädicate eintheilt in ein bestimmtes Q, und in die Summe aller derjenigen, welche nicht Q sind oder Non Q sind; von allen beliebigen Subjecten, was sie auch immer bedeuten mögen, ist dann sicher, daß sie entweder Q oder Non Q, entweder gerade oder nicht-gerade sind; denn der letzte Ausdruck begriffe dann nicht blos das Krumme, sondern auch das Verdrießliche, das Süße, das Zukünftige, kurz alles, was außerhalb des Geraden liegt. Ich wiederhole in Bezug hierauf, was ich bei dem limitativen Urtheil bemerkte: Non Q ist gar keine wirkliche Vorstellung, die sich als Prädicat eines Subjects behandeln ließe, sondern nur eine Formel, welche die im Denken unerfüllbare Aufgabe bezeichnet, alles Denkbare, was außerhalb des einen Begriffs liegt, in einen einzigen zweiten zusammenzuziehen. Man hat außerdem zur Stellung dieser unlösbaren Aufgabe keinen wirklichen Grund; alles, was man durch das bejahte Prädicat Non Q erreichen will, erreicht man durch die verständliche Verneinung von Q. Ich halte daher für ganz unschicklich, von contradictorischen Begriffen zu reden, d. h. solchen, die an und für sich in diesem Gegensatzverhältniß ständen

und **deshalb** in demselben blieben, wenn man sie als Prädicate **eines und** desselben Subjects behandelt, worin auch immer **dieses** bestehen möge; will man ein contradictorisches Verhältniß zweier Glieder, welches allgemein, immer und in Bezug auf jedes Subject gilt, so findet dies nur zwischen **den** zwei **Urtheilen** statt: S ist Q und S ist nicht Q. Demzufolge würde der genaue Ausdruck des Satzes vom ausgeschlossenen Dritten sein: von jedem genau bestimmten Subject S gilt entweder die Bejahung oder die Verneinung eines ebenso bestimmten Prädicats Q, und es gibt keine dritte Möglichkeit; überall, wo eine solche stattzufinden scheint, ist S oder Q oder beide entweder von Anfang mehrdeutig und unbestimmt gefaßt oder ihre Bedeutung im Lauf der Ueberlegung unbewußt oder unwillkürlich verändert worden.

73. Noch eine Betrachtung füge ich hinzu. Niemand zweifelt, daß **dasselbe** Subject roth süß und schwer zugleich sein kann, **daß es aber** roth nur ist, wenn es weder grün noch blau noch **andersfarbig** ist, und daß es gerade und krumm nicht zugleich sein kann. Eine unmittelbare Deutlichkeit scheint mir nun aber doch die Behauptung nicht zu haben, daß zwei Prädicate p^1 und p^2 sich gerade dann an demselben Subject nicht vertragen, wenn sie übrigens als **conträre** Arten desselben Allgemeinen P mit einander vergleichbar sind, während an demselben Subject andere Prädicate p q r sich vertragen sollen, die als Arten ganz verschiedener Allgemeinen P Q und R mit einander unvergleichbar sind. Ich versuche hierüber folgenden Gedanken. Jedes Prädicat p^1 eines Subjectes S müssen wir nach dem Vorigen und nach der Formel $A + B = C$ als Folge einer in S enthaltenen Merkmalgruppe $A^1 + B^1$ ansehen, welche Gruppe überall, wo sie vorkommt, also auch in diesem S, dieselbe Folge C^1, hier p^1, hervorzubringen sucht. Sollte nun demselben S zugleich das mit p^1 vergleichbare Prädicat p^2 zukommen, so müßte es, wie leicht zu begreifen, von einer mit $A^1 + B^1$ ebenfalls vergleichbaren Merkmalgruppe $A^2 + B^2$ **abhängen**, welche neben $A^1 + B^1$ in demselben S vorhanden wäre und überall, wo sie vorkäme, also auch in S, die Folge C^2, hier p^2, begründen würde. Aber eben, **weil** $A^1 + B^1$ und $A^2 + B^2$ mit einander vergleichbar sein müssen, so kann es nicht fehlen, daß, nach einem neuen Satz von der allgemeinen Form $A + B = C$, nämlich nach dem Satze: $[A^1 + B^1] + [A^2 + B^2] = C^3$ das Zusammentreffen beider in demselben S den zureichenden

Grund einer neuen Folge C^3 bildet, in welche die beiden Einzelprädicate p^1 und p^2 zusammenschmelzen, und die wir, weil sie beiden ähnlich sein muß, mit p^3 bezeichnen wollen. Zwei conträre, vergleichbare Prädicate p^1 und p^2 würden also nur deshalb unvereinbar sein, weil aus ihnen immer ein drittes einfaches p^3 entstehen würde; zwei disparate, unvergleichbare Prädicate p und r dagegen, wie süß und warm, würden deshalb als zwei bleibende an S vereinbar sein, weil es für die unvergleichbaren Gründe $A + B$ und etwa $M + N$, von denen sie einzeln abhängen, keinen Satz $(A + B) + (M + N) = C$ gäbe, kraft dessen sie wie p^1 und p^2 ein drittes einfaches Prädicat bilden könnten. Ich will nicht gegen diejenigen streiten, die diese ganze Auseinandersetzung überflüssig finden; mir scheint sie nicht gegenstandslos, wenn ich von den Beispielen hinweg, welche die Logik herkömmlich braucht, auf andere blicke, deren sie sich billig erinnern sollte. Wer vom Golde sagt, es sei gelb, hat freilich keine Veranlassung, sich diese einfache Eigenschaft als Product zweier anderen nicht wahrnehmbaren zu denken, die aus zwei im Golde nebeneinander gegebenen Bedingungen eigentlich hätten gesondert entstehen müssen, aber gesondert nicht bleiben konnten. Wenn aber auf einen Massenpunkt S zwei der Richtung nach conträre oder auch contradictorische Bewegungsantriebe wirken, so ist das gegeben, was man vorhin keine Veranlassung hatte vorauszusetzen: man muß hier wirklich sowohl die Bedingung, welche die Bewegung p^1, als die andere, welche die Bewegung p^2 hervorzubringen strebt, als in dem Massenpunkt wirksam und die beiden Bewegungen selbst in jedem Augenblick als Prädicate dieses Punktes S auffassen, als Prädicate aber, die sich getrennt nicht erhalten können, sondern in das dritte p^3, die Bewegung nach der Diagonale zusammengehen. Und zuletzt gilt dies doch allgemein. Eine krumme Linie kann ebenso gut roth als grün erscheinen. Wirkten aber die Bedingungen zu beiden Erscheinungen gleichzeitig und gleich stark, so würde es uns wenig helfen, mit dem Satze der Ausschließung zu behaupten, das Bild der Linie könne diese beiden conträren Eigenschaften nicht haben; irgendwie muß es doch aussehen. Da aber jene beiden Bedingungen vergleichbar und zur Bildung einer Resultante fähig sind, so wird eine dritte Farbe erscheinen, und durch die Entstehung dieser werden einestheils die Ansprüche jener beiden Bedingungen beide befriedigt sein, zugleich aber wird in ihr der Grund liegen, warum die beiden conträren Farben, welche sie einzeln erzeugt haben würden, nicht neben einander getrennt vorhanden sein können.

74. Hier schließt die Reihe der Urtheile mit innerer Nothwendigkeit ab. Je bestimmter das disjunctive seinem Subjecte die Wahl zwischen verschiedenen Prädicaten vorschreibt, um so weniger kann es bei diesem Entweder Oder sein Bewenden haben; die Wahl muß vollzogen werden. Die Entscheidung aber darüber, w e l c h e s p^1 oder p^2 dem S gebühre, kann nicht aus seiner bisher allein gegebenen Unterordnung unter M fließen, denn eben als Art von M hat es noch die freie Auswahl; sie kann nur fließen aus der eigenthümlichen Differenz, durch welche sich S, als d i e s e Art des M, von anderen Arten des M unterscheidet. Zu dem Satze: M (und jedes S, welches M ist) ist P, muß daher ein zweiter Satz treten, welcher die Eigenthümlichkeit des jedesmal in Rede stehenden besondern Subjects S zur Geltung bringt und uns zeigt, w e l c h e Art von M es ist; aus der Vereinigung beider Sätze muß ein dritter fließen, welcher lehrt, welche bestimmte Modification p des allgemeinen P d i e s e m S zukomme, weil es nicht blos eine Art von M, sondern d i e s e Art von M ist. Die Verbindung zweier Urtheile aber zur Erzeugung eines dritten ist im Allgemeinen die Denkform des S c h l u s s e s, und zu ihrer Darstellung sind wir daher nun aufgefordert überzugehen.

Anhang
über die unmittelbaren Folgerungen.

Dem Herkommen zu Liebe schalte ich hier Erörterungen ein, die ihre richtigere Stelle in der angewandten Logik haben würden.

Von demselben Subject S und demselben Prädicat P behauptet das allgemein bejahende Urtheil A: alle S sind P; das particular bejahende I: einige S sind P; das allgemein verneinende E: kein S ist P; das particular verneinende O: einige S sind nicht P. Es fragt sich nun, welche unmittelbare Folgerungen sich aus der Gültigkeit oder Ungültigkeit des einen dieser vier Urtheile in Bezug auf Gültigkeit oder Ungültigkeit der drei übrigen ziehen lassen. Aus dem Dictum de omni et nullo und dem Satze des ausgeschlossenen Dritten ergibt sich hierüber Folgendes.

75. Zwischen jedem allgemeinen Urtheile und dem gleichnamigen besondern, also zwischen A und I, und zwischen E und O, findet das Verhältniß der Subalternation statt. In der Richtung vom Allgemeinen zum Besondern, oder ad subalternatam, schließt man von der Gültigkeit des ersten auf die des letzteren, aber von der Ungültigkeit des Allgemeinen weder auf Gültigkeit noch auf Ungültigkeit des Besondern. Die Rechtmäßigkeit der ersten Folgerung leuchtet sofort, die Unmöglichkeit der zweiten nach Beseitigung eines Mißverständnisses ein. Wer den allgemeinen Satz: alle S sind P, leugnet, wird hierzu gewöhnlich durch die schon gemachte Beobachtung einiger S veranlaßt, die nicht P sind; aber er wird diese Beobachtung doch nicht an allen S gemacht haben. Seine Meinung pflegt daher die zu sein, nur die Allgemeingültigkeit jenes Satzes für alle S zu leugnen, seine Gültigkeit für einzelne S dagegen unbestritten zu lassen; und deshalb haben in gewöhnlicher Rede Aeußerungen wie diese: es sei nicht wahr, daß alle S auch P sind, geradezu die Nebenbedeutung, den particularen Satz: einige S sind P, als richtig zuzugestehen.

Die Logik dagegen kennt nicht diese ausgesprochenen Nebengedanken bei der Leugnung des allgemeinen Satzes, sondern
nur das, was in der ausgesprochenen Verneinung selbst liegt.
Aber eben dies ist an sich zweideutig. Denn die behauptete
Ungültigkeit des Stazes: alle S sind P, besteht gleichmäßig
zu Recht, sowohl wenn der Satz nur für einzelne S, als
auch, wenn er für keines gilt. So lange diese Zweideutigkeit
nicht durch Nebenaussagen gehoben wird, kann man daher
aus der Verneinung des allgemeinen Satzes weder auf
Gültigkeit noch auf Ungültigkeit des besonderen schließen.

76. In entgegengesetzter Richtung, vom Besonderen
zum Allgemeinen oder ad subalternantem, schließen wir
von der Ungültigkeit des besondern Urtheils auf die des
allgemeinen, aber nicht von der Gültigkeit des besondern
auf die des allgemeinen. Auch hier ist die erste Folgerung
nach Vermeidung der berührten Zweideutigkeit klar. Wer
den Satz verneint, einige S seien P, kann zwar die Absicht
haben, nur die Beschränkung des P auf einige S zu leugnen,
und aus dieser Meinung, nicht blos einige S seien P,
flösse dann die Bejahung des allgemeinen Satzes: alle S
sind P. Aber eben weil diese Folge ja grade die fort-
dauernde Gültigkeit auch des particularen Urtheils: einige
S sind P, einschließen würde, kann die Logik unmöglich
der Leugnung eben dieses particularen Satzes diese Aus-
legung geben. Für sie bedeutet diese Leugnung durchaus
nur: es gibt gar keine einigen S, die P wären; was aber
nicht einmal in einigen Fällen gilt, gilt noch weniger
in allen. Folglich verneint die Verneinung des Besondern
allemal auch das Allgemeine. Die Unmöglichkeit der zweiten
Folgerung ist für sich klar; die Gültigkeit eines P für
einige S kann nie seine Gültigkeit für alle S beweisen;
nur weil diese widerrechtliche Verallgemeinerung einzelner
Wahrnehmungen der gewöhnlichste logische Fehler ist, dem
die Wissenschaft und die Bildung des Lebens ihre meisten
Irrthümer verdanken, ist es der Mühe werth, das Verbot
dieser falschen Folgerung ad subalternantem besonders zu
betonen.

77. Allgemeine Urtheile stehen zu den ungleichnamigen
besondern, A zu O und E zu I und umgekehrt, in contra-
dictorischem Gegensatz; wir schließen ad contradictoriam
sowohl von der Geltung des einen auf Nichtgeltung des
andern, als von der Ungültigkeit des einen auf die Gültigkeit
des andern. Die erste Folgerung bedarf keiner, die zweite

einer kurzen Erläuterung. Verneinen wir den Satz A, alle S sind P, so bestehen mit dieser Verneinung die beiden Annahmen E: kein S ist P, und O: einige S sind nicht P; die letzte aber, in der ersten eingeschlossen, ist in jedem Falle gültig; folglich fließt aus der Ungültigkeit von A die Gültigkeit von O gewiß. Verneinen wir ferner O: einige S sind nicht P, so heißt das nach dem vorhin Bemerkten: es gibt keine einigen S, die nicht P wären, und dies ist gleichbedeutend mit A: alle S sind P. Verneinen wir E: kein S ist P, so sind entweder alle S oder einige S, die letzteren also in jedem Falle, P, folglich gilt I: einige S sind P; verneinen wir I, so heißt dies: es gibt keine einigen S, welche P wären, gleichbedeutend mit der Bejahung von E: kein S ist P.

78. Die beiden ungleichnamigen allgemeinen Urtheile A und E haben nur conträren Gegensatz, und wir folgern ad contrariam aus der Geltung des einen die Nichtgeltung des andern, aber nicht aus der Ungültigkeit des einen die Gültigkeit des andern. Die erste Folgerung leuchtet ein; die Unmöglichkeit der zweiten ergibt sich nach dem Vorigen daraus, daß die Verneinung eines allgemeinen Urtheils zwar ad contradictoriam die Gültigkeit des ungleichnamigen besondern, diese aber nicht weiter ad subalternantem die Gültigkeit des übergeordneten allgemeinen Urtheils folgern läßt. Subconträren Gegensatz endlich nennt man das Verhältniß zwischen den beiden particularen Urtheilen I und O. Man folgert ad subcontrariam aus der Ungültigkeit des einen die Gültigkeit des anderen, aber nicht aus der Geltung des einen die Nichtgeltung des andern. In der That: die beiden Sätze: einige S sind nicht P, und: einige S sind P, können beide zusammen bestehen; wird aber der eine verneint, so folgt ad contradictoriam die Geltung des entgegengesetzten allgemeinen und aus dieser ad subalternatam die Bejahung des ihm untergeordneten particularen.

79. Ich erwähne ferner eine andere logische Operation von verwandter Absicht. Beobachtungen, welche sich zuletzt immer in der Form eines Urtheils: S ist P, ausdrücken lassen, stellen uns immer nur diejenige Verbindung von S und P vor Augen, die in dem Augenblick der Beobachtung wirklich stattfindet; sie sagen aber nichts darüber aus, ob in anderen Fällen S und P trennbar sein werden, oder nicht, ob es also S gibt, welche nicht P, oder P, welche nicht S sind. Man hat aber ein sehr begreifliches praktisches Interesse hieran; man will wissen, ob ein P, welches an S

vorgekommen ist, als ein Kennzeichen betrachtet werden darf, nach dem sich die Natur des Subjects bestimmen läßt, an dem es vorkommt; kurz, ob alles, was sich als ein P darstellt, auch allemal ein S ist. Die auf diese Fragen zu erwartenden Antworten werden daher die Form haben: P ist S; man nennt sie deshalb Umkehrungen der ursprünglichen Urtheile, die zu ihnen Veranlassung gaben. Es versteht sich dabei, daß es von besonderem Interesse ist, zu wissen, ob P nothwendig und immer oder nur möglicherweise und zuweilen auf ein Subject S hindeutet, oder in gewöhnlicher Bezeichnungsweise, ob alle P oder ob nur einige auch S sind. Man achtet deshalb besonders auf die Quantität des gegebenen und des umgekehrten Urtheils und nennt die Umkehrung rein (conversio pura), wenn die Quantität des letzten die umgeänderte des ersten ist, unrein (conversio impura), wenn sie eine andere ist, und zwar namentlich, wenn zur Triftigkeit des umgekehrten Urtheils die Allgemeinheit des ursprünglichen in blos particulare Geltung abgeschwächt werden muß. Man findet Folgendes.

80. Das allgemein bejahende Urtheil: alle S sind P, versteht unter P entweder eine höhere Gattung, in welcher S neben andern Arten enthalten ist, oder ein allgemeines Merkmal, an dem S neben andern Subjecten theilnimmt. In beiden Fällen bleibt ein Theil von P übrig, der nichts mit S zu schaffen hat, und die Umkehrung kann daher nur unrein geschehen in das particulare Urtheil: einige P sind S. Diese Regel verdient bemerkt zu werden; denn zu den gewöhnlichsten Fehlern der Unaufmerksamkeit und zu den beliebtesten Mitteln der Täuschung gehört es, dieser particularen Folgerung die allgemeine unterzuschieben und zu behaupten: wenn allen S das P, so komme auch allen P das S zu. Man trifft allerdings allgemein bejahende Urtheile an, die diese reine Umkehrung gestatten; es sind diejenigen, in denen die Umfänge von S und P einander genau decken, mithin nicht blos allen S, sondern auch nur allen S und keinem andern Subjecte das P zukommt, folglich alle P auch S sind. Solche reciprocabel genannte Urtheile sind: alle Menschen sind von Natur sprachfähig; alle gleichseitigen Dreiecke sind gleichwinklige; sie gestatten die Umkehrung: alles von Natur Sprachfähige ist Mensch, jedes gleichwinklige Dreieck ist ein gleichseitiges. Aber daß jenes Verhältniß zwischen S und P stattfindet, an dem diese

Möglichkeit hängt, wird in jedem Einzelfalle dieser Art nur durch die sachliche Kenntniß des gegebenen Urtheilsinhalts verbürgt. Mit Recht verlangt daher die Mathematik, welche die reine Umkehrung allgemein bejahender Urtheile häufig vollzieht, für die Richtigkeit des umgekehrten jedesmal einen besonderen Beweis und schärft durch dies vorsichtige Verfahren die Regel ein, daß aus blos logischem Recht das allgemein bejahende Urtheil nur unreine Umkehrung in ein particular bejahendes verträgt. Es verhält sich anders mit dem allgemein verneinenden Urtheile: kein S ist P. Diese völlige Ausschließung beider Begriffe auseinander gilt offenbar wechselseitig und rechtfertigt die Behauptung, daß auch kein P ein S sei. Allgemein verneinende Urtheile erfahren daher reine Umkehrung in wieder allgemein verneinende.

81. Aus dem particular bejahenden Satze: einige S sind P, folgt einleuchtend die reine Umkehrung in den wieder particularen: einige P sind S. Und diese Folgerung befriedigt auch in allen Fällen, in welchen P ein allgemeines Prädicat ist, an welchem S neben andern Subjecten theilhat; so wird die Behauptung: einige Hunde sind bissig, mit Recht sich in die andere umkehren: einiges Bissige sei Hund. Wenn jedoch S die allgemeine Gattung ist, der P als Art gehört, wie in dem Satze: einige Hunde seien Möpse, wird die nach allgemein logischem Rechte allein zulässige Umkehrung: einige Möpse seien Hunde, unvortheilhaft gegen die sachlich richtige: alle Möpse sind Hunde, abstechen. Richtig freilich ist auch sie; aber sie drückt nur einen Theil der Wahrheit und zwar in einer Form aus, welche den andern Theil derselben, daß auch alle übrigen Möpse Hunde sind, eher zu verneinen als zu bejahen scheint. Dies wird noch fühlbarer, wenn man sich das Urtheil: alle Möpse sind Hunde, gegeben denkt und es zweimal convertirt. Aus der ersten Umkehrung: einige Hunde sind Möpse, kommt man durch die zweite Umkehrung nicht mehr zu dem gegebenen Satze zurück; die logischen Operationen haben also hier den Erfolg gehabt, einen Theil der Wahrheit aus dem Wege zu schaffen. Diese Unschicklichkeit wäre leicht zu vermeiden, wenn man die Quantitätsbezeichnungen, dem Sinne gemäß, als untrennbar von ihren Substantiven ansähe; man hätte dann gleich den gegebenen Satz so geformt: alle Möpse sind einige Hunde; umgekehrt: einige Hunde sind alle Möpse; zweite Umkehrung: alle Möpse

sind einige Hunde. Aber es lohnt nicht, diese doch unfrucht baren Formeln zu verbessern.

Das particular verneinende Urtheil: einige S sind nicht P, behauptet an sich nur die Trennbarkeit des S von P, nicht aber auch die des P von S. Die reine Umkehrung: einige P sind nicht S, gilt daher nicht allgemein, sondern nur für solche P, die als gemeinschaftliche Prädicate verschiedener Subjecte nicht ausschließlich in der Natur des S Bedingungen ihres möglichen Vorkommens finden. Der Satz: einige Menschen sind nicht schwarz, gestattet aus diesem Grunde die Umkehrung: einiges Schwarze ist nicht Mensch; aber die Urtheile: einige Menschen sind nicht fromm, einige sind nicht Christen, würden ergeben: einiges Fromme ist nicht Mensch, einige Christen sind nicht Menschen, beides unzulässig, da Frömmigkeit und Christenthum zwar nicht allen, aber doch nur Menschen zukommen. Diese Unzuträglichkeiten werden nur dadurch allgemein vermieden, daß man in dem gegebenen Urtheil die Negation zum Prädicat schlägt und den nunmehrigen Satz: einige S sind Non P, nach Art der particular bejahenden umkehrt in: einige Non P sind S; einiges Nichtschwarze, einiges Nichtfromme, einige Nicht-Christen sind Menschen.

82. Dies hier nothwendige Verfahren hat man unter dem Namen der Umkehrung durch Contraposition auf alle Urtheile ausgedehnt: in den bejahenden soll die Bejahung des P durch Verneinung von Non P, in den verneinenden die Verneinung von P durch Bejahung von Non P ersetzt, die verwandelten Urtheile dann nach den gewöhnlichen Regeln umgekehrt werden. Man erhält auf diesem Wege zuerst für A: alle S sind P, kein S ist Non P; daraus: kein Non P, ist S. Für das particular bejahende I dagegen: einige S sind P, würde die Transformation in: einige S sind nicht Non P, nach dem Obigen keine Conversion gestatten, für I also die Contraposition unausführbar sein; für E dagegen erhält man: kein S ist P, alle S sind Non P, einige Non P sind S; für O endlich: einige S sind nicht P, einige S sind Non P, einige Non P sind S. Die Durchführung dieser Operationen an Beispielen würde unförmliche, dem natürlichen Denken fremde Ausdrucksweisen erzeugen; was man mit diesen vier Fällen eigentlich sagen will, läßt sich einfacher mittheilen, wenn man die quantitativen Bestimmungen der vorkommenden Urtheile durch die gleichgeltenden

modalen ersetzt; auch die an sich unmögliche Contraposition von I wird dann noch benutzbar. Es würde nämlich
die Umkehrung von A bedeuten: wenn allen Einzelnen
einer Gattung S das Prädicat P zukommt, so ist es unmöglich, daß etwas ein S sei, dem dies Merkmal fehlt; die
von I: wenn nur von einigen Arten des S feststeht, P komme
ihnen zu, so ist nicht nothwendig, sondern nur möglich,
daß etwas, dem P fehlt, kein S sei; die von E: wenn der
Gattung S das Merkmal P allgemein fehlt oder widerspricht,
so ist es nicht nöthig, sondern nur möglich, daß etwas, dem
das P gleichfalls fehlt oder widerspricht, eine Art von S
sei; und eben diese letzte Folgerung ist auch die von O:
wenn einige S nicht P sind, so wird etwas, das gleichfalls
nicht P ist, ein S sein können, aber nicht müssen.

Drittes Kapitel.

Die Lehre vom Schluß und den systematischen Formen.

Vorbemerkungen über die Aristotelische Syllogistik.

Ich habe die unerledigte Aufgabe angedeutet, die vom disjunctiven Urtheil weiter treibt. Ehe ich diesen systematischen Zusammenhang verfoige, halte ich für vortheilhaft, die Lehre vom Schlusse in der Gestalt vorzutragen, die sie durch Aristoteles erhalten hat. Doch folge ich nicht der originalen Darstellungsweise des großen griechischen Philosophen, sondern der bequemeren später üblich gewordenen. Die Schriften des Aristoteles sind erhalten; wer Antheil an der ersten Entstehung dieser Lehren nimmt, hat es leicht, sich an seiner meisterhaften Entwickelung zu erfreuen; wo es sich dagegen nicht um die Geschichte der Sache, sondern um die Sache selbst handelt, würde es nutzlose Coquetterie sein, die unbequemen Ausdrucksweisen des Erfinders den kleinen Erleichterungen vorzuziehen, welche die Folgezeit zu Gebote stellt.

83. Schluß oder Syllogismus nennen wir im Sinn des Aristoteles jede Verknüpfung zweier Urtheile zur Erzeugung eines gültigen dritten, das nicht in der bloßen Summirung jener beiden besteht. Unmöglich würde diese Erzeugung, wenn der Inhalt jener vorausgeschickten Urtheile, der beiden Prämissen, propositiones praemissae, völlig verschieden wäre; sie wird nur möglich, wenn beide einen gemeinsamen Bestandtheil M, den Mittelbegriff oder medius terminus enthalten, welchen die eine mit S, die andere mit P in Beziehung setzt. Durch diese Vermittelung untereinander in Zusammenhang gebracht, können die beiden Begriffe S

und P in dem Schlußsatz, der conclusio, zu einem Urtheil
von der Form: S ist P, oder kürzer bezeichnet: SP, zu-
sammentreten, aus welchem der Mittelbegriff, der zu seiner
Erzeugung gedient hat, wieder verschwunden ist. In der
Natur der Sache besteht kein Grund, einen Werthunterschied
zwischen den beiden Prämissen SM und PM zu machen;
ein Herkommen jedoch, das geachtet werden muß, wenn
nicht alle festgesetzten Regeln eine verwirrende Umdeutung
erheischen sollen, hat bestimmt, daß Obersatz oder prop.
major diejenige Prämisse heißen soll, die außer M das
Prädicat P, Untersatz oder prop. minor die, welche
außer M das Subject S des künftigen Schlußsatzes enthält;
dieser selbst wird immer in der Form SP, nicht in der
umgekehrten PS gedacht. Unter dieser Voraussetzung entspringen aus den verschiedenen Stellungen, welche die drei
Begriffe noch annehmen können, folgende vier verschiedene
Anordnungen, deren drei erste die drei Aristotelischen
Figuren darstellen, während die vierte die Figur des
Galenus bildet.

$$
\begin{array}{cccc}
\text{I) MP} & \text{II) PM} & \text{III) MP} & \text{IV) PM} \\
\text{SM} & \text{SM} & \text{MS} & \text{MS} \\
\hline
\text{SP} & \text{SP} & \text{SP} & \text{SP}
\end{array}
$$

84. Fragen wir nun, ob und unter welchen Bedingungen
diese zunächst nur combinatorisch angenommenen Anordnungen der Prämissen einen triftigen Schluß begründen,
so finden wir sogleich die Berechtigung, S und P in diesem
zusammenzubringen, von der völligen Identität des Mittelbegriffs abhängig; sie wird selbstverständlich hinfällig, sobald das M, welches in der einen Prämisse mit S verknüpft
ist, ein anderes ist, als das M, welches in der andern mit P
verbunden ist. Vier Begriffe würden durch diese Spaltung
des M, anstatt der nothwendigen und hinreichenden drei,
in den Prämissen auftreten; die Vermeidung dieser quaternio
terminorum und die Sicherung der völligen Identität des
Mittelbegriffs ist daher die gemeinsame Bedingung für die
Schlußkraft aller Figuren. Um diese Bedingung zu erfüllen,
ist es zuerst in allen Figuren nothwendig, jede Doppel-
deutigkeit des Wortes auszuschließen, durch welches wir
den von uns gemeinten Mittelbegriff M bezeichnen; außerdem aber machen zu gleichem Zweck die einzelnen Figuren
je nach der Eigenthümlichkeit ihres Baues besondere, sogleich zu erwähnende Vorsichtsmaßregeln nothwendig.

85. Die erste Figur ordnet im Untersatz ihr S in

den Umfang von M, im Obersatz dies M in den Umfang
von P, und um deswillen im Schlußsatz S in den Umfang
von P. Der Gedanke, der dieser Folgerung zu Grunde liegt,
ist sichtlich der der Subsumption; jedem Subject kommt
das Prädicat seiner Gattung zu. Schon hieraus kann man
ableiten, daß der Obersatz der ersten Figur allgemein sein
muß; denn er soll die Regel aussprechen, welche auf das
Subject des Untersatzes angewandt werden soll. Die Forderung der Identität des Medius terminus führt zu demselben Ergebniß. Denn das S des Untersatzes ist immer
eine bestimmte Art, oder ein bestimmter Fall des M; die
Form des Satzes sagt dies aber nicht, sondern läßt S nur
überhaupt als eine unbestimmte Art des M erscheinen;
soll nun dies unbestimmte M dasselbe sein, wovon der Obersatz behauptet, es sei P, so ist dies nur zu erreichen, wenn
der Obersatz allgemein von allen M spricht, und so jenes
unbestimmte mit umfaßt. Allerdings ist dann das ausgesprochene M des Obersatzes nicht identisch mit dem M
des Untersatzes, welches nothwendig, als Prädicat des S,
nur einen Theil vom ganzen Umfang des M bedeutet;
allein diese anscheinende Schwierigkeit hebt sich durch
die Ueberlegung, daß das zur Hervorbringung des Schlusses
b e n u t z t e M des Obersatzes ebenfalls nur ein Theil des
dort ausgesprochenen, nämlich genau dasjenige ist, welches
im Untersatz g e m e i n t ist. Da ferner die Folgerung des
Schlußsatzes auf der Unterordnung des S unter M beruht,
so muß diese Unterordnung auch bestehen, der Untersatz
mithin, der sie ausspricht, muß bejahend sein; wäre er verneinend, so würde er einfach das Vorhandensein des Rechtsgrundes leugnen, aus dem die Gültigkeit des Schlußsatzes
fließen könnte. Gleichgültig ist es dagegen für den logischen
Zusammenhang des Schlusses und lediglich seinem jedesmaligen Inhalte zuzurechnen, ob das, was vom M des Obersatzes ausgesagt wird, Bejahung oder Verneinung des P
ist, und ob das Anwendungsbeispiel, welches der Untersatz
für dieses allgemeine Verhalten herbeibringt, alle S oder
nur einige derselben umfaßt. Daher ist die Qualität des
Obersatzes und die Quantität des Untersatzes unbeschränkt.
Im Schlußsatz endlich soll die Beziehung, welche der Obersatz dem M zu P gibt, gleichviel ob Bejahung oder Verneinung, unverändert auf das unveränderte, gleichviel ob
allgemeine oder particulare Subject des Untersatzes übertragen werden; der Schlußsatz hat daher die Qualität des
Obersatzes und die Quantität des Untersatzes. Denkt man

sich jede Möglichkeit benutzt, welche diese Regeln übrig lassen, so entstehen für gültige Arten oder Modi der ersten Figur. Ihre scholastischen Namen Barbara Celarent Darii und Ferio, in bekannter Weise durch die drei Vocale der Reihe nach Qualität und Quantität der Prämissen und der Conclusion bezeichnend, machen uns die Auszeichnung der ersten Figur deutlich, Schlußsätze jeder Art erzeugen zu können.

86. Die Prämissen der zweiten Figur zeigen uns zwei Subjecte S und P in Beziehung zu dem Prädicate M. Haben nun beide dies Prädicat oder haben sie es beide nicht, sind also beide Prämissen positiv oder beide negativ, so ist hieraus gar keine Folgerung in Bezug auf ein gegenseitiges Verhältniß zwischen S und P möglich. Denn an einem Merkmal M zugleich Theil haben oder zugleich von ihm ausgeschlossen sein können unzählige Subjecte, ohne daß außer dieser Gemeinsamkeit irgend eine andere zwischen ihnen zu bestehen braucht, namentlich ohne daß das eine S eine Art des andern P sein muß. Nur wenn das eine Subject immer oder allgemein das Merkmal M hat oder nicht hat, das andere aber sich zu M entgegengesetzt verhält, ist die Folgerung begründet, das zweite könne keine Art des ersten sein. Die Prämissen der zweiten Figur müssen daher von entgegengesetzter Qualität, und eine von ihnen allgemein sein. Da aber außerdem herkömmlicher Weise der Untersatz jenes zweite Subject liefert, so muß die Prämisse, in der das erste erwähnt wird, also der Obersatz, die allgemeine sein. Zusammengefaßt sind daher die Bedingungen der zweiten Figur: der Obersatz ist allgemein, aber seine Qualität unbeschränkt; der Untersatz hat die entgegengesetzte Qualität des Obersatzes und ist unbeschränkt in der Quantität; der Schlußsatz ist stets negativ und hat die Quantität des Untersatzes. Die möglichen Modi sind Camestres Baroco Cesare Festino.

87. Die dritte Figur bringt dasselbe Subject M in Beziehung zu zwei Prädicaten P und S. Hat nun M beide Prädicate, sind also beide Prämissen positiv, so müssen P und S vereinbar sein; es folgt mithin, nach dem gebräuchlichen logischen Ausdruck einer solchen Möglichkeit, der particular bejahende Schluß: einige S sind P. Die nöthige Identität des M wird in diesem Falle durch die Allgemeinheit schon einer Prämisse, gleichgültig welcher, hinlänglich gesichert; denn es ist offenbar kein Unterschied, ob alle M das Merkmal P und nur einige das S, oder ob

alle M das S und nur einige das P besitzen: so wie so
gibt es immer einige M, die beide zusammen besitzen und
hierdurch den stets particularen Schlußsatz: einige S sind P,
rechtfertigen. Uebrigens könnte gerade hier, wo M in beiden
Prämissen Subject ist, seine Identität auch leicht durch
völlig individuelle Bedeutung, also durch den Eigennamen
einer Person, verbürgt werden. Man begegnet solchen
Schlüssen oft; um die Vereinbarkeit zweier Leistungen zu
beweisen, die einander auszuschließen scheinen, führt man
ein Beispiel an: Sokrates sei P gewesen, Sokrates auch S;
folglich was S sei, könne auch P sein, oder: einiges S ist P.
Die Logik rechtfertigt solche Schlüsse dadurch, daß sie dem
singularen Urtheile, d. h. dem, dessen Subject nicht ein
unbestimmter Theil eines Allgemeinbegriffs, sondern eine
völlig bestimmte, nur einmal vorkommende Einzelheit ist,
den syllogistischen Werth eines allgemeinen Urtheils zu-
theilt. So tritt dieser Fall unter die obige Regel, welche
bei zwei positiven Prämissen eine allgemeine verlangt,
einen particular bejahenden Schlußsatz vorschreibt und die
Modi Darapti Datisi und Disamis zuläßt.

88. Hat ferner dasselbe Subject M das eine Merkmal,
aber das andere nicht, ist also eine Prämisse positiv, die
andere negativ, so müssen S und P t r e n n b a r sein, oder
es folgt nach gewöhnlichem Ausdruck der particular verneinende Schluß: einige S sind nicht P. Zur Identität
des M reicht auch hier die Allgemeinheit einer Prämisse
hin, gleichgültig welcher, aber der Untersatz muß bejahend
sein. Denn ein Merkmal, welches an einem Subject vorkommt, ist allerdings immer trennbar von dem andern,
welches an demselben Subject n i c h t vorkommt; aber dies
letztere braucht nicht trennbar von dem erstern zu sein;
es bleibt denkbar, daß dies zweite nur entweder gar nicht
oder doch blos in Verbindung mit dem ersten bestehen kann.
So ist Lebendigkeit ohne Vernünftigkeit, aber nicht Vernünftigkeit ohne Lebendigkeit ein mögliches Merkmal eines
Thieres. Nur das bejahte Merkmal ist mithin das trennbare;
nur von ihm als Subject kann der Schlußsatz behaupten,
es sei nicht immer mit dem andern als Prädicat verbunden;
dies Subject des Schlußsatzes aber liefert herkömmlich
der Untersatz; dieser also muß bejahend, nur der Obersatz
darf verneinend sein. Unter dieser Bedingung geben ge-
mischte Prämissen die Modi Felapton Ferison und Bocardo,
auch sie wie die vorigen mit nur particularen Schlußsätzen.

89. Allgemein behauptet endlich die Logik: aus zwei negativen Prämissen gebe auch die dritte Figur keinen gültigen Schluß. Dies ist irrig; es kann mit Recht aus ihnen eine Folgerung gezogen werden, die ganz gleichartig und an Werth völlig ebenbürtig mit denen ist, welche aus positiven oder gemischten Vordersätzen fließen. Denn wenn jene beweisen, daß S und P vereinbar, diese, daß sie trennbar sind, so beweisen mit gleichem Recht zwei negative Prämissen, daß S und P nicht contradictorisch entgegengesetzt sind, daß mithin, was nicht S ist, darum nicht P zu sein braucht; nach gewöhnlicher Bezeichnungsweise: einige Nicht-S sind nicht P. Es ist durchaus nicht einzusehen, warum diese Folgerung an Werth jenen beiden nachstände; denn die erste ruft uns doch auch nur zu: wo ihr S findet, macht euch auf die Möglichkeit gefaßt, auch P zu finden; die zweite: wo ihr S antrefft, rechnet nicht darauf, daß auch P sein werde; ganz ebenso diese dritte: wo ihr S nicht beobachtet, hütet euch zu schließen, daß um so mehr P da sein werde. Im Leben aber begegnet man solchen Schlüssen oft; tausendfältig, wo aus dem Nichtvorhandensein einer Eigenschaft voreilig auf die Nothwendigkeit einer andern geschlossen worden ist, beruft man sich auf Beispiele, in welchen weder die eine noch die andere angetroffen wird, und berichtigt so ein falsches Vorurtheil durch einen Schluß nach der dritten Figur aus zwei negativen Prämissen. Gültig ist daher diese Folgerung ohne Zweifel; doch ist es nicht zeitgemäß mehr, nachträglich ihren möglichen Modis Namen zu erfinden.

90. Die Prämissen der vierten dem Claudius Galenus zugeschriebenen Figur geben formell ein Gegenbild der ersten Aristotelischen, ohne ihr jedoch an logischem Werth zu gleichen. Man unterscheidet die Modi Bamalip Calemes Dimatis Fesapo Fresiso. Die Prämissen von Bamalip: alle Rosen sind Pflanzen, alle Pflanzen bedürfen Luft, wird jedes natürliche Denken stillschweigend umstellen und dann aus ihnen nach Barbara der ersten Figur schließen: alle Rosen bedürfen Luft. Dieser Schlußsatz ist dann freilich von der Form PS, aber der andere von der Form SP, welchen die vierte Figur verlangt, ist aus ihm durch einfache Umkehrung zu erhalten: einiges Luftbedürftige ist Rose. Dagegen ist aus dieser letztern Folgerung nach der vierten Figur durch Umkehrung diejenige nicht wiederzugewinnen, die wir nach der ersten Figur aus denselben Prämissen zogen, vielmehr

gibt diese Conversion nur den particularen Satz: einiges, was Rose ist, ist luftbedürftig. Mithin geht in diesem Falle durch den Schluß nach der Galenischen Figur geradezu ein Theil der Wahrheit verloren, die in den Prämissen begründet ist; eine üble Empfehlung für ein Schlußverfahren, dessen Pflicht immer ist, aus Gegebenem so viel neue Wahrheit zu folgern als möglich. Dies Ungeschick zwar könnte man vermeiden, wie früher gezeigt, natürlicher würde jedoch auch hierdurch der Schluß nicht. Ebenso unnatürlich sind Calemes und Dimatis, deren Prämissen jedes unbefangene Denken umstellen und nach Celarent und Darii der ersten Figur benutzen wird; einen Wahrheitsverlust freilich verschulden sie nicht, da der negative Schlußsatz von Calemes reine Umkehrung erlaubt, anderseits der von Darii ebenso blos particular ist, wie der von Dimatis. Nur Fesapo und Fresiso lassen sich, wegen des entstehenden negativen Untersatzes in beiden, des particularen Obersatzes im zweiten, minder bequem auf die erste Figur zurückbringen; sie gehen dafür durch reine Umkehrung der Obersätze in Felapton und Ferison der dritten über und geben nach dieser Umformung ebenfalls natürlichere Schlußsätze. Nach allem ist daher die vierte Figur eine sehr entbehrliche Zugabe zu den drei Aristotelischen.

91. Aristoteles hielt die Folgerungen nach allen drei Figuren für triftig, aber nur die nach der ersten für vollkommen. Denn nur diese Figur lasse in der Gestaltung der Prämissen auch formell den Rechtsgrund klar hervortreten, der die Möglichkeit jeder Folgerung bedingt: die Unterordnung des Besonderen unter sein Allgemeines. Auch in den beiden andern Figuren beruhe zwar der Schluß auf demselben Rechtsgrunde; auch seien die Unterordnungsverhältnisse, die zur Folgerung nach diesem Princip nothwendig und hinreichend sind, in den Prämissen enthalten und man bedürfe keiner nebenhergehenden Ergänzung derselben durch anderweitige Kenntniß, aber die Gestaltung der Prämissen lege sie doch nicht von selbst dar; man müsse sie in ihnen aufsuchen. Diesen formalen Mangel der beiden letzten Figuren suchte Aristoteles durch Angabe der Umformungen zu ergänzen, durch welche ihre Prämissen ohne Aenderung ihres Inhalts in solche nach der ersten Figur verwandelt werden können. Man hat dies überflüssig gefunden und eingewandt, daß auch die beiden andern Figuren nach eigenen für sich einleuchtenden Grundsätzen schließen; so sei der Grundgedanke der zweiten:

wenn zwei Dinge sich in Bezug auf dasselbe Merkmal ent-
gegengesetzt verhalten, könne das eine keine Art des andern
sein, für sich klar und unabhängig von dem Grundsatz der
Unterordnung. Dies bezweifle ich, lasse es aber auf sich
beruhen; denn wenn man überhaupt die beiden letzten
Figuren nach irgend einem Grundsatze schließen läßt,
so gibt man damit schon zu, daß der Rechtsgrund aller
Folgerungen in der Unterordnung des Einzelnen unter das
Allgemeine liegt; denn wozu nützten diesen Figuren ihre
Grundsätze, außer um durch Unterordnung des Prämissen-
inhalts unter sie ihre Conclusion zu rechtfertigen? Mit
seinem allgemeinen Gedanken über den Vorzug der ersten
Figur hatte daher Aristoteles Recht; auch kann man das
Interesse theilen, welches er daran nahm, ein für allemal
durch jene Umgestaltungen die beiden andern zu rechtfertigen; in dem Gebrauch des Denkens aber hat freilich
die wirkliche Ausführung dieser Umformungen selten er-
heblichen Werth; einen solchen Fall glaubten wir eben bei
Betrachtung der vierten Figur zu finden; die Schlüsse der
zweiten und dritten sind durchsichtig genug, um dies Hülfsmittel entbehren zu können.

92. Es reicht daher hin zu erwähnen, daß die scho-
lastische Logik in den Namen der Modi der beiden letzten
Figuren durch die Buchstaben m s p c die zu diesem Zwecke
nöthigen Operationen angedeutet hat. Und zwar verlangt
m (metathesis) die Umstellung der Prämissen; s und p befehlen rein (simpliciter) oder unrein (per accidens) denjenigen Satz umzukehren, hinter dessen charakteristischem
Vocal sie stehen; nur die weniger einfache Bedeutung von c,
die Zurückführung auf das Unmögliche (per impossibile
ductio), ist sogleich durch das Beispiel Baroco zu erläutern.
Die Prämissen sind hier: alle P sind M; einige S sind
nicht M; der Schlußsatz: einige S sind nicht P. Angenommen nun, dieser Schlußsatz sei falsch, so folgt ad
contradictoriam: alle S sind P. Verhielte sich dies nun so,
und ordnete man dem gegebenen Obersatze: alle P sind M,
diesen neuen Untersatz bei: alle S sind P, so würde nach
Barbara der ersten Figur folgen: alle S sind M. Aber dieses
Ergebniß widerspricht dem gegebenen Untersatz: einige S
sind nicht M; mithin war die Leugnung der Richtigkeit des
nach Baroco gefundenen Schlußsatzes unzulässig; er selbst:
einige S sind nicht P, ist richtig. Die anderen Operationen
bedürfen kaum der Beispiele. Wie Bamalip der vierten
Figur durch Umstellung m der Prämissen und unreine

Conversion p des Schlußsatzes, der dann nach der ersten Figur gezogen worden war, auf diese zurückgebracht wird, haben wir vor kurzem gesehen; Camestres der zweiten: alle P sind M; kein S ist M; kein S ist P, erhält durch Umstellung m der Prämissen und durch reine Umkehrung s des Untersatzes die neuen Prämissen: kein M ist S; alle P sind M; hieraus folgt nach Celarent der ersten: kein P ist S; dieser Schlußsatz bedarf noch der reinen Umkehrung s, um den von Camestres verlangten: kein S ist P, zu ergeben. Darapti der dritten lautet: alle M sind P; alle M sind S; einige S sind P; die unreine Umkehrung p des Untersatzes gibt die Prämissen: alle M sind P; einige S sind M; der hieraus nach Darii der ersten folgende Schlußsatz: einige S sind P, bedarf keiner weitern Umformung, sondern ist unmittelbar mit dem von Darapti entspringenden identisch.

93. Bisher dachten wir uns die Prämissen als kategorische Urtheile von der Form: S ist P. Aber die Veranlassungen unseres Denkens können sie auch in hypothetischer oder disjunctiver Form darbieten. Diese Unterschiede, wichtig für die Urtheile als solche, sind es nicht für den Zusammenhang des Schlusses; sie gehören hier stets zu dem Inhalt und erfordern nur Beachtung, nicht Aenderung der gewöhnlichen Schlußregeln. Am einfachsten ist dies klar für den Fall zweier hypothetischen Prämissen, deren jede zwei von den drei Sätzen MSP als Vorder- und Nachsatz verknüpft. Genau wie bei kategorischen Prämissen, wo MSP drei Begriffe bedeuten, schließt man hier nach Darii: immer wenn M gilt, gilt P; zuweilen wenn S gilt, gilt M; also zuweilen wenn S gilt, gilt P; nach Camestres: immer wenn P gilt, gilt M; niemals wenn S gilt, gilt M; folglich niemals wenn S gilt, gilt P; nach Disamis: zuweilen wenn P gilt, gilt M; immer wenn S gilt, gilt M; folglich zuweilen wenn S gilt, gilt P. — Eigenthümlicher sind die Fälle, in welchen ein hypothetischer Obersatz an einen Grund G, welcher den Inhalt seines Vordersatzes bildet, allgemein eine im Nachsatz ausgesprochene Folge F knüpft, ein kategorischer Untersatz aber für alle oder einzelne Fälle der Art S entweder G oder F bejaht oder verneint. Man schließt diese Fälle am einfachsten den unmittelbaren Folgerungen aus dem Urtheil an, denn Grund und Folge verhalten sich wie subalternans und subalternata. Man kann nun zuerst ad subalternatam aus der Ungültigkeit der Bedingung G für bestimmte Fälle

von S nicht auf das Nichtgelten der Folge F in denselben Fällen schließen; denn dieselbe Folge kann aus andern äquivalenten Gründen dennoch bestehen. Aber man schließt aus der Geltung des Grundes auf die Geltung der Folge. Hieraus entspringen, da G sowohl Geltung als Nichtgeltung von F begründen kann, zwei Schlüsse: 1) wenn G gilt, gilt immer F; in allen oder einzelnen Fällen von S gilt G; also in allen oder einzelnen Fällen von S gilt F; dies ist ein modus ponendo ponens, der durch Setzung der Bedingung die Folge setzt; er entspricht sichtlich den Modis Barbara und Darii der ersten Figur; 2) wenn G gilt, so gilt niemals F; in allen oder einzelnen Fällen von S gilt G; folglich in allen oder einzelnen Fällen von S gilt F nicht; ein m. ponendo tollens, sofern er die Folge F durch Setzung der Bedingung ihres Gegentheils aufhebt; übrigens offenbar ein Gegenbild von Celarent und Ferio der ersten Figur. In der entgegengesetzten Richtung ad subalternantem fließt aus der Gültigkeit des Satzes F in bestimmten Fällen von S nicht die Gültigkeit der einzelnen Bedingung G, von welcher er in andern Fällen abhängig gefunden wurde; denn dieselbe Folge F kann aus mehreren äquivalenten Gründen entspringen. Aber aus der Nichtgeltung des Satzes F für bestimmte Fälle von S folgt die Ungültigkeit jeder, mithin auch der einzelnen Bedingung G, von der er begründet werden könnte. Zulässig sind daher die Schlüsse: 3) wenn G gilt, gilt F immer; in allen oder einzelnen Fällen von S gilt F nicht; also in allen oder einzelnen Fällen von S gilt G nicht; ein m. tollendo tollens, der durch Aufhebung der Folge den Grund aufhebt, der sie nothwendig begründet haben würde, wenn er gegolten hätte; übrigens offenbar Camestres und Baroco der zweiten Figur entsprechend; 4) wenn G gilt, gilt F niemals; in allen oder einzelnen Fällen von S gilt F; folglich in allen oder einzelnen Fällen von F gilt G nicht; ein m. ponendo tollens, der durch Setzung einer Folge die Bedingung leugnet, unter der sie unmöglich gewesen wäre; er wiederholt Cesare und Festi… der zweiten Figur. Man kann endlich erwägen, daß auch die Nichtgeltung des Satzes G Grund für Gültigkeit oder Ungültigkeit des Satzes F sein kann, und erhält dann die Schlüsse: 5) wenn G nicht gilt, gilt allemal auch F nicht; in allen oder einigen Fällen von S gilt G nicht; in denselben Fällen mithin auch F nicht; ein m. tollendo tollens ohne Eigenthümlichkeit, der nur ins Negative den ponendo ponens übersetzt; 6) wenn G nicht gilt, gilt allemal F; nun aber in **allen** oder **einigen** Fällen von S gilt F nicht; folglich gilt in diesen Fällen G; ein m. tollendo ponens, der uns zur Vollständigkeit aller Combinationen von Setzung und Aufhebung noch fehlte; er setzt die Gültigkeit eines Grundes durch Aufhebung der nothwendigen Folge seiner Ungültigkeit. Eine leichte Umformung des Ausdrucks zeigt, daß auch diese letzten beiden Fälle der zweiten Figur angehören; der zweite würde lauten können: wenn Non G gilt, gilt immer F; nun gilt immer oder zuweilen F nicht, also gilt immer oder zuweilen Non G nicht. — Da hiermit alles erschöpft ist, was aus dem Verhältniß der Subalternation fließt, so gibt es keine Folgerungen dieser Art, welche sich der dritten Figur anreihen ließen.

94. Wichtiger als diese syllogistischen Künste ist mir ein Umstand, dessen ich bei dieser Gelegenheit nirgends eindringlich gedacht finde: alle diese Schlüsse beziehen sich nur auf ein Verhältniß zwischen dem G r u n d e G und seiner F o l g e F, nicht auf das einer U r s a c h e G zu ihrer W i r k u n g F. Nur in der Welt der Gedanken hat eine Bedingung G, wenn sie einmal als gültig gesetzt wird, die ihr zustehende denknothwendige Folge F i m m e r; in der Wirklichkeit kann die Ursache G, auch wenn sie besteht und wirkt, ihr Erfolg F stets durch eine Gegenkraft U vereitelt werden. In ihrer Uebertragung auf wirkliches Geschehen bedürfen daher alle diese Schlüsse Modificationen, welche die angewandte Logik lehren wird; so ist es nicht zulässig zu schließen, überall wo die Ursache G wirke, müsse ihr Erfolg F w i r k l i c h sein; nicht zulässig, wenn G eine Hemmungsursache von F ist, zu behaupten, wo diese Hemmung G wirklich sei, könne F nicht in Wirklichkeit vorkommen; auch G kann seinerseits durch ein U gehemmt sein oder F dennoch durch eine dritte Ursache V verwirklicht. Es ist deshalb in der reinen Logik ganz unschicklich, die behandelten Fälle so zu bezeichnen: ihr Untersatz spreche die Wirklichkeit von G oder F aus; diese beiden einfachen Buchstaben bedeuten ja hier Urtheile von der Form: S ist P; nur die logische Zulässigkeit oder Nothwendigkeit dieser Gedankenverbindung zwischen S und P behauptet der Untersatz in Bezug auf gewisse Fälle von S, während der Obersatz sie mit einer andern ähnlichen Beziehung zwischen S und Q zu einem hypothetischen Urtheil von allgemeiner Geltung verbindet. Ich verfolge dies hier nicht weiter;

meine in den Bezeichnungen etwas weitläufigere Darstellung hat dies wirkliche Verhalten anzudeuten versucht.

95. Gilt von einem Subject Z: es sei entweder P oder Q oder R, oder: es sei sowohl P als Q als R, oder: es sei weder P noch Q noch R, so ersetzen wir zunächst dies dreigliedrige Prädicat durch das einfache U, und nennen dies U im ersten Falle disjunctiv, im zweiten positiv, im dritten negativ. Wer sich nun die nicht unerläßliche Mühe gibt, die Verwendung solcher disjunctiven copulativen und remotiven Prämissen im Schlusse zu verfolgen, wird finden: 1) ist der Obersatz ZU, und ordnet der Untersatz SZ ein S dem Z unter, so folgen die gewöhnlichen Conclusionen SU der ersten Figur; in ihnen hat U stets dieselbe Bedeutung, wie im Obersatze; 2) ist der allgemeine Obersatz ZU, der Untersatz SU, und U in dem einen von beiden positiv oder disjunctiv, im andern negativ, so entstehen die negativen Schlußsätze SZ der zweiten Figur mit der Quantität ihres Untersatzes; 3) aus dem Obersatze UZ mit positivem oder negativem U, und dem Untersatze US mit gleichem oder entgegengesetztem U folgen die stets particularen Conclusionen SZ der dritten Figur; 4) in den beiden letzten Fällen, in welchen das zum Medius terminus gewordene U aus dem Schlußsatz verschwindet, ist seine Mehrgliedrigkeit ganz bedeutungslos; was folgt, folgt ebenso gut, wenn man nur eins seiner Glieder P oder Q nach seinem Verhalten in beiden Prämissen in Betracht zieht. Ebenso wenig Neues entsteht, wenn zu dem allgemeinen Obersatz ZU ein Untersatz tritt, der für das einzelne Subject Z eines der Glieder von U behauptet oder leugnet. Sagt der Obersatz mit blos zweigliedriger Disjunction: alle Z sind entweder P oder Q, der Untersatz aber: dieses Z ist P oder dieses Z ist nicht P, so folgt: dieses Z ist nicht Q oder dieses Z ist Q. Diese Folgerungen verstehen sich aus der Natur des contradictorischen Gegensatzes von selbst; auf die erste Figur sind sie, ohne denkbaren Nutzen, durch die Reduction zu bringen: jedes Z, welches nicht P ist, ist Q; nun ist dieses Z ein Z, welches nicht P ist, also ist dieses Z ein Q. Dieselben unfruchtbaren Betrachtungen lassen sich auf mehrgliedriges U des Obersatzes ausdehnen, denn immer kann man eine beliebige Anzahl seiner Glieder zum Subject ziehen und mit blos zweigliedrigem U sagen: jedes Z, welches nicht P und nicht Q ist, ist entweder R oder T. Polylemmen endlich (Dilemmen, Trilemmen)

sind Schlüsse mit vielgliedrigem disjunctiven U des Obersatzes ZU und einer gleichen Anzahl von Untersätzen, die zusammen für jedes der Glieder von U dieselbe weitere Folge T behaupten. Auf diese Fälle, nicht neue logische Formen, sondern nur eigenthümliche Verwendungen der bekannten, mag uns die angewandte Logik zurückführen.

96. Gar nicht denke ich dagegen auf die Lehre von den Schlußketten zurückzukommen. Begreiflich kann jede Conclusion eines Schlusses Obersatz eines zweiten werden; Prosyllogismus des zweiten heißt dann der erste, Episyllogismus des vorigen jeder folgende. Die bloße Vergleichung der Namen der Schlußmodi lehrt sogleich manche Eigenschaften der so entstehenden Kette. Soll ihr Endglied allgemein sein, so muß der letzte Schluß einer der beiden ersten Figuren angehören, und da in diesen der Obersatz ebenfalls allgemein sein muß, so muß die ganze Reihe der Prosyllogismen, also die ganze Kette in den beiden ersten Figuren verlaufen; jede Einmischung eines Gliedes nach der dritten bringt einen particularen Schlußsatz hervor, der nie wieder zu allgemeinen Conclusionen zurückleitet. Hat einer der Schlüsse eine negative Conclusion, so werden auch die aller Episyllogismen negativ; mit positivem und zugleich allgemeinem Endglied kann nur eine Kette schließen, die durchweg in Barbara verläuft. Man pflegt nun nach Analogie des einfachen Schlusses noch weiter zu verlangen, daß der Obersatz des ersten Prosyllogismus das Prädicat P, der Untersatz des letzten Episyllogismus das Subject S des endlichen Schlußsatzes liefere; die Regeln aufzufinden, die dann die Bildung dieser Schlußkette bedingen, wäre nur Sache der Geduld; ihren Nutzen wüßte ich nicht anzugeben. Verschweigung des Schlußsatzes eines Prosyllogismus, der zugleich Obersatz des Episyllogismus ist, erzeugt aus den Ketten die beiden Formen des Sorites. Der Aristotelische: A ist B, B ist C, C ist D, also A ist D, ordnet jeden Begriff in den Umfang des folgenden, schreitet also vom niederen zum höheren fort und entsteht durch Unterdrückung der Schlußsätze, die man aus je zwei Gliedern so fände: B ist C, A ist B, also A ist C; dann C ist D, A ist C, also A ist D. Der andere, späte Erfindung des Professor Goklenius in Marburg [1547 bis 1628] nimmt den entgegengesetzten Gang: seine Prämissen: B ist A, C ist B, D ist C ... unterdrücken die Conclusion:

C ist A, der beiden ersten Glieder, die als Obersatz zu dem dritten nach der ersten Figur den Schluß der Kette liefert: D ist A.

A. Der syllogistische Schluß.

Der Schluß durch Subsumption. — Der Schluß durch Induction. — Der Schluß durch Analogie.

97. Die logischen Wahrheiten, deren sich das Denken in seiner Behandlung des Vorstellungsinhalts nach und nach bewußt geworden war, hatte das disjunctive Urtheil vorläufig dahin zusammengefaßt: jedem S, welches eine Art von M sei, komme von jedem der allgemeinen Prädicate des M eine besondere Modification mit Ausschluß aller übrigen als sein Prädicat zu. Die Aufgabe, die nun zu lösen blieb, war die Auffindung der Denkhandlungen, durch welche dies geforderte eigenthümliche Merkmal für ein gegebenes S bestimmbar wurde. Die Aristotelischen Syllogismen lösen diese Aufgabe nicht; sie begnügen sich, das Subject ihres Schlußsatzes nur mit der allgemeinen Form des Prädicats in Beziehung zu setzen, die ihr Obersatz erwähnt hatte; sie sind daher ungeachtet der reichen Verzweigung, die ihnen und ihren möglichen Verschiedenheiten der Scharfsinn der früheren Logiker gegeben hat, doch nur der formell erweiterte und ausführliche Ausdruck der logischen Wahrheit, die in dem disjunctiven Urtheil bereits niedergelegt war. Aehnlich dem impersonalen Urtheile, welches eine im Begriffe bereits angedeutete Spaltung nur formell durch die Auseinandersetzung des Subjects und Prädicats zum Ausbruch brachte, ohne über die gegenseitige Beziehung der beiden geschaffenen Glieder Neues zu lehren, ganz ähnlich setzt in seiner vollkommensten ersten Figur, auf die wir uns die andern zurückgeführt denken, auch der Aristotelische Schluß nur in zwei gesonderten Prämissen die allgemeine Regel und den Fall der Anwendung auch äußerlich auseinander, die in dem Sinne des disjunctiven Urtheils bereits in denselben gegenseitigen Verhältnissen gedacht waren. Sämmtlich auf die unbestimmte Einordnung eines Begriffes in den Umfang eines andern gebaut, lassen sich daher die Aristotelischen Syllogismen, unter dem Namen des Schlusses durch Subsumption zusammengefaßt, als die erste und ele-

mentarste Form der neuen Gruppe von Denkhandlungen betrachten; und wir versuchen, sogleich zu zeigen, zu welchem weiteren Fortschritte sie nöthigen.

98. Als das sprechendste Beispiel des Gedankens, der dem Schlusse durch Subsumption zu Grunde liegt, wähle ich den Modus Darii, der ausdrücklich dem allgemeinen Gesetze im Obersatze ein besonderes Beispiel der Anwendung im Untersatze unterordnet. Alle Menschen sind sterblich, sagt dieser Modus; Cajus aber ist ein Mensch; und hieraus schließt er: also ist Cajus sterblich; offenbar in der Meinung, durch diese Folgerung eine Wahrheit festgestellt zu haben, die vorher noch nicht feststand, nun aber durch die Wahrheit der beiden Prämissen und ihre Beziehung auf einander gesichert ist. Schon die Skepsis des Alterthums hat jedoch eingewandt, daß nicht die Prämissen die Richtigkeit des Schlußsatzes verbürgen, sondern daß der Schlußsatz bereits gültig sein muß, damit es die Prämissen sein können. In der That, wo bliebe die Wahrheit des Obersatzes: alle Menschen seien sterblich, wenn es in Bezug auf Cajus noch nicht gewiß wäre, daß er an dieser Eigenschaft Theil hat? Und wo bliebe die Wahrheit des Untersatzes, daß Cajus ein Mensch sei, wenn es noch zweifelhaft wäre, ob er außer andern Eigenschaften des Menschen auch die der Sterblichkeit hat, die ja der Obersatz als allgemeines Merkmal jedes Menschen aufführt? Anstatt mithin durch ihre für sich feststehende Wahrheit die des Schlußsatzes zu beweisen, sind vielmehr beide Prämissen nur unter Voraussetzung seiner Wahrheit richtig, und dieser doppelte Cirkel scheint zunächst jede logische Leistung des Syllogismus unmöglich zu machen.

99. Das Gewicht dieses Einwurfs ist nicht hinwegzuleugnen; wir verfolgen ihn in Bezug auf verschiedene Fälle. Wenn wir uns den Obersatz MP als ein analytisches Urtheil denken, wenn wir also annehmen, P sei ein festes Merkmal, ohne welches sich überhaupt der Inhalt des Begriffs M nicht vollständig denken lasse, so steht allerdings dann die Allgemeingültigkeit des Obersatzes für sich fest; aber der Untersatz kann dann ein S nicht dem M unterordnen, ohne dem S dies unentbehrliche P bereits zuzuschreiben, also den Schlußsatz vorauszusetzen, der diese Behauptung erst aussprechen sollte. Wer z. B. es zu dem Begriff des Körpers rechnet, schwer zu sein, bildet unangefochten den Obersatz: alle Körper sind schwer; aber er kann die Luft dann im Untersatze nicht einen Körper nennen, ohne schon mitzu-

denken, was erst der Schlußsatz lehren soll, daß auch die Luft schwer ist. Allgemein: der Grundsatz der Subsumption verlangt, daß das untergeordnete Einzelne die Merkmale seines Allgemeinen theile; aber umgekehrt läßt sich nichts einem Allgemeinen unterordnen, ohne bereits die Merkmale zu haben, die dieses ihm vorschreibt. Es würde sich aber anders verhalten, wenn wir uns den Obersatz MP als ein synthetisches Urtheil von allgemeiner Geltung dächten. Dann würde der Inhalt des Begriffes M sich vollständig fassen lassen, ohne in ihm P mitgedacht zu haben, aber eine Gewißheit von irgend welchem Ursprung lehrte uns zugleich, daß überall mit diesem M auch P verbunden sei. Darauf würde der Untersatz an S nur die Merkmale nachzuweisen haben, durch die es ein M ist, und nun erst der Schlußsatz das noch nicht mitgedachte P hinzufügen, welches dem S um seiner Unterordnung unter M willen gebührt. Im wirklichen Gebrauche der Subsumptionsschlüsse macht man diese Voraussetzungen immer. Wer behauptet, daß alle Menschen sterblich seien, denkt sich den naturgeschichtlichen Charakter der Menschheit durch ihre übrige gegebene Organisation vollständig bestimmt und sieht die Sterblichkeit als ein Merkmal an, welches nicht ausdrücklich von unserem Denken in der Charakteristik des Menschen mitgedacht zu werden braucht, weil es als unvermeidliche Folge ohnehin an jener Organisation hängt, durch die wir den Begriff des Menschen bestimmen. Darum reicht es nun im Untersatz aus, auch von Cajus nur diese wesentliche Organisation festzustellen, um im Schlußsatze ihm jene unvermeidliche Folge derselben zuzuerkennen. Noch deutlicher wird dies, wenn wir uns den Obersatz hypothetisch vorstellen, unter P also nicht ein festes, bleibendes, sondern ein fließendes Merkmal des M, überhaupt eine Folge denken, die aus M unter einer gewissen Bedingung x hervorgeht, ein Merkmal, welches M unter dieser Bedingung annimmt oder verliert, einen Zustand, in den es geräth, oder eine Wirkung, die es ausübt. Dann reicht es hin, im Untersatz S dem M allein unterzuordnen, um im Schlußsatz zu folgern, daß auch S, wenn die gleiche Bedingung x einwirkt, das Merkmal P zeigen müsse. Und auf diese Form laufen in der That die meisten in der Wissenschaft wirksamen Anwendungen der Syllogismen zurück; sie zeigen fast alle, daß S, weil es eine Art von M ist, unter der Bedingung x im Allgemeinen dieselbe Wirkung P entfalten oder erfahren werde, die wir an M kennen. Allein, wenn es sich vorhin bei analytischem Obersatz fragte, mit welchem Rechte der Untersatz ausgesprochen werden könne, so fragt es sich hier bei synthetisch angenommenem Obersatz, mit welchem Rechte dieser selbst als allgemeingültig behauptet werden dürfe? Wenn die Sterblichkeit als neues Merkmal zu der übrigen Organisation des Menschen nothwendig hinzukommen soll, so kann doch diese Allgemeingültigkeit nur unter Voraussetzung der Richtigkeit des Schlußsatzes bestehen. und sie wird hinfällig, wenn es nun doch einen eigensinnigen Cajus gibt, der nicht stirbt. Was man hierauf antworten wird, ist klar: natürlich sei jeder allgemeine Obersatz falsch, der sich in einem einzelnen seiner untergeordneten Fälle nicht bestätigt, und diese Gefahr liege überall nahe, wo jener allgemeine Satz nur durch eine unberechtigte Verallgemeinerung vieler beobachteten Einzelfälle entstanden sei; wo jedoch die nothwendige Verknüpfung des M und P an sich nachweisbar sei, da sorge eben diese gültige Allgemeinheit dafür, daß kein eigensinniger Einzelfall vorkommen könne, welcher ihr widerspräche. In dem angeführten Beispiel liege die Sache zweifelhaft; für die gemeine Meinung sei die allgemeine Sterblichkeit der Menschen nur eine Voraussetzung, aus dem überwältigenden Eindruck unzähliger Beispiele entsprungen, zu denen sich noch kein Gegenbeispiel gefunden hat; für den Physiologen stehe sie zwar, als Folge der gegebenen Organisation, in seiner Ueberzeugung fest, aber auch ohne sich mit der wünschenswerthen Genauigkeit darthun zu lassen. In andern Fällen jedoch sei die Allgemeingültigkeit des synthetischen Obersatzes entweder durch eine unmittelbare Anschauung oder durch Beweise verbürgt, die einen gegebenen Inhalt einer solchen Anschauung unterordnen, und in allen diesen Fällen reiche der Syllogismus zur sicheren Gewinnung einer besonderen neuen Erkenntniß hin; denn nichts sei zu ihr nöthig, als die ausführbare Unterordnung eines S unter ein M, welches hier wahrhaft den Dienst eines Mittelbegriffs leiste, S mit einem vorher ihm fremden P zu verknüpfen.

100. Ich lasse hier dahingestellt, ob und in welcher Ausdehnung überhaupt die unmittelbare Anschauung der allgemeingültigen Wahrheit eines synthetischen Urtheils möglich sei; denn ganz unmittelbar klar ist so viel, daß wir jedenfalls nur sehr selten uns in der Lage befinden werden, den Inhalt eines allgemeinen Obersatzes auf diesen Rechtsgrund stützen zu können; unzählige allgemeine Ur-

theile werden von uns ausgesprochen und zu Folgerungen benutzt, ohne selbst als unmittelbare Anschauungen gelten zu können, und ohne daß die Beweise ausführbar wären, durch welche ihr Inhalt auf solche Quellen der Wahrheit sich zurückleiten ließe. Diese ganze ausgebreitete Thätigkeit unseres Denkens kann weder einfach als untriftig bei Seite gesetzt werden, noch kann sie bestehen ohne logische Regeln ihrer Gültigkeit. Diesen Regeln haben wir nachzuforschen, und zwar sind es ihrer zwei, die wir bedürfen. Zu dem wirksamen Gebrauche des Schlusses ist es zuerst nöthig, daß wir allgemeine Obersätze finden lernen, deren Gültigkeit weder auf einer unmittelbaren Gewißheit, noch auf der schon gemachten Erfahrung ihrer Richtigkeit in jedem Einzelfalle beruht; es muß möglich sein, die allgemeine Sterblichkeit der Menschen zu behaupten, sowohl bevor man sie als nothwendige Folge aus ihren Gründen begreift, als auch bevor man jeden Einzelnen darauf geprüft hat, ob er umzubringen sei oder nicht. Der Untersatz aber macht eine zweite Regel nothwendig. Denn möglich ist es zwar in vielen Fällen, ein S dem M deswegen unterzuordnen, weil man an S alle Merkmale gefunden hat, welche das M jeder seiner Arten vorschreibt; ausführbar ist aber dennoch in den meisten Fällen diese Leistung nicht; Niemand wird es für nothwendig oder für vollendbar halten, auch nur den Cajus unseres Untersatzes in Bezug auf alle Organisationseigenheiten zu prüfen, um sich das Recht zu nehmen, ihn der Gattung Mensch unterzuordnen. Wenn der wirkliche fruchtbare Gebrauch des Denkens möglich sein soll, muß es daher ein Verfahren geben, nach welchem Untersätze sich finden lassen, die ein gegebenes Subject einer Gattung unterordnen, noch bevor von ihm erwiesen ist, daß es vollständig alle Merkmale dieser Gattung besitze. Die beiden Verfahrungsweisen, die ich hier verlange, lassen sich nun, ohne daß dies indessen von wesentlicher Bedeutung wäre, an eine etwas veränderte Auffassung der zweiten und dritten Aristotelischen Figur anschließen.

101. Die allgemeine Aufgabe jedes Schlußverfahrens besteht naturgemäß darin, aus gegebenen Datis oder Prämissen so viel neue Wahrheit zu entwickeln als möglich; wie dies geschieht, ist an sich völlig gleichgültig; das Verfahren wird sich nach der Gestalt der Prämissen richten, die wir nehmen müssen, wie sie uns die Erfahrung, innere oder äußere, darbietet. Nun ist es ein häufiges Vorkommen,

daß nicht nur an zwei, sondern an sehr vielen verschiedenen Subjecten P S T V W dasselbe Prädicat M vorkommt oder nicht vorkommt, und es fragt sich, welche Folgerung aus diesen Prämissen PM, SM, TM, VM ... möglich ist, die sich ihrer Form nach der zweiten Aristotelischen Figur anschließen. Es ist klar, daß sie in ihrer Vielzahl nicht zu einem Schlusse auffordern, welcher zwei einzelne dieser Subjecte in ein gegenseitiges Verhältniß brächte; so weit diese Folgerung beabsichtigt wird, ist sie nur durch die Aristotelische Beschränkung auf zwei Prämissen und mit Beachtung der Regeln der zweiten Figur möglich. Aber es ist ebenso erlaubt zu versuchen, ob nicht dies gemeinsame Vorkommen des M an so verschiedenen Subjecten uns etwas über die Bedeutung dieses M selbst lehre, das mithin im Schlußsatze nicht verschwinden würde. Diesen Versuch nun macht das natürliche Denken, wo ihm die Erfahrung solche Prämissen gibt, unfehlbar und wird dabei durch den allgemeinen Grundsatz geleitet, der alle seine Handlungen beherrscht: vorgefundenes Zusammensein der Vorstellungen in Zusammengehörigkeit ihrer Inhalte zu verwandeln. Wo wir dasselbe Merkmal an verschiedenen Subjecten wahrnehmen, haben wir das Vorurtheil, daß diese Uebereinstimmung keine zufällige, daß mithin die verschiedenen Subjecte nicht jedes einzeln für sich durch einen besonderen Umstand mit demselben Prädicate zusammengerathen sei, daß vielmehr alle untereinander einen gemeinschaftlichen Stamm gleiches Wesens haben, von dem jene gleiche Beziehung zu demselben Merkmal die Folge ist. P S T V werden mithin zwar verschiedene sein, aber doch unter einen höheren Begriff Σ als Arten desselben coordinirt; nicht sie als verschiedene Einzelne, sondern nur sofern sie Arten des Σ sind, tragen das gemeinsame Merkmal M als nothwendiges Merkmal dieser ihrer Gattung. Unser Schlußsatz lautet demnach: alle Σ sind M; und in ihm bedeutet Σ das höhere Allgemeine, dem wir die einzelnen Subjecte unterordnen, und das wahre Subject für jenes M, das wir vorher gemeinsam an jenen einzelnen vorkommen sahen. Dies Schlußverfahren ist der einfachste Fall der Induction und bildet für uns unter diesem Namen das zweite Glied dieser Gruppe von Folgerungen, die sich auf Unterordnung des Mannigfachen unter die Einheit eines Allgemeinen gründen.

102. Die Aufgabe, die wir diesem Verfahren stellten, allgemeine Obersätze für Schlüsse der Subsumption zu er-

zeugen, scheint es nun dennoch nur unvollkommen zu erfüllen. Denn übereinstimmend wirft man der Induction vor, daß sie Gewisses aber nicht Neues lehre, wenn sie vollständig, Neues aber nicht Gewisses, so lange sie unvollständig sei. Sind P S T U alle Arten des Σ, die es gibt, und hat von jeder dieser Arten eine Prämisse schon gelehrt, daß sie M sei, so kann der Schlußsatz nur als universales Urtheil: alle Σ sind M, diese Aussagen der Vordersätze summiren; aber er kann nicht einmal mit logischem Recht sich in das generelle Urtheil verwandeln: jedes Σ als solches ist M; es bleibt vielmehr ganz zweifelhaft, ob nicht blos thatsächlich alle Arten des Σ, und zuletzt doch jede Art aus einem besonderen Grunde, dasselbe M haben oder erleiden, oder ob wirklich in der allgemeinen Natur des Σ selbst der immer gleiche Grund liegt, der dies Prädicat allen seinen Arten nothwendig macht. Gibt es aber außer den Subjecten, welche in den Prämissen mit M verbunden vorkommen, noch andere Arten des Σ, von denen sie nichts aussagen, so ist der Schlußsatz eine unberechtigte Folgerung ad subalternantem aus der Gültigkeit einer beschränkten Anzahl von Einzelfällen auf die Gültigkeit des allgemeinen Falles, eine Folgerung, die verschiedene Grade der Wahrscheinlichkeit mag haben können, Gewißheit aber niemals erlangt. Es scheint mir jedoch, daß diese an sich richtigen Bemerkungen die reine Bedeutung einer logischen Form mit den Schwierigkeiten ihrer wirksamen Anwendung verwechseln und daß derselbe Fehler auch schon in dem Tadel lag, den man gegen den Werth des Aristotelischen Syllogismus erhob. Der Gedanke, dem dieser folgte, jedes Einzelne sei zum Besitz seiner Prädicate durch seine Abhängigkeit von seinem Allgemeinen berechtigt und verpflichtet, ist ohne Zweifel ein logisch durchaus gültiger Grundsatz, welcher den inneren Zusammenhang des jedesmaligen Denkinhaltes in seine richtige Beleuchtung rückt. Diese logische Bedeutung verliert er dadurch gar nicht, daß die Wahrheit des Allgemeinen, um zu bestehen, die Gültigkeit desselben in allen Einzelfällen einschließt, oder wenn man lieber will, voraussetzt; es ist ja vielmehr der eigene Sinn des Grundsatzes, daß beide unzertrennlich von einander sind. Mag man daher im Gebrauche des Denkens zu der Wahrheit der Prämissen gekommen sein, auf welchem Wege man will; nachdem man sie gefunden hat, drückt die Unterordnung, welche die erste Aristotelische Figur ausspricht, die Gliederung aus, die dem inneren

Zusammenhange des fertigen Denkinhalts entspricht, obgleich vielleicht gar nicht die Gliederung der Gedankenarbeit, durch welche wir ihn gewonnen haben. So betrachtet ist der Schluß der Subsumption das logische Ideal, in dessen Form wir unsere Erkenntniß bringen sollen, aber nicht zugleich allgemein die instrumentale Methode, durch deren Befolgung wir den gegebenen Stoff zu einer Erkenntniß zusammenschließen. Aehnliches habe ich nun von der Induction zu sagen; der logische Gedanke, der ihr zu Grunde liegt, ist gar nicht blos wahrscheinlich, sondern gewiß und unanfechtbar. Er besteht in der auf dem Satze der Identität beruhenden Ueberzeugung, daß jede bestimmte Erscheinung M auch nur von einer bestimmten Bedingung Σ abhängen könne, und daß mithin, wo unter anscheinend verschiedenen Umständen oder an verschiedenen Subjecten P S T U dasselbe M vorkommt, es ganz unvermeidlich in diesen etwas Gemeinsames Σ geben müsse, welches die wahre identische Bedingung des M oder das wahre Subject zu M sei. Man würde ganz mit Unrecht einwenden, es sei eine gewöhnliche Erfahrung, daß dieselbe Folge M von verschiedenen äquivalenten Bedingungen erzeugt werden, dasselbe Prädicat M an äußerst verschiedenen Subjecten vorkommen könne. Eben in diesem Einwurf zeigt sich die Verwechselung, die wir oben rügten, der logischen Regel mit ihren Ausführungsbedingungen. Gibt es für eine Folge M zwei verschiedene äquivalente Bedingungen, so sind diese beiden eben nicht durch das, wodurch sie verschieden, P oder S, sind, sondern durch das, worauf ihre Aequivalenz beruht, wirklich die Bedingungen dieser gleichen Folge M; so lange man diesen gemeinsamen Grundzug beider nicht absondern kann, so lange hat man eben das richtige Σ des Schlußsatzes nicht gefunden, mithin die Induction nicht in der Weise ausgeführt, in welcher sie ausgeführt zu werden verlangt. Findet sich dasselbe M als Prädicat an sehr vielen höchst verschiedenen Subjecten und zwar, wie es gewöhnlich in der wirklichen Anwendung zu begegnen pflegt, an solchen Subjecten, von deren jedem nur ein Theil seines ganzen Merkmalbestandes bekannt ist, so kann man sich natürlich sehr irren, wenn man das, was in diesen bekannten Merkmalen aller Subjecte gemeinsam ist, zu dem Σ zusammenfaßt, dem man nun, als dem wahren Subjecte, das fragliche Merkmal M zutheilen könnte. Ich leugne nicht, daß im Gebrauch der Induction wir sehr häufig unter solche ungünstige Bedingungen gestellt sind; aber alle diese Schwierigkeiten, welche sich der Ausführung entgegenstellen, ändern die allgemeine logische Gültigkeit des Grundsatzes der Induction nicht, der behauptet, überall, wo verschiedene Bedingungen dieselbe Folge M oder verschiedene Subjecte dasselbe Prädicat M haben, müsse sich ein und nur ein ganz bestimmtes Σ auffinden lassen, welches die einzige immer gleiche Bedingung oder das einzige wahre Subject sei, dem allgemeingültig und nothwendig das Prädicat M oder die Folge M in einem Schlußsatz von der Form: jedes Σ ist M, zuzuschreiben sei. Der angewandten Logik aber überlassen wir die Beachtung der Regeln, durch welche die Auffindung dieses Σ gelingen kann.

103. Die dritte Form dieser Gruppe führe ich unter dem etwas willkürlich gewählten Namen des Schlusses der Analogie ein. Die Prämissenstellung der dritten Aristotelischen Figur MP, MS enthält, bei der völligen Gleichheit des Baues beider Vordersätze, wiederum keinen Grund zur Unterscheidung von Ober- und Untersatz, und auch keinen, die Prämissen auf zwei zu beschränken. Sehr häufig wird im Gegentheil uns die Erfahrung eine größere Anzahl derselben, MP, MS, MT, MU . . ., also die Thatsache vor Augen stellen, daß an demselben Subject eine Vielheit verschiedener Merkmale entweder vorkomme oder nicht vorkomme. Diese Data darf das Denken nicht zurückweisen und es benutzt sie zu einer Folgerung, die, nur in umgekehrter Richtung, der vorigen völlig ähnlich ist. Auch hier läßt es sich durch die Voraussetzung leiten, daß nicht durch viele zusammenhanglose Zufälle die verschiedenen Prädicate sich an demselben Subjecte M vereinigt haben, sondern daß es einen Grund geben müsse, der sie alle, als zusammengehörige, versammelt hat; sie gehören dem M, weil M ein Π ist, zu der Natur des Π aber gehört es, diesen vollzähligen Merkmalbestand zu haben, der seinen Inhalt ausmacht; als eine Art des Π hat M darauf Anspruch, alle diese Prädicate an sich zu vereinigen. So bilden wir aus diesen Prämissen den Schlußsatz: M ist ein Π, und haben mit ihm die zweite Aufgabe erfüllt, für den Schluß der Subsumption jenen Untersatz zu haben, durch welchen ein Begriff M, das dortige S, unter den Umfang eines andern Π, des dortigen M, untergeordnet wird.

104. Auch diese Aufgabe scheint aber schlecht erfüllt zu sein; denn wie die Induction, so unterliegt auch die Analogie dem Tadel, nichts Neues zu lehren, wenn sie voll-

ständig, und nichts Sicheres, wenn sie unvollständig ist. Geben die Prämissen bereits dem M alle Merkmale, die nöthig sind, damit es ein Π sei, so gewinnen wir an sachlicher Erkenntniß nichts durch die wirkliche Unterordnung desselben unter diesen Begriff; nur die Form unserer Auffassung des gegebenen Inhalts ändert sich. Aber in den allermeisten Fällen geben die Prämissen nur einen Theil der zu Π nothwendigen Prädicate an, und wir schließen ohne Sicherheit von ihrer Gegenwart auch auf die aller übrigen, durch welche an M erst der ganze Inhalt eines Π verwirklicht wird. Wo unsere Betrachtung Gegenständen der Wirklichkeit gilt, deren ganzes Wesen aus unzähligen uns zum großen Theil unbekannten zum Theil schwer beobachtbaren Merkmalen besteht, ist dies immer der Fall; aus wenigen Eigenschaften, die wir an einem Gegenstande wirklich beobachten, schließen wir darauf, er sei ein Metall, ein Thier bestimmter Gattung, ein Werkzeug zu bestimmtem Zweck. Daß hieraus im Gebrauch der Analogie zahlreiche Irrthümer entstehen, bedarf keines Wortes weiter; aber die Schwierigkeit der Anwendung beeinträchtigt auch hier den Werth des logischen Grundsatzes nicht. Dieser Grundsatz behauptet: kein Inhalt eines Begriffes, der richtig gedacht sei, bestehe in einem zusammenhanglosen Haufen von Merkmalen, den man beliebig vermehren könne durch Hinzufügung gleichviel welcher neuen Bestandtheile; zwar nicht durch ein Merkmal, aber durch eine Verbindung mehrerer, welche gegeben ist, sei vermöge der durchgängigen gegenseitigen Determination aller auch schon darüber entschieden, welche anderen noch unbeobachteten sich mit den beobachteten verknüpfen können, welche nicht; deshalb sei es möglich, aus dem angefangenen Bilde des M, welches uns die Prämissen geben, auch die weitere Vervollständigung und Fortsetzung desselben zu folgern; es gebe mithin allemal ein und nur ein Π, welches die Vereinigung der gegebenen Merkmale an M zugleich mit der Hinzufügung nicht gegebener rechtfertige und möglich mache. Dieses an sich richtige Ideal des Denkens verlangt nur, wie jede Denkform, nicht durch unpassenden, sondern durch passenden Inhalt realisirt zu werden. Nicht jede beliebigen paar Prädicate eines M reichen hin, um auf alle seine übrigen zu schließen; manche solche Combination mag nicht nur einem Π, sondern auch einem andern Begriffe Π^1 oder Π^2 zukommen; man wird im Gegensatz zu diesen unwesentlichen andere wesentliche Merkmale in den Prämissen verlangen, eine Forderung, die man in der Anwendung wirklich allenthalben macht, und deren Erfüllung man der sachlichen Kenntniß des behandelten Inhalts überläßt. Aber die wichtigste Quelle der Ungenauigkeit ist der Mangel aller bishergenannten Schlußformen: die Prädicate nur in allgemeiner Fassung, ohne Angabe ihres Maßes ihrer specifischen Modification und ihrer gegenseitigen Determination anzugeben. So lange die Prämissen nur sagen: M ist schwer, M ist gelb, M ist schmelzbar u. s. w., so findet man in diesen Datis freilich keinen Entscheidungsgrund, um M entweder für Schwefel oder für Gold zu erklären; aber solche Prämissen haben dafür auch ihre Heimat nur in der abstracten Logik; im wirklichen Gebrauche des Denkens wird vielmehr immer zugleich auf Größe eigenthümliche Schattirung und Verbindungsweise der Prädicate geachtet und aus diesem angefangenen charakteristischen Grundrisse auf seine Fortsetzung zu dem Ganzen Π geschlossen. Was nun das natürliche Denken allenthalben wirklich ausübt, das eben ist durch neue logische Formen, zu denen wir überzugehen haben, auch für die Theorie seines Thuns festzustellen.

B. Die mathematischen Folgerungen.

Der Schluß durch Substitution. — Der Schluß durch Proportion. —
Constitutive Gleichung.

105. Ich stelle noch einmal, und von verschiedenen Gesichtspunkten aus, die Veranlassungen zusammen, welche uns über die Syllogismen hinaus zur Aufsuchung neuer Denkformen treiben, und berühre zu diesem Zweck zuerst die Natur der Urtheile, welche die gewöhnliche Lehre sich als Glieder des Schlusses denkt. Wie ich schon früher erwähnte, drückt die Sprache in den Urtheilen von der Form: S ist P, das Prädicat in einer Allgemeinheit aus, in welcher es seinem wirklichen Subjecte n i c h t zukommt, und die Logik pflegt dies durch den Satz einzugestehen, daß nicht nur das Prädicat zur Bestimmung des Subjectes, sondern auch dieses zur Bestimmung jenes beitrage. Wer da s a g t, diese Rose ist roth, m e i n t nicht, daß ihr ein unbestimmtes Roth überhaupt, oder daß ihr jede beliebige Farbenschattirung zukomme, die unter dem Sammelnamen des Rothen begriffen wird; es ist immer nur das Rosenroth, das er im Sinne hat, ja genauer das ganz bestimmte Roth

dieser Rose. Wollte er mithin seinen Gedanken genau
ausdrücken, so würde er sagen müssen: diese Rose ist
so roth, wie es diese Rose ist. In diesem scheinbar ganz
unfruchtbaren Satze würde die logische Arbeit darin bestehen, daß die wahrgenommene Eigenschaft der Rose nicht
mehr als eine Einzelheit gefaßt wird, die sonst heimatlos
in der Welt wäre; indem das Denken sie als Art eines
allgemeinen Roth betrachtet, das auch sonst vorkommt
und abgesehen von diesem Beispiel gilt, vollzieht es die
früher erwähnte Objectivirung der Wahrnehmung: es gibt
dem Wahrgenommenen eine bestimmte Stelle in dem Weltinhalt, durch die es für sich etwas und nicht blos subjective
Erregung des jedesmal Vorstellenden ist. Hierin liegt der
logische Gewinn, der allemal gemacht wird, wenn der besondere Inhalt einer Wahrnehmung im Urtheil durch das
Allgemeine ersetzt wird, dessen Beispiel er ist. Aber zugleich wird natürlich auch ein logischer Verlust eintreten,
wenn es bei dem Ausdruck dieses Allgemeinen bleibt, und
wenn nicht der andere Theil der Wahrnehmung auch sein
Recht erhält durch Hinzufügung der Besonderung, die dem
genannten Allgemeinen nöthig ist, um dem gemeinten Einzelnen gleich zu sein. Diesen Verlust machen nun die gewöhnlichen Urtheile der angeführten Form alle; auch die
Aristotelischen Syllogismen beschränken sich darauf, mit
dem allgemeinen M oder dem allgemeinen P zu rechnen.

106. Hierdurch lassen sie die Aufgabe ungelöst, die
schon das disjunctive Urtheil aufstellte, und befriedigen
überhaupt die Bedürfnisse des Denkens in seiner lebendigen
Anwendung nicht. Denn schon das disjunctive Urtheil behauptete, dem Einzelnen komme nicht das allgemeine Prädicat seiner Gattung, sondern eine bestimmte Modification p
desselben mit Ausschluß jeder andern zu. Dieses p hätte
der Schluß zu ermitteln gehabt; er hätte es nur gekonnt,
wenn er dem allgemeinen Obersatze, der die Gattung mit
dem allgemeinen P verbindet, einen Untersatz gegeben hätte,
welcher die Eigenthümlichkeit des S gelten machte, durch
die es, als diese und nicht eine andere Art der Gattung,
auch nur dieses Prädicat p, nicht eine andere Modification
des allgemeinen P, erhalten mußte. Das ist nicht geschehen;
auch der Untersatz erwähnte nur die Unterordnung des
Einzelnen unter die Gattung überhaupt, aber nicht seine
specifische Differenz von andern Arten derselben; daher
konnte der Schlußsatz auch nur sagen, was dem Einzelnen

zukommt, sofern es überhaupt eine Art seiner Gattung, aber nicht, was ihm zukommt, sofern es diese Art derselben und keine andere ist. Daß wir mit einer solchen Leistung hinter den Bedürfnissen unseres wirklichen Denkens zurückbleiben, bedarf kaum weiterer Verdeutlichung. Wenn wir schließen: die Wärme dehnt alle Körper aus, das Eisen ist ein Körper, also dehnt die Wärme auch das Eisen aus; oder: alle Menschen sind sterblich, Cajus ist ein Mensch, also ist Cajus sterblich, so wird jeder die Unfruchtbarkeit dieses Verfahrens fühlen und antworten: freilich dehnt die Wärme alle Körper aus, aber jeden in anderem Maße, als den anderen; freilich sterben alle Menschen, aber die Sterblichkeit des einen ist von anderem Maße, als die des andern; wie das Eisen sich als Eisen ausdehnt, im Unterschied vom Blei, wird die Technik zu wissen verlangen; wie die Sterblichkeit des Cajus als Cajus im Unterschied von der anderer Menschen zu veranschlagen ist, der Verwaltungsrath einer Lebensversicherung. Dies ist also das, was die neuen Formen zu leisten haben; sie müssen das Einzelne als bestimmte Art des Allgemeinen gelten machen, und aus diesem seinem Unterschiede von andern Arten desselben eine Folgerung auf sein eigenthümliches Prädicat ermöglichen.

107. Man kann von anderer Seite her daran erinnern, daß überhaupt die Logik sich etwas einseitig gewöhnt hat, Urtheile von kategorischer Form als Beispiele zu brauchen und darum auch die Unterordnungen eines Begriffs in den Umfang eines andern als die häufigsten und wichtigsten logischen Operationen erscheinen zu lassen. Im lebendigen Gebrauch des Denkens sind sie das gar nicht; es handelt sich selten darum, ein Merkmal zu bestimmen, welches als festes Prädicat zu dem Inhalt eines Begriffs ein für alle Mal gehört, oder in dessen Umfang jener Begriff einzureihen ist; am häufigsten wollen wir wissen, welches veränderliche Merkmal P an einem Subject S auftreten wird, wenn auf S die Bedingung x einwirkt; Fragen dieser Art stellt das Leben die Wissenschaft die Technik jeden Augenblick. Es ist nun zuzugeben, daß die gewöhnliche Syllogistik diese Fälle nicht ganz übersieht; aber sie behandelt sie doch nur unvollkommen dadurch, daß sie in einem Obersatze eine allgemeine Folge P an das Zusammensein des x mit einem M knüpft, und dann einem S durch Unterordnung unter M oder unter Mx wieder nur im Allgemeinen jene Folge P

zuschreibt. Was hilft es zu sagen: wenn ein Mensch beleidigt wird, so erzürnt er sich; Cajus ist ein Mensch, also: wenn er beleidigt wird, wird er sich erzürnen; was wir wissen wollen, ist, w i e Cajus als diese Persönlichkeit sich erzürnen wird, und wie viel man ihm folglich bieten kann. Um diese Frage zu beantworten, nützt die Unterordnung unter den Begriff der Menschheit wenig; man muß die eigenthümlichen Charakterzüge aufsuchen, welche Cajus von andern Personen unterscheiden, und muß nun Mittel haben, den Erfolg zu berechnen, den die Beleidigung auf diese Züge haben wird. Man kann dies kurz so ausdrücken: unsere Folgerungen können nicht aus Umfangsverhältnissen der gegebenen Begriffe, sondern aus ihrem Inhalt fließen; ohne den unfruchtbaren Umweg durch die allgemeine Gattung zu nehmen, müssen wir unmittelbar aus den gegebenen Merkmalen eines Subjects und aus der hinzutretenden Bedingung x die neuen Merkmale bestimmen, welche sich zeigen, oder die Veränderungen der alten, welche stattfinden werden.

108. Von diesem Gesichtspunkt betrachtet reihen sich die aufzusuchenden neuen Formen den Folgerungen der Analogie an. Denn auch diese schlossen von der Gegenwart Abwesenheit und Verbindungsweise gewisser Merkmale an einem S auf die nothwendige Gegenwart Abwesenheit und Anlagerungsweise anderer Merkmale an demselben Subject. Man kann nun den Zweifel erheben, ob solche Folgerungen von Inhalt zu Inhalt, von Merkmal zu Merkmal, überhaupt aus blos logischen Gründen möglich seien, und ob nicht die wenigen wirklich möglichen doch durch die bekannten Lehren der Logik von der Vereinbarkeit der disparaten, der Unvereinbarkeit der conträren, der nothwendigen Wahl zwischen contradictorischen Prädicaten bereits vorausgenommen seien; Behauptungen darüber, daß wo p sei, auch q sein müsse, werde doch immer nur die Erfahrung liefern, den einzigen Fall ausgenommen, von dem wir hier nichts mehr wissen wollen, daß q in den Inhalt des p schon eingeschlossen sei, oder p im Umfange von q liege. Dieser Zweifel ist an sich richtig; alle Behauptungen über die nothwendige Verknüpfung oder Ausschließung zweier Prädicate werden, diese letzten Fälle ausgenommen, immer nur auf das Zeugniß der Beobachtung gestützt werden können; aber es fragt sich doch, ob mit den bisherigen Mitteln die Logik auch nur diesen vorauszusetzenden Thatsachen alle die Folgerungen abgewonnen hat, die mög-

lich sind; daß es nicht der Fall ist, zeigen wir kürzer durch die Darstellung der Schlußformen selbst, die wir meinen, und die, übrigens dem natürlichen Denken sehr bekannt und geläufig, hier nur eben die ihnen in der systematischen Logik gebührende Stelle erhalten.

109. Lassen wir dem Obersatze unserer neuen Figur die Form: alle M sind P, oder $M = P$; dem Untersatze aber geben wir nicht die unbestimmte Gestalt: S ist ein M überhaupt, sondern die bestimmte: $S = sM$, d. h. S ist diejenige Art von M, welche man erhält, wenn man das ganze Gefüge der in M enthaltenen Merkmale sich durch den Einfluß einer specifischen Bedingung s determinirt oder modificirt denkt. Der Schlußsatz wird dann lauten müssen: S ist σP und sagt, dem S, sofern es diese durch den charakteristischen Zug s bestimmte und von andern unterschiedene Art des M ist, komme nicht das allgemeine Merkmal P, sondern diejenige besondere Ausprägung σP desselben zu, welche unter dem Einfluß jenes s auf das Gefüge des M entstehen muß. Zur Vermeidung von Mißverständnissen ist zu beachten, daß die Einwirkung einer Bedingung s auf den gesammten Bau eines M die verschiedenen Merkmale des M in äußerst verschiedener Weise umformen kann; jede dieser Umformungen ist eine Folge von s, und deswegen habe ich die hier erwähnte σP durch den verwandten Buchstaben σ bezeichnet; dagegen hat es im Allgemeinen nicht, wenn auch in besondern Fällen, Sinn, die Modification eines Merkmals der modificirenden Bedingung gleich zu setzen; daher konnte der Schlußsatz nicht durch sP angedeutet werden. In dieser Gestalt aber, die wir hier dem Schlusse gegeben haben, würde er die bloße Bezeichnung einer Aufgabe sein, nicht ihre Auflösung. Darauf kommt es vielmehr an, dieses σP namhaft zu machen und zu zeigen, wie sich P durch das Einwirken des s auf M verändert. Dies ist so lange unausführbar, als man M nur unter dieser einfachen Form eines mit einem Namen versehenen Allgemeinbegriffs aufführt; um zu wissen, wie s auf M einwirkt, müssen wir den Inhalt des M in seine einzelnen Theile, mit Beachtung ihrer gegenseitigen Verbindungsweise zerlegen. Wie z. B. der Gang einer Maschine sich ändern wird, wenn man auf sie eine Kraft s wirken läßt, wird Niemand zu beurtheilen unternehmen, so lange er die Maschine nur als ein anschauliches Ganze M, als Dampfmaschine überhaupt, vor Augen hat; man muß den inneren Bau, die Verknüpfung der Theile, die Lage eines

möglichen Angriffspunktes für die Kraft s und die Rückwirkung der hier erzeugten Erstwirkung auf die mit dem
Angriffspunkte verbundenen Theile zuvor kennen gelernt
haben. Nur dadurch mithin, daß man dem geschlossenen
Ausdruck oder Begriff M die entwickelte Gesammtzahl aller
Inhaltstheile mit Beachtung ihrer wechselseitigen Deter-
minationen substituirt, kann man hoffen, den Einfluß
des s so zu verfolgen, daß man daraus erst die Gesammt-
natur des S, welche $= sM$ ist, und folgeweis auch die
Modification σP des Prädicats P bestimmen kann, welche
diesem S zugehört. In der That ist nämlich stets die letzte
Aufgabe in der ersten eingeschlossen; die specifische Modification eines einzelnen Prädicates für S läßt sich gar nicht
finden, ohne die durch s erzeugte Gesammtänderung des M,
von der sie abhängig ist, vorher gefunden zu haben; denn
dieselbe Bedingung s würde auf ein P, welches in dem
Gefüge eines andern Begriffes N enthalten wäre, anders
wirken, als auf das, welches sie in dem M antrifft. Aus
diesem Grunde beachte ich fernerhin diese Folgerung auf σP
nicht mehr, sondern betrachte als Aufgabe der neuen Form,
sM zu bestimmen, und gebe ihr darum die Gestalt

$$\text{Obersatz:} \quad M = a + bx + cx^2 \ldots$$
$$\text{Untersatz:} \quad S = sM$$
$$\text{Schlußsatz:} \quad \overline{S = s\,(a + bx + cx^2 \ldots)}$$

woraus dann in Bezug auf einzelne Prädicate, z. B. b,
anstatt des unbestimmten Schlusses: S ist bx, der bestimmte folgen würde: S ist s. bx.

110. Es hat immer sein Mißliches, sehr verschiedenartige und dennoch zusammengehörige Fälle durch ein
möglichst einfaches Symbol auszudrücken; ich bemerke
daher zur Vermeidung von Mißverständnissen noch Folgendes. Unter a b c x will ich im Allgemeinen verschiedene Merkmale eines Begriffs M verstanden wissen,
welche, wenn sie vollständig aufgezählt werden, den Gesammtinhalt von M ausmachen. In jedem Begriffe aber
stehen diese Merkmale in den allerverschiedenartigsten Beziehungen zu einander, welche Beziehungen in meiner
Formel nicht ausgedrückt sind; als schwache Andeutung
ihrer möglichen Mannigfaltigkeit ist die Doppelheit der
Zeichen $+$ und $-$ angewandt. Zum wirklichen Ausdruck
reichen diese Zeichen nicht einmal dann hin, wenn M nicht
einen Begriffsinhalt aus qualitativ verschiedenen Merkmalen, sondern ein bloßes Größenganzes aus den vergleich-

baren Größentheilen a b c x bedeutet. Ein erschöpfenderes Symbol würde nur das früher gebrauchte der mathematischen Function überhaupt sein: $M = F(a, b, c, x..)$; aber es hätte den Nachtheil, a l l e Verbindungsweisen der Theile blos in Gedanken zu fordern und gar keine durch ein anschauliches Schema zu verdeutlichen. Auch die Form der Reihe $a + bx + cx^2$ ist willkürliches Symbol; die Einführung des x bedeutet nur wieder die mögliche Ungleichwerthigkeit der Merkmale, von denen eines, eben x, nur ein anderes, a, völlig freiläßt, zu den übrigen aber selbst als eine bestimmende Bedingung hinzutritt. Das s des Untersatzes und Schlußsatzes tritt hier als multiplicirender Factor auf; ebenfalls nur, um an dem allereinfachsten und bekanntesten Verhältniß, in welchem eine Größe auf andere einwirken kann, die unzählig verschiedenen zu veranschaulichen, in welchen irgend eine concrete Bedingung auf den mannigfachen Inhalt irgend eines Gegebenen ihren Einfluß ausüben kann. Drücken wir durch einen rechts untergesetzten Buchstaben die Aenderung irgend welcher Art aus, welche eine Bedingung in irgend einem Gegebenen hervorbringt, und bezeichnen wir M als Function von a b c x, also $M = \varphi(a, b, c, x)$, so würden wir allgemein den Schlußsatz nur bezeichnen können durch $S = \varphi_s(a_s, b_s, c_s, x_s)$, nicht durch $S = \varphi(a_s, b_s, c_s, x_s)$; denn es ist an sich deutlich, daß der Einfluß von s nicht immer nur, nach dem zweiten Ausdruck, die einzelnen Merkmale mit Beibehaltung ihrer allgemeinen Verbindungsweise φ, sondern auch, nach dem ersten, diese Verbindungsweise selbst ändern kann, so daß die auf einen Begriff wirkende Bedingung dessen ganzen Bau hinlänglich umgestalten kann, um das neue Ergebniß nicht mehr dem vorigen Begriffe M, sondern einem andern M^1 oder N subsumirbar zu machen. Hierauf weiter einzugehen, macht ein Zugeständniß unnöthig, welches wir nun hinzuzufügen haben.

111. Der Gewinn nämlich, den wir uns von dieser unserer S c h l u ß f i g u r d u r c h S u b s t i t u t i o n, der ersten dieser zweiten Gruppe, versprechen, hängt doch schließlich davon ab, daß wir wissen, was die einzelnen Theile der Conclusion bedeuten, welches also der Werth von a_s oder bx_s ist, der durch die Einwirkung des s auf den entwickelten Ausdruck des M entspringt. Dies aber ist, wenn es nicht einfach aus Erfahrungen bekannt werden soll, im Denken nur dann zu ermitteln, wenn alle diese aufeinander bezogenen Theile reine Größen und die zwischen ihnen be-

stehenden Beziehungen solche der mathematischen Verknüpfung und Sonderung sind. Hierdurch wird der wirksame Gebrauch unserer Figur auf das Gebiet der Mathematik, und zwar zunächst auf die Verhältnisse reiner Größen beschränkt. Nur die besondere Natur der Zahlen, deren jede ein angebbares Verhältniß zu jeder andern hat, gestattet, durch Substitution der Größentheile eines Ganzen, den vorher verschlossenen Inhalt des M so aufzuschließen, daß die einwirkende Bedingung s ihre Macht wirklich ausüben kann, und daß nach den Regeln der Rechnungsarten, durch Aufhebung entgegengesetzter und durch Zusammenziehen sich addirender Bestandtheile, die mit jener Bedingung nothwendig geforderte Veränderung dieses Inhalts von M sich wirklich ausführen und die Gestalt des herauskommenden neuen Ergebnisses darstellen läßt. Setzen wir dagegen an die Stelle vergleichbarer Größentheile die unvergleichlich verschiedenen Merkmale eines Begriffes, so verschwinden diese Vortheile wieder; der Inhalt des M wird durch eine solche Substitution nur unvollkommen aufgeschlossen; denn wir besitzen hier nicht, wie bei den unter sich vergleichbaren Zahlen, eine Regel, nach welcher sich der Erfolg einer auf diese ungleichartigen Bestandtheile einwirkenden Bedingung bemessen ließe. Zwar wenden wir auch in solchen Fällen den allgemeinen Gedanken der Substitution an; wenn wir wissen wollen, wie eine Bedingung s auf ein Ding wirken werde, das uns nur durch seinen naturgeschichtlichen Begriff M gegeben ist, so zergliedern wir auch M in seine Merkmale; aber die Schätzung des Erfolgs, den s auf jedes einzelne derselben und auf die Gesammtheit aller haben werde, erfolgt doch hier nur noch auf Grund mehr oder minder unbestimmter Analogien, welche uns die Erfahrung oder ein irgend woher entstandenes Gefühl des Wahrscheinlichen darbietet.

112. Die Beschränkung auf mathematischen Gebrauch kann uns nicht hindern, den Schluß durch Substitution in der systematischen Reihe der Denkformen aufzuführen. Denn zunächst muß man doch nicht ganz vergessen, daß jedenfalls das Rechnen auch zu den logischen Thätigkeiten gehört und daß nur eine praktisch begründete Spaltung des Unterrichts die vollkommene Heimatsberechtigung der Mathematik in dem allgemeinen Reiche der Logik übersehen läßt. Aber nicht nur deshalb haben diese Formen hier ihren Platz, weil sie einem Theile unserer Denkarbeit un-

entbehrlich sind; sie bleiben vielmehr auch für diejenigen
Fälle, in denen das nicht ausführbar ist, was sie verlangen,
die Ideale unserer logischen Bestrebung. Denn wenn sie
sich nur auf die Größenverhältnisse unmittelbar anwenden
lassen, so ist es auch anderseits wahr, daß überall da,
wo wir einen Gegenstand unserer Untersuchung in keiner
Weise auf Größenverhältnisse zurückzuführen im Stande
sind, unsere Erkenntniß desselben mangelhaft bleibt, und
daß keine andere logische Form im Stande ist, uns dann
zur Beantwortung der Fragen zu verhelfen, welche uns
die mathematische Behandlung der Sache liefern würde,
wenn sie möglich wäre. Es ist kaum nöthig, in unserer
Zeit darauf aufmerksam zu machen, wie Naturwissenschaft
nur durch Mathematik zu Stande gekommen ist; hat man
doch längst auch in anderen Gebieten die wesentliche Hülfe
schätzen gelernt, welche die statistischen Erhebungen der
Größenverhältnisse für die Auffindung der Gesetze bieten,
nach denen die Zusammenhänge der Gesellschaft bestehen;
selbst in den Wissenschaften, die am weitesten durch die
Natur ihres Gegenstandes von der Mathematik abstehen,
empfindet man häufig sehr deutlich das Bedürfniß ihrer
Verknüpfung mit Größenbetrachtungen. Die Sittenlehre mag
jedes Verbrechen strafbar finden, ohne zu diesem Aus-
spruch einer mathematischen Berechtigung zu bedürfen;
aber jede wirklich zu verhängende Strafe muß ein Maß
haben, und dieses muß sich nach dem Maße der zu strafen-
den Bosheit des verbrecherischen Willens richten; wäre
es nur bisher ausführbar, so würde auch das Strafrecht
nach unserer Figur schließen; es würde jedes gegebene
Verbrechen durch Substitution in seine einzelnen Bestandtheile auflösen und aus dem sM, aus der besonderen
Größenbestimmtheit, in welcher in diesem Einzelfalle die
einzelnen Merkmale des Verbrechens und mithin dessen
Gesammtwerth auftreten, das σP, die Art und Größe der
Strafe, ableiten, die diesem Einzelfalle gebührt.

113. Nun aber gibt es doch nicht blos reine Mathematik,
sondern es ist der Wissenschaft allerdings gelungen, auch
zwischen Erscheinungen oder Merkmalen, die unter einander
unvergleichlich sind, Vermittelungen herzustellen, welche
von dem einen dieser Glieder auf das andere zu schließen
erlauben. Die Formen aufzusuchen, nach denen dies möglich
ist, muß anderseits die nächste Aufgabe der Logik sein,
welche so die Unvollkommenheit des Substitutionsschlusses
zu ergänzen sucht. Zum Theil nun scheint jener Uebergang

zwischen dem Unvergleichbaren nur dadurch der Wissenschaft gelungen, daß sie diese Unvergleichbarkeit aufhob, und nachwies, daß zwei Thatbestände a und b, die unserer Wahrnehmung zunächst als qualitativ völlig verschieden erscheinen, in Wahrheit doch nur auf Größenverschiedenheiten vergleichbarer Umstände beruhen; ich erinnere daran, wie die Physik die qualitativen Unterschiede unserer sinnlichen Empfindungen der Farbe des Tones und der Wärme auf nur mathematische Differenzen vergleichbarer Bewegungen vergleichbarer Elemente zurückführt. Sieht man jedoch näher zu, so findet man, daß in diesen Fällen doch nicht in der That unsere Empfindungen a und b auf unter sich und mit ihnen vergleichbare Bewegungen α und β zurückgebracht werden, sondern nur das wirkliche Eintreten von α oder β und sein Einwirken auf uns wird als Bedingung bezeichnet, unter welcher uns die Empfindung **a** oder b entstehen muß. Die empfundene Farbe a bleibt nach wie vor völlig unvergleichbar mit der Schwingung α des Aethers, die man als ihre Entstehungsbedingung angibt, und wenn uns die Erfahrung nicht lehrte, daß a die Folge des α ist, so würden wir durch kein logisches Mittel aus a die Natur dieser seiner Ursache α errathen. Was also in diesen Fällen die Wissenschaft leistet, besteht in der That in einer Verknüpfung unvergleichbarer Glieder, die von dem einen auf das andere zu schließen erlaubt. Dieser erste Satz nun. daß überhaupt a und α, b und β in diesem Verhältniß gegenseitiger Hinweisung auf einander stehen, wird, wie ich eben erwähnte, der Erfahrung verdankt, und aus den Thatsachen derselben zwar durch Anwendung der Gesetze des Denkens, aber nicht durch eine besondere Form des Denkens gewonnen, die zu der an sich unmöglichen Lösung der Aufgabe bestimmt wäre, wirklich Unvergleichbares in Vergleichbares umzuwandeln. Aber nachdem die Erfahrung das Zusammengehören zweier solcher Glieder, a und α, einmal gelehrt hat, schließt das Denken, daß diese Zusammengehörigkeit sich auch in der Veränderung beider erhalten werde, und daß mithin einer bestimmten Aenderung des α in α^1 allemal eine und nur eine bestimmte Aenderung des a in a^1 entsprechen müsse. Auch diese Aenderungen $\alpha—\alpha^1$ und $a—a^1$ sind unmittelbar weder ihrer Art noch ihrer Größe nach vergleichbar; nimmt die Schwingungsanzahl der Schallwelle um die Größe $\delta = \alpha — \alpha^1$ zu, so hängt von ihr allerdings eine bestimmte Zunahme $d = a — a^1$ des gehörten Tones ab; aber diese Aenderung d der Tonhöhe ist der Art nach ein ganz anderer Vorgang, als die Zunahme δ einer Anzahl von Schwingungen, und mit einer solchen nicht zu vergleichen; jede dieser Größen kann noch immer nur nach ihrem eigenen Maßstab gemessen, ihr wechselseitiges Zusammengehören nur als eine Thatsache ausgesprochen werden. Aber unter einander sind die Aenderungen der Tonhöhe, und ihrerseits untereinander sind auch die Aenderungen der Schwingungszahlen vergleichbar; beziehen wir beide Aenderungen auf d und δ als ihre bezüglichen Einheiten, so läßt sich fragen, um welche Anzahl m von Einheiten der Art d sich die Tonhöhe ändert, wenn die Schwingungszahl sich um μ Einheiten der Art δ ändert; m und μ stehen dann in einem reinen Zahlenverhältniß. Dies Verhältniß kann unendlich verschieden sein; aber wie schon früher, deuten wir diese mögliche Mannigfaltigkeit in der Form nicht weiter an, die wir diesem Schlußverfahren geben; wir wählen als Namen und als Schema derselben die einfachste Gestalt der Proportion: $E : e = T : t$, welche zwar nur den Fall ausdrückt, in welchen $m : \mu$ eine constante Größe ist, aber doch, als Symbol, hinlänglich den logischen Gedanken dieses Verfahrens verdeutlicht.

114. Ich erläutere noch einmal diesen Gedanken an dem elementarsten Beispiele. Zwei Winkel E und e sind unter einander vergleichbar; zwei Kreisbögen T und t sind es unter sich gleichfalls; aber ein Winkel und ein Kreisbogen sind unvergleichbar und unmittelbar nach keinem gemeinsamen Maßstab zu messen; auch die Differenz zweier Winkel, die wieder einen Winkel darstellt, bleibt unvergleichbar mit der Differenz zweier Bögen, die wieder einen Bogen bildet. Steht jedoch einmal fest, daß zu einem Centriwinkel e eines Kreises von gegebenem Halbmesser eine Bogenlänge t gehört, bilden wir ferner aus einer m fachen Wiederholung von e den Winkel E und aus einer n fachen Wiederholung von t den zu E gehörigen Bogen T, so sind die reinen Zahlen m und n vergleichbar, welche angeben, wievielfache Wiederholungen der beiden an sich unvergleichbaren Einheiten t und e nöthig sind, um zwei zusammengehörige Glieder der Reihe der Winkel und der Reihe der Bögen zu finden. Für den Kreis lehrt die Geometrie, daß $m = n$. Sind uns also die beiden Einheiten e und t gegeben, so bedürfen wir nur der Angabe einer bestimmten Vielheit E von e, um nach der Proportion $E : e = T : t$ den zugehörigen Werth von T zu ermitteln. Als Schlußfigur

ausgedrückt würde daher das ganze Verfahren dem Schema entsprechen:

$$\begin{aligned} \text{Obersatz:} \quad & E : e = T : t \\ \text{Untersatz:} \quad & E = \mathfrak{F}(e) \\ \hline \text{Schluß:} \quad & T = \frac{\mathfrak{F}(e) \cdot t}{e} \end{aligned}$$

115. Ich brauche kaum anzudeuten, daß auf diesem Schlusse durch Proportion, in dessen einfachem Schema ich alle verwickelteren Verhältnisse zwischen den obigen m und n mitbegreife, zuletzt alle Möglichkeit beruht, qualitativ verschiedene Ereignisse in eine gegenseitige Abhängigkeit zu bringen, welche die Berechnung der einen durch die andern gestattet. Auch bedarf es kaum der Erwähnung, daß eine völlige Wirksamkeit dieser Figur nur so weit zu erwarten ist, als die Zurückführung der Verhältnisse des Wirklichen auf reine Größenbestimmungen gelingt; die Rechtfertigung dieser Beschränkung würde dieselbe sein, wie für die ähnliche des Substitutionsschlusses. In schlafferer Weise wenden wir zur Beurtheilung der Dinge auch im gewöhnlichen Leben alltäglich ungenaue Proportionen an, die meist in bloße Gleichnisse übergehen; indem sie ein Verhältniß zwischen a und b einem andern zwischen α und β nur überhaupt ähnlich finden, ohne jedoch den gleichen Exponenten beider genau anzugeben, folgern sie mit meist sehr geringer Ueberzeugungskraft: wenn das eine dieser Verhältnisse unter einer gewissen Bedingung c eine gewisse Folge γ begründe, werde unter derselben Bedingung auch aus dem andern eine überhaupt ähnliche Folge entspringen. Nur eine Bemerkung füge ich noch einmal, mich wiederholend, hinzu: die Form der Proportion bezeichnet eine Grenze des Erkennens. Wir finden in ihr die Abhängigkeit zweier Glieder E und T nur als Thatsache ausgesprochen und als solche weiter benutzt; dagegen bleibt ganz unerwähnt und unerörtert die Frage, auf welche Weise, durch welche Mittel, durch welchen Mechanismus, so zu sagen, das eine Glied E es anfängt, um das andere T zu sich überhaupt in irgend eine, und namentlich in diese bestimmte Art der Abhängigkeit zu bringen. Natürlich läßt sich auch diese Frage, in Bezug auf allerhand zusammengesetzte Erscheinungen, häufig noch beantworten; hat doch, wie erwähnt, die wissenschaftliche Untersuchung manche zwei disparat erscheinende Eigenschaften oder Ereignisse auf nur quantitative Verschieden-

heiten vergleichbarer Bestimmungen zurückgebracht, und
dann läßt es sich einsehen, wie es zugeht, daß T überhaupt
mit E, und ein bestimmter Zuwachs des einen mit einem
bestimmten des andern zusammenhängen müsse. Allein
dies gelingt nicht endlos; die letzten auffindbaren Gesetze
der Erscheinungen werden jederzeit schon bestimmte Beziehungen zwischen disparaten Bestandtheilen enthalten,
die man nur als Thatsachen hinnehmen und in der Form
der Proportion benutzen kann, ohne doch den Grund auf-
zeigen zu können, welcher die beiden Glieder zwingt, sich
zu einander proportional zu verhalten. Viele Erscheinungen
führen wir auf das Gesetz der Gravitation zurück, deren
Intensität sich umgekehrt wie die Quadrate der Entfernung
verhalte; bis jetzt wenigstens ist jedoch jeder Versuch miß-
lungen, zu zeigen, wie diese Entfernung es anfängt, jene
Kraft zu schwächen. Wir zeigen, wie mit der steigenden
Schwingungszahl die empfundene Tonhöhe steigt, wie überhaupt unsere Empfindungen, ja alle unsere geistigen Thätigkeiten sich proportional physischen Bewegungen unserer
Organe ändern; dabei bleiben aber Töne und Schwingungen,
geistige Verrichtungen und physische Bewegungen, ewig an
sich unvergleichbar und wir erfahren nie, wie die einen
es anfangen, die andern zu correspondirenden Aenderungen
zu nöthigen. Von Disparatem zu Disparatem gibt es für
unser Denken keinen Uebergang: alle unsere Erläuterung
des Zusammenhangs der Dinge geht nur bis auf Gesetze
zurück, die sich in der Form der Proportion aussprechen
lassen, und die keinen Versuch machen, die beiden Glieder
in ein auffindbares Drittes zu verschmelzen, sondern beide
in ihrer völligen Verschiedenheit bestehen lassen und nur
anzeigen, daß dies gegeneinander Undurchdringliche dennoch
thatsächlich einem gemeinsamen Gesetze gegenseitiger Bestimmung unterliegt.

116. In der wirklichen Anwendung der Schlüsse aus
Proportionen wird ein anderer bisher nur kurz angedeuteter
Mangel durch Beachtung eines nothwendigen Nebengedankens stillschweigend ergänzt; in der systematischen
Reihe der Denkhandlungen ist diese Ergänzung als eigenthümliches Glied, das letzte dieser Gruppe, ausdrücklich
aufzuführen. Unsere schematische Bezeichnung stellte das
Verhältniß zwischen den Aenderungen zweier Merkmale E
und T so dar, als bestände es immer zwischen beiden
Merkmalen an sich, gleichgültig, an welchem Subject sie
vorkommen. Nun gibt es wohl Prädicate, die aus logischen

Gründen, um ihres conträren oder contradictorischen Gegensatzes willen, oder weil das eine das andere ohnehin in sich einschließt, an jedem Subject entweder zugleich vorhanden sein müssen. oder nicht zugleich vorhanden sein können; aber es gibt keine Merkmale, deren Größen und Größenänderungen immer in demselben Verhältniß zu einander stehen müßten, gleichviel, welches die Natur des Subjects sei, an welchem sie vereinigt sind. Diese Natur vielmehr ist es, welche den Exponenten ihres Verhältnisses bestimmt, und dieselben allgemein ausgedrückten Merkmale E und T, die an dem einen S nur in dem Verhältniß $n:m$ möglich sind, sind an einem zweiten S^1 nur in der andern Proportion $n^1:m^1$ zulässig. Die Wärme dehnt jeden Körper aus, aber für verschiedenartige Körper sind auch die Verhältnisse verschieden, in denen das Maß der Ausdehnung zu einem gleichen Zuwachs der Temperatur steht. Die Anwendung, indem sie sich immer auf bestimmte einzelne Subjecte bezieht und nur diese bei ihrem ganzen Verfahren im Sinne hat, braucht diese Beschränkung nicht besonders auszusprechen; die Logik dagegen muß hervorheben, daß nur unter ihrer Voraussetzung überhaupt von einem Gebrauch der Proportionen die Rede sein kann. Nur der eigenthümliche Charakter eines gegebenen Subjectes, durch den es die wechselseitige Determination aller seiner Merkmale beherrscht, berechtigt uns, von einem bekannten Werthe des einen derselben nach einer nur für dieses Subject gültigen Proportion auf den entsprechenden Werth eines anderen zu schließen. Wir kommen hiermit nur auf den Gedanken zurück, der schon der Analogie zu Grunde lag; denn nur um der Zusammengehörigkeit aller einander bestimmenden Merkmale eines Begriffes willen glaubten wir, aus einer beschränkten Gruppe derselben, wie aus einem angefangenen Muster auf dessen Fortsetzung, auf die nothwendige Gegenwart oder Abwesenheit anderer Merkmale schließen zu dürfen. Der vollständige Ausdruck eines Schlusses aus Proportionen würde daher die Hinzufügung dieser mitgedachten Bedingung erfordern und sein Obersatz müßte lauten: wenn S ein M ist, so ist für dies S immer $T:t=E:e$. Unsere logische Aufgabe aber bestände nicht darin, uns den Inhalt dieses Obersatzes lediglich durch Erfahrung geben zu lassen, um ihm dann einen besondern Fall in dem Untersatze: S ist M, unterzuordnen, sondern darin vielmehr, nachzuweisen, wie überhaupt sich ein Begriff M finden läßt, aus welchem man die Proportionen ableiten kann, die zwischen je zweien seiner Merkmale stattfinden müssen.

117. Die Mittel zur Entdeckung eines solchen gesetzgebenden oder constitutiven Begriffes sind durch Früheres bereits angedeutet; sie liegen in der durchgängigen, aber sehr verschiedenartigen Determination jedes Merkmals durch jedes andere; diese Verschiedenartigkeit wird bewirken, daß in einzelnen Fällen der Besitz einer einzigen Proportion zwischen zwei beliebigen Merkmalen zur Bestimmung aller andern hinreicht, daß in anderen dagegen die Kenntniß der Verhältnisse gewisser wesentlichen Merkmale nöthig wird, um aus ihnen die unwesentlichen zu bestimmen, nicht aber die der letzteren zulänglich ist, um den ganzen Merkmalbestand des Begriffsinhaltes unzweideutig festzustellen. Aber ich werde deutlicher sein, wenn ich diesen Betrachtungen ein Beispiel der wirklichen Ausführung dessen, was wir verlangen, eine sehr bekannte und einfache mathematische Gedankenform, voranschicke. Die analytische Geometrie besitzt in den Gleichungen, durch welche sie die Natur einer krummen Linie ausdrückt, ganz den constitutiven Begriff ihres Gegenstandes, welchen wir suchen. Nur sehr wenige Beziehungsstücke, die unbestimmten Abscissen und Ordinaten in ihrer Verbindung mit constanten Größen, enthalten hier, als eine Urproportion, eingeschlossen in sich und aus ihnen ableitbar alle Verhältnisse, die zwischen irgend welchen Theilen der Curve stattfinden müssen. Aus dem Gesetze, welches die Proportionalität zwischen den Aenderungen der Ordinaten und Abscissen ausdrückt, läßt sich jede andere Eigenschaft der krummen Linie entwickeln: der Verlauf ihres Zuges, ihre Geschlossenheit oder Offenheit, die Symmetrie oder Unsymmetrie ihrer Theile, die Gleichförmigkeit oder das Maß der Veränderlichkeit ihrer Krümmung in jedem ihrer Punkte, die Richtung, nach welcher ihre Concavität oder Convexität sieht, die Größe des Flächeninhalts, den sie zwischen beliebig angenommenen Grenzen einschließt. An diese Entwicklungen, deren weiterer mathematischer Gang zu einfach ist, um hier der Erwähnung zu bedürfen, wollen wir uns halten, wenn wir dem hier behandelten Verfahren den Namen des Schlusses aus constitutiven Gleichungen geben. Das Verfahren selbst ist nicht auf diese geometrischen Aufgaben beschränkt; aber die anderen zum Theil weit interessanteren Beispiele, welche andere Gebiete der Mathematik, unter ihnen die

Variationsrechnung, liefern würden, lassen sich weniger leicht auf eine so einfache Anschauung bringen, wie sie zur schematischen Bezeichnung unserer Denkform erwünscht ist. Auch die Naturwissenschaft könnte wenigstens Annäherndes darbieten. Für analog zusammengesetzte Körper, in denen die verschiedenen chemischen Elemente die Stelle der Coordinaten und der Constanten vertreten, würde die Chemie constitutive Gleichungen besitzen, wenn es ihr gelänge, durch ihre Formeln nicht nur die Mengenproportionen der Bestandtheile, sondern auch genauer, als es jetzt ihre schematischen Andeutungen thun, die Regel der Gruppirung der Atome und das allgemeine Verhalten ihrer Wechselwirkungen auszudrücken.

118. Den Einwand nun, daß auch dieses ganze Verfahren volle Wirksamkeit nur in der Mathematik habe, geben wir zu, wie früher, weisen den damit versuchten Tadel ebenso zurück und beleuchten ihn näher nur zu dem Zweck, den Hinweg zu neuen Ergänzungen des noch Vermißten zu finden. Es ist wahr, daß der scheinbare Reichthum der Entwicklung aus geometrischen Gleichungen logisch betrachtet mehr blendend als wahrhaft ist. Wir bestimmen die Gestalt der Curve, indem wir der einen Coordinate x beliebige Werthe geben, die zugehörigen Werthe von y aus der Gleichung berechnen und dann die Endpunkte der rechtwinklig auf den Endpunkten der x aufgerichteten y durch einen stetigen Zug zu einer Linie verbinden; die Curve ist daher nur der geometrische Ort, in welchem die unzähligen Ergebnisse einer unzähligemal wiederholten Proportion zwischen verschiedenen Werthen der Coordinaten sich zusammenfinden. Die neuen Eigenschaften aber, die wir nun daraus schließen: Concavität, gleichförmige oder ungleichförmige Krümmung, Geschlossenheit oder Offenheit, Neigung oder Steigung der Curve nach dieser oder jener Seite, diese alle sehen zwar zunächst aus wie neue Merkmale, sind aber doch im Grunde auch nur Größen- und Lagenverhältnisse von Raumgebilden, zwischen andern Beziehungspunkten zwar, aber sonst von derselben Natur, wie die vorausgesetzten zwischen den Coordinaten. Man gelangt hier nicht von einer Proportion zwischen zwei Merkmalen x und y zur Bestimmung wahrhaft neuer, qualitativ mit jenen unvergleichlicher Merkmale, sondern man schreitet nur von gleichartigen gegebenen Verhältnissen zu gleichartigen neuen fort, deren Ableitbarkeit aus jenen ebenso wie

ihre scheinbare Neuheit nur auf der Natur des Raumes und auf den Regeln beruht, nach denen die geometrische Anschauung die Beziehungen zwischen den Elementen des Raumes der allgemeinen Gesetzlichkeit der arithmetischen Größen unterworfen hat. Diese Folgerungen decken daher lange nicht unser Bedürfniß. Wo es sich nicht um bloße Größengebilde, sondern um wirkliche Gegenstände handelt, die eine Menge qualitativ nicht vergleichbarer Merkmale an sich vereinigen, und wo es ferner der Wissenschaft nicht gelingt, diese zunächst unvergleichbaren Bestandtheile auf bloße Zusammensetzungsverschiedenheiten vergleichbarer zurückzuführen, da wird das Denken, unter diesen erschwerenden Umständen, dennoch eine Form suchen müssen, die annähernd wenigstens hier dieselben Vortheile verspricht, welche in Bezug auf ihre leichtere Aufgabe die Mathematik vollständig darbietet.

---

119. Die Gruppe der mathematischen Schlußformen endet hier naturgemäß, nachdem das, was sich mathematisch nicht bewältigen läßt, das Disparate der Merkmale, als das nothwendig in Betracht zu ziehende Element ausdrücklich hervorgehoben ist. An die Stelle der Gleichung wird äußerlich die Form der Definition treten, welche eine Anzahl verschiedenartiger Merkmale zu einem Ganzen verbindet, zwischen ihnen aber eine Gruppe wesentlicher von einer andern unwesentlicher unterscheidet, in der ersten das Gesetz für die Verbindung des Ganzen als gegeben betrachtet, die andern aber nach Maßgabe dieses Gesetzes von ihnen abhängig und bestimmbar. Gefunden werden kann endlich diese bevorzugte Gruppe der wesentlichen Merkmale nur durch Vergleichung des gegebenen Begriffs mit seines Gleichen; so werden wir zu systematischen Formen der Zusammenstellung des Verschiedenen und zunächst zur Classification getrieben.

C. Die systematischen Formen.

Die Classification. — Die erklärende Theorie. — Das dialektische
Ideal des Denkens.

120. Am Eingange des Weges, auf den wir jetzt verwiesen sind, standen wir schon einmal, bei der ersten Er-
wägung der Bildung unserer Begriffe. Schon damals sahen
wir in dem Inhalt einer Vorstellung ein Ganzes verschiedener
Merkmale, die durch eine bestimmte Regel ihres Zusammenhanges verbunden sind; schon damals glaubten wir diese
Regel nur in demjenigen Merkmalbestande zu finden, der
verschiedenen vergleichbaren Vorstellungsinhalten gemeinsam zukam, und vorgreifend haben wir bereits dort der auf-
steigenden Stufenreihe immer höherer Allgemeinbegriffe gedacht, welche aus der Fortsetzung dieser Vergleichung des
Vergleichbaren entspringt. Vorgreifend, denn die später
entwickelten Formen der logischen Thätigkeit haben das
dort Angedeutete noch nicht benutzt. In den Urtheilen
und in den Schlüssen, die sich auf Subsumption gründen,
ist stets nur das eine Verhältniß in Betracht gezogen worden,
welches zwischen einem Begriffe S und seinem nächsthöheren Allgemeinen M besteht; dies M selbst in seine
Beziehungen zu den höheren Stufen der ihm übergeordneten
Begriffsreihe zu verfolgen, war keine Veranlassung. Denn
immer kam es nur darauf an, ein Prädicat P, welches aus
irgend einem Grunde einem M zugehört, auch jedem S
zu sichern, welches in den Umfang des M fällt. Für diesen
Zweck war die logische Bildung des M selbst in großer Ausdehnung gleichgültig; man nannte es zwar Mittelbegriff,
aber es brauchte in nichts das Gepräge eines Begriffs zu
tragen; jedes einfache Merkmal, jede Summe mehrerer,
gleichviel ob nach einer bestimmten Regel verbunden, oder
nur überhaupt zusammengedacht, war gut genug, um jenen
Mittelbegriff zu bilden. Erst die letzten Betrachtungen, die
ich hier nicht wiederhole, haben uns auf die Nothwendigkeit
zurückgeführt, unter dem Mittelbegriff, aus dem wir die
Berechtigung und Verpflichtung eines Subjects zum Besitz
seiner Merkmale herleiten, nur jenen schon damals im
Sinne gehabten Begriff zu verstehen, der in Wahrheit die
vollständige Regel der Zusammengehörigkeit und Gliederung
des ganzen in jenem Subject vorliegenden Inhalts bildet.

121. Wir kehren hiermit nicht einfach zu einem früheren Standpunkte zurück. Wenn die Logik die ursprünglichsten und einfachsten Formen des Denkens überlegt, kann sie die Ergebnisse derselben fast immer nur an Beispielen verdeutlichen, welche bereits mehr logische Arbeit enthalten, als sie an ihnen veranschaulichen will. Denn der Schatz, aus dem sie diese Beispiele entnehmen muß, ist die Sprache, und diese ist nicht der Ausdruck eines in seinem Beginn stehen gebliebenen, sondern des ausgebildeten Denkens, welches durch eine Menge nacheinander gethaner Schritte über die unvollkommenen Ergebnisse seiner ersten Anstrengungen hinausgekommen ist und nun die Erinnerung an sie unter der erlangten vollkommneren Fassung seiner Gegenstände verbirgt. Deshalb kann es scheinen, als wäre bereits an jener früher erwähnten Stelle das, was wir hier suchen, die Bildung eines wesentlichen Begriffs, geleistet; aber was wir dort als Beispiel brauchten, war nicht schon durch diejenigen logischen Handlungen entstanden, die wir damals, sondern entsteht erst durch die, welche wir hier, im Uebrigen freilich sehr bekannte Verfahrungsweisen, an ihrem systematischen Ort zu betrachten haben. Der unermeßlichen Mannigfaltigkeit zusammengesetzter Bilder, welche die Wahrnehmung darbietet, stand damals das Denken mit dem Verlangen gegenüber, jedes Einzelne als ein Ganzes nach bestimmten Gesetz verknüpfter Theile zu fassen, und mit dem Bewußtsein, dies Gesetz nur durch Vergleichung vieler vergleichbaren Einzelnen und durch Festhaltung des ihnen allen Gemeinsamen finden zu können. Aber der nützliche Erfolg dieser Vergleichung hing davon ab, ob die vergleichende Aufmerksamkeit auf eine Anzahl von Gegenständen S R T gelenkt wurde, deren Gemeinsames wirklich in dem durchdringenden Gesetz ihrer ganzen Bildung bestand, und nicht auf eine Anzahl anderer, U V W, die in allem Uebrigen völlig verschieden, nur eine beschränkte Merkmalgruppe mit einander theilen. Für diese auswählende Richtung der Aufmerksamkeit gab es an jenem Anfang des Denkens keine logische Regel; sie wurde dagegen sehr wirksam schon damals durch den psychischen Mechanismus gesichert, welcher ganz überwiegend diejenigen zusammengesetzten Vorstellungen, die in der Totalform ihres Zusammenhangs ähnlich sind, einander in der Erinnerung reproduciren läßt, und vorzugsweise sie, nicht aber die unähnlich gebildeten und nur in einzelnen Merk-

malgruppen übereinstimmenden, jener vergleichenden Aufmerksamkeit empfiehlt.

122. Im Laufe seiner Ausbildung nimmt daher das Denken in der That seine Richtung zuerst auf solche Allgemeinbegriffe, welche wirklich das durchdringende Bildungsgesetz der Einzelnen enthalten, für die sie gesucht werden; Allgemeinheiten dagegen, welche sonst Unähnliches unter eine Minderheit gleicher Bestandtheile unterordnen, pflegen erst für gewisse Zwecke der Untersuchung aufgestellt zu werden. Als wir von der ersten Bildung der Begriffe sprachen, schienen uns deshalb die landläufigen Beispiele, die Unterordnung des Cajus und Titus unter den Begriff des Menschen, die der Eiche und Buche unter den der Pflanze, vollkommen natürlich und selbstverständlich; es war, als wenn nichts außer der bloßen Anweisung, das Gemeinsame von Einzelheiten festzuhalten, dazu gehöre, um die Richtung auf diese wirklich gesetzgebenden Gattungsbegriffe M von selbst zu finden. Gleichwohl hätte nichts gehindert, nach derselben Anweisung für Neger Kohle und schwarze Kreide einen Gesammtnamen N zu erfinden, welcher die Vereinigung von Schwärze Ausdehnung Theilbarkeit Gewicht und Widerstand ausgedrückt hätte; die Antriebe des psychischen Mechanismus begünstigten aber nur die erste und hinderten die zweite dieser Anwendungen der logischen Vorschrift.

123. Unsere jetzige Aufgabe geht nun dahin, eben diese Antriebe, welche bisher unbewußt uns auf den Weg des Richtigen brachten, in logische Thätigkeit zu verwandeln, uns also der Gründe bewußt zu werden, durch welche wir uns rechtfertigen, wenn wir ausschließlich einen bestimmten Allgemeinbegriff M als die gesetzgebende Regel für die Bildung einer Anzahl von Einzelnen aufstellen, nicht aber einen andern N, auf den uns eine anders geleitete Vergleichung derselben Einzelnen auch hätte führen können. Nun hat uns die Logik verschiedene Verhältnisse einer nur einseitigen Abhängigkeit zwischen mehreren Beziehungspunkten kennen gelehrt; aus der Geltung des Allgemeinen floß die des Besonderen, nicht aus der des Besondern auch die des Allgemeinen; von einem bestimmten Grunde ließ sich stets auf eine bestimmte Folge schließen, aber eine gegebene Folge führte nicht nothwendig nur auf einen Grund zurück, sondern möglicherweise auf verschiedene gleichwerthige. Wenden wir dies auf die Gliederung eines Be-

griffsinhaltes an, so gibt es in ihm Merkmale a b c, deren
Vorhandensein einen bestimmenden Einfluß auf Gegenwart
Abwesenheit oder Modification anderer ausübt; das Vorkommen dieser andern aber, α β γ, bedingt seinerseits
nicht nothwendig jene, sondern ist verträglich auch mit
andern, p q r. Hierauf beruht der früher schon eingeführte
Unterschied der wesentlichen Merkmale a b c von den
unwesentlichen α β γ; nur in der Vereinigung der ersten
könnte der gesetzgebende Begriff der verglichenen Einzelnen
gesucht werden, denn nur diese Vereinigung bestimmt auch
die übrigen Merkmale und schließt daher nur solche Einzelne
ein, die in ihrem ganzen Bau einander verwandt sind; die
Gruppe der letzteren Merkmale dagegen ließe die ersten
unbestimmt und würde deshalb, als Allgemeines gedacht,
eine Menge sonst in jeder Rücksicht verschiedener Einzelheiten unter sich befassen.

124. Darauf käme es mithin an, jene wesentlichen von
diesen unwesentlichen Merkmalen zu unterscheiden. Dies
ist leicht, so lange wir mit Gegenständen zu thun haben,
die wir in verschiedenen Zuständen beobachten können;
von selbst sondern sich hier die veränderlichen Eigenschaften, die unter wechselnden Bedingungen kommen und
gehen, von dem bleibenden Bestand des Wesentlichen ab.
Es ist anders, wenn die Möglichkeit solcher Beobachtungen
fehlt, und mit Ausschluß veränderlicher Zustände sich unser
Verlangen darauf richtet, zwischen bleibenden und unveränderlichen Merkmalen desselben Begriffsinhaltes einen
Unterschied wesentlicher von unwesentlichen zu finden;
wir müssen dann die Beobachtung der Veränderungen durch
Vergleichung verschiedener Beispiele ersetzen. Sei nun
a b c d der Merkmalbestand des einen gegebenen Begriffes,
so kann in einem zweiten Beispiel d nicht fehlen oder
durch ein ganz anders gestaltetes δ nicht ersetzt werden,
ohne daß, bei der vorauszusetzenden Zusammengehörigkeit
aller Theile des Begriffsinhaltes, auch die übrigen Merkmale eine Veränderung erfahren; ich bezeichne nun das
zweite Beispiel mit a^1 b^1 c^1 δ, um anzudeuten, daß durch
die Variation des d in δ keines der allgemein ausgedrückten
anderen Merkmale ganz zu Grunde, jedes vielmehr nur aus
einer seiner möglichen Modificationen in eine andere übergeht, die Form der Verbindung aller aber die nämliche
bleibt. In diesem Falle gehört d nicht zu den wesentlichen
Merkmalen, sondern die Gruppe ABC, welche a b c und
a^1 b^1 c^1 als Modificationen unter sich befaßt, ist diejenige,

welche die Gliederung des Begriffsinhaltes beherrscht. Aber dieser erste Schritt lehrt uns nur das thatsächliche Zusammenbleiben, nicht das innerliche Zusammengehören der in ABC vereinigten Merkmale; der Werth, den die einzelnen Bestandtheile dieser Gruppe haben, kann sehr verschieden sein; möglich, daß nur AB oder AC oder BC das eigentliche Bildungsgesetz des Ganzen enthalten, das dritte Merkmal dagegen nur die nothwendige Folge oder ein zulässiger Zusatz zu den beiden andern ist. Zur Entscheidung dieses Zweifels bleibt dem Denken, das hier noch nicht auf die sachliche Untersuchung des Gegenstandes mit allen Hülfsmitteln der Erkenntniß eingehen kann, nur die Fortsetzung desselben Verfahrens übrig. Auch ABC haben wir mit Beispielen der Form ABT zu vergleichen; ist mit dem Unterschied des letzten Merkmals auch hier nur das obengedachte Maß der Abweichung in den übrigen verbunden, und bleibt die Verknüpfungsweise des Ganzen dieselbe, so wird das Zusammensein und das Verhältniß von A und B die beherrschende Regel des ursprünglich gegebenen abcd sein, oder die Vereinigung der wesentlichen Merkmale darstellen, von denen das Vorhandensein der übrigen entweder zugelassen oder gefordert, in jedem Falle ihre Größe Verknüpfung und Verhalten zu dem Ganzen bedingt wird. Denkt man sich dies Verfahren fortgesetzt, so ist es der Weg der Classification, auf den wir verwiesen sind. Nicht mehr die Betrachtung des Einzelnen reicht uns hin, um seinen Begriff festzustellen, sondern nur diese erste der systematischen Formen, durch welche wir seine Natur in ihren Verhältnissen zu anderen untersuchen und aus der Stelle, welche es in einer geordneten Reihe einnimmt, den Grad der bedingenden Kraft beurtheilen, welche seine einzelnen Merkmale auf die Gestaltung seiner ganzen Natur und seines Verhaltens ausüben. Derjenige innere Kreis von Merkmalen erscheint uns als das gesetzgebende Princip seiner Gestaltung, der am längsten und unverändert in seiner allgemeinen Form beisammen bleibt, wenn wir durch das nächstliegende Allgemeine zu immer höheren Allgemeinheiten aufsteigen, und wir begreifen die Natur des Besonderen nur dann vollständig, wenn wir uns in einer umgekehrten Reihenfolge, die der Stufenleiter dieser Allgemeinheiten entspricht, zu jenem höchsten Gestaltungsprincip neue Bestimmungsstücke hinzutreten denken, auf welche dies seine rückwirkende Kraft ausdehnt.

125. Das Verlangen, durch diese systematische Zusammenordnung Aufklärung über das innere Gefüge des Zusammengestellten zu erhalten, liegt jeder wissenschaftlichen Classification zu Grunde, doch wird es nicht von jeder Form derselben gleichmäßig befriedigt; ehe ich zu der Gestalt derselben übergehe, die unseren Zwecken hier allein dient, erwähne ich deshalb kurz als eine Vorstufe die künstlichen oder combinatorischen Classificationen, die mehr dem allgemeinen Bedürfniß nach Klarheit und Uebersicht und einzelnen besonderen Aufgaben des angewandten Denkens entsprechen. Den Inhalt eines gegebenen Allgemeinbegriffs M zerfällen wir durch Partition zunächst in seine allgemeinen Merkmale A B C ... und jedes von diesen durch Disjunction in seine verschiedenen, an demselben Subject einander ausschließenden Modificationen, A in a^1 a^2 a^3 ..., B in b^1 b^2 b^3 ..., C in c^1 c^2 c^3. Nach dem Grundsatz des disjunctiven Urtheils muß nun jede Art des M von jedem der allgemeinen Merkmale des M eine Modification mit Ausschluß der übrigen besitzen; beschränken wir uns der Einfachheit halber auf zwei Merkmale, deren eines A nur in zweigliedrige Disjunction a und b, das andere B in die dreigliedrige α β und γ zerfällt, so werden die in bekannter Weise erhaltenen binären Combinationen $a\alpha$ $a\beta$ $a\gamma$ $b\alpha$ $b\beta$ $b\gamma$ alle denkbaren Arten des M einschließen. Wir stellen endlich ihre Gesammtheit übersichtlicher dar, wenn wir die Modificationen des einen Merkmals, welches dann den Eintheilungsgrund der Classification bildet, so wie oben geschehen oder in der Form $M = a\,(\alpha + \beta + \gamma) + b\,(\alpha + \beta + \gamma)$ den übrigen Merkmalen vorangehen lassen. Man hat das einfachste Beispiel dieser Classification in der Anordnung der Wörterbücher; die unveränderliche Reihenfolge der Buchstaben im Alphabet liefert hier nicht nur den ersten, sondern immer wiederholt auch die untergeordneten Eintheilungsgründe für die zahlreichen Combinationen, die in jeder durch den Anfangsbuchstaben eingeführten Gruppe enthalten sind. Der an sich deutliche Nutzen dieser lexicalischen Classification, nicht nur alle Worte der Sprache, mithin alle Glieder des einzutheilenden Gegenstandes vollständig zu umfassen, sondern auch ihre Auffindung leicht zu machen, dieser erste Nutzen der Uebersichtlichkeit ist allen gelungenen Versuchen combinatorischer Classification gemeinschaftlich; über diese Leistung hinaus

dagegen tragen sie in sehr verschiedenem Maße zur Kenntniß der eigentlichen Natur ihrer Objecte bei.

126. Man bemerkt zuerst, daß dies combinatorische Verfahren die Merkmale des gegebenen Begriffs nur vereinzelt, nicht aber die wechselseitige Determination berücksichtigt, in welcher sie erst den Begriff wirklich bilden. Die Gesammtheit der gefundenen Combinationen schließt daher zwar alle Arten des M ein, kann aber außer ihnen noch andere enthalten, die nur gültig sein würden, wenn der Begriff blos eine Summe seiner Merkmale wäre, aber ungültig sind, weil er eine bestimmte Form der Vereinigung derselben befiehlt, welcher sie widersprechen. Der Begriff des Dreiecks besteht nicht darin, daß wir drei Winkel u n d drei Seiten denken, sondern darin, daß drei Seiten sich zur völligen Begrenzung eines ebenen Raumes schneiden und eben hierdurch jene Winkel erzeugen. Durch diesen Zusammenhang der Seiten und Winkel werden gleichwinklig ungleichseitige und rechtwinklig gleichseitige Dreiecke unmöglich; die blos combinatorische Classification würde sie neben den gleichwinklig gleichseitigen, den rechtwinklig gleichschenkligen und den übrigen möglichen Arten mit aufgeführt haben. Ist der Inhalt des M vollständig bekannt, wie in diesem Beispiele, und einer genauen Construction zugänglich, so scheidet die Kenntniß der Sache diese unmöglichen Glieder aus; ihre vorläufige Aufstellung hätte nur den Nutzen gehabt, die Aufmerksamkeit auf die Natur des M und auf die Gründe zu schärfen, welche die gültigen Arten möglich, diese ungültigen unmöglich machen. Ist dagegen M ein der Erfahrung verdankter Gattungsbegriff, dessen innere Gliederung nur unvollständig durch Beschreibung, nicht genau durch Construction angebbar ist, so bleiben die in Wirklichkeit nicht beobachteten Arten, auf welche das combinatorische Verfahren geführt hätte, nur zweifelhaft; der Fortschritt der Beobachtung kann sie noch entdecken, der Fortschritt der sachlichen Erkenntniß ihre Unmöglichkeit nachweisen; zu einem von beiden angeregt zu haben, kann auch hier der Nutzen ihrer vorläufigen Aufstellung sein.

127. Ist nun das combinatorische Verfahren in Bezug auf Erfahrungsgegenstände diesem zweifelhaften Ueberschuß seiner Ergebnisse über das Wirkliche ausgesetzt, so hat es anderseits in seiner gewöhnlichen Anwendung auch keine Bürgschaft der Vollständigkeit. Es ist für menschliche Einbildungskraft unausführbar, alle Modificationen, denen ein

Merkmal p unterworfen sein kann, vollständig im Voraus zu unterscheiden; unsere Aufmerksamkeit wird sich immer auf diejenigen $p^1 p^2 p^3$ beschränken, die uns in irgend einer Beobachtung gegeben sind; eine andere Modification p^m, die in unserem Erfahrungskreise nicht vorkommt, wird sammt allen den Arten, an denen sie vielleicht bestehen kann, auch in unserer Classification fehlen, und späterer Zuwachs der Erfahrung erst wird diese Lücke füllen. Dieser Umstand ist der Grund einer logischen Regel, die von Werth ist, wo es sich zur Entscheidung einer Frage um erschöpfende Kenntniß aller Fälle handelt, die es in Bezug auf irgend ein Z geben kann: man führt ihre Eintheilung und Aufstellung durch lauter contradictorisch entgegengesetzte Eintheilungsglieder hindurch. Die Summe aller möglichen Fälle von Z ist immer von der Natur Q oder der entgegengesetzten Non Q; die Fälle von der Form Q immer entweder R oder Non R, die Fälle Non Q immer entweder S oder Non S, so daß diese Eintheilung an jeder Stelle, wo man ihre weitere Fortsetzung abbricht, die Anzahl aller möglichen Fälle vollständig enthält. Fruchtbar freilich wird dies Verfahren nur dann, wenn man entweder die ersten Gegensätze Q und Non Q, oder alle in gleichem Abstand ihnen untergeordneten, also S, Non S, R, glücklich genug zu wählen im Stande ist, um für jeden dieser Fälle einzeln das Stattfinden oder Nichtstattfinden des fraglichen Verhaltens Z aus leicht zugänglichen Gründen zu beweisen.

128. Es ist ferner ersichtlich, daß es keine logische Regel geben kann, nach welcher die combinatorische Classification bestimmte Merkmale als oberste Eintheilungsgründe für die Unterscheidung der Hauptgruppen, andere nur als untergeordnete für die Unterabtheilungen der Hauptgruppen benutzen müßte. So lange der einzutheilende Begriff M nur als eine Summe seiner Merkmale ohne Rücksicht auf deren gegenseitige Beziehungen angesehen wird, hat jedes von diesen das Recht, durch seine Modificationen die Haupteintheilung zu geben, jedes andere kann ihm als Nebeneintheilungsgrund untergeordnet werden. Die offenbaren Unzuträglichkeiten dieser Unbestimmtheit werden in der wirklichen Anwendung der Classification durch nebenhergehende Ueberlegung, durch eine Schätzung des verschiedenen Werthes der Merkmale vermieden, welche auf Kenntniß der Sache, auf richtigem Gefühl, oft nur auf einem errathenden Geschmacke beruht; die Logik kommt diesen Be-

mühungen nur durch die allgemeine Vorschrift zu Hülfe, nicht notiones communes, nämlich nicht solche Merkmale zu Eintheilungsgründen zu wählen, welche bekanntermaßen an den allerverschiedenartigsten Gegenständen vorkommen, ohne einen erkennbaren Einfluß auf deren übrige Natur zu äußern. Aber was zu diesem Verbote als bejahende Anweisung gehören würde, wie man nämlich die entscheidenden Eintheilungsgründe zu finden habe, überläßt sie doch völlig der jedesmaligen sachlichen Kenntniß. Und diese hat, wenigstens in Bezug auf mannigfach zusammengesetzte Gegenstände der Wirklichkeit, so lange sie einzelne Merkmale zu maßgebenden Eintheilungsgründen machte, niemals den Vorwurf vermeiden können, nächstverwandte Arten zuweilen an verschiedene oft sehr entlegene Stellen des Systems auseinander gerissen, andere in ihrem ganzen Verhalten auffallend verschiedene in eine befremdliche Nachbarschaft aneinander gerückt zu haben. Dies ist sehr begreiflich bei der Verschiedenwerthigkeit der Merkmale für den Bau des ganzen Begriffsinhaltes. Nichts hindert z. B., daß das Merkmal B, so lange es in der Modification b vorkommt, einen vorwiegenden Einfluß auf die Bildung des Ganzen ausübt, und dann werden alle diesem Index b untergeordneten Arten unter einander formverwandt bleiben; aber dasselbe Merkmal kann diesen bestimmenden Einfluß ganz verlieren, sobald es in der Modification β in die übrige Merkmalgruppe eintritt; dann folgen die dem β als Index untergeordneten Arten allen den Schwankungen, welche die jetzt einflußreich gewordene Verschiedenheit der anderen Bestandtheile A C D mit sich führt, und die sonst unähnlichsten Beispiele des einzutheilenden M finden sich nun in nächster Nachbarschaft vereinigt. So ist es dem botanischen System Linné's begegnet, welches die Anzahl der Staubfäden zum Eintheilungsgrunde wählte; da wo der ganze Organisationsplan der Pflanze diesem Bestandtheil Wichtigkeit gab, fanden sich auch nach dieser Auffassung die verwandten Arten zusammen; sie wurden zerrissen im entgegengesetzten Fall und das Verschiedenartige verbunden. Der sachkundige Geschmack begegnet auch diesem Uebelstande theilweis dadurch, daß er für verschiedene Abtheilungen des ganzen Systems verschiedene Eintheilungsgründe wählt. Nur eine übel angebrachte logische Pedanterie könnte verlangen, daß in einem Systeme, welches seinen ganzen Gegenstand zuerst nach den Modificationen a b c des einen Merkmals A gespalten hätte, dann jede der durch a oder b oder c eingeführten Gruppen nach den Modificationen eines und desselben zweiten Merkmals B weiter gegliedert werde; vielmehr können für die Gruppe mit a die Variationen eines Merkmals C, für die mit b die Variationen eines vierten Merkmals D ausschließlich wichtig werden, und die Classification, welche nach diesem Gesichtspunkt verfährt, nähert sich dadurch nur dem wirklichen Wesen der Sache. Die Gefahr, so nur unvollständig alle Arten zu finden, ist auf andere Weise zu vermeiden; die Classification schafft nicht das vollständige Material, sondern setzt seine anderweit verbürgte Vollständigkeit voraus.

129. Die Classificationen würden ganz der angewandten Logik angehören, wenn sie nur jene Uebersichtlichkeit und Vollständigkeit bezweckten, welche entweder eine praktische Behandlung ihrer Gegenstände oder eine nur erst beginnende logische Betrachtung derselben verlangen muß. Aber sie sind mehr als solche Vorbereitungen; sie stellen selbst ein logisches Ideal dar, welches in der systematischen Reihenfolge der Denkformen seine nothwendige Stelle hat; dadurch, daß eine Mannigfaltigkeit in den Zusammenhang eines Classensystems gebracht ist, dadurch allein schon soll etwas über die Natur aller und jedes Einzelnen gesagt und nicht blos einer künftigen Untersuchung vorgearbeitet sein. Wir bemerken dies an den Vorwürfen, welche wir gegen gezwungene Classificationen richten; nicht allein der Weg, den unsere Aufmerksamkeit nehmen muß, um eine bestimmte Art des eingetheilten Allgemeinen aufzufinden, soll durch eine genau vorgezeichnete Reihe von Begriffen hindurchgehen, sondern die Orte selbst, an denen wir die einzelnen Arten antreffen, sollen in ihren Lagenbeziehungen den eigenen Verwandtschaften derselben entsprechen. Für jene praktischen Absichten genügt jede beliebige Ordnung, welche handgerecht ist für den, der sich ihrer bedienen will; das logische Verlangen des Denkens geht auf eine solche, die sachgerecht ist. Nun können wir die vollständige Vorstellung eines zusammengesetzten Inhalts immer hervorbringen, gleichviel von welchem seiner Theile wir beginnen, so lange wir nur die Hinzufügungen jeder neuen Theilvorstellung zu den vorigen zweckmäßig nach dem gewählten Anfangspunkte abändern. Jede so geordnete Vorstellung bildet einen Begriff des gegebenen Denkinhaltes, hinlänglich, um ihn von anderen zu unterscheiden und seinen eigenen Bestand deutlich zu machen. Unter diesen mancher-

lei Begriffen desselben M suchen wir nun jenen bevorzugten, welcher von dem herrschenden Gesetze ausgeht, dessen Sinn die Anordnung aller übrigen Merkmale bestimmt. Constitutiven Begriff haben wir diesen bevorzugten genannt; man könnte ihn im Gegensatz zu der Form des bloßen Begriffs überhaupt die logische Idee des Gegenstandes oder deutsch seinen Gedanken nennen; denn so unterscheidet unser Sprachgebrauch allenfalls den Gedanken der Pflanze oder des Organismus überhaupt als das bildende Gesetz von dem bloßen Begriffe, welcher den vollen Bestand der nothwendigen Merkmale und ihrer thatsächlichen Verknüpfungsform zusammenfaßt.

130. Es wird der Anschaulichkeit dienen, hier sogleich zweier Nebenvorstellungen zu gedenken, welche sich an diese Aufsuchung des Gedankens oder der Idee eines Gegenstandes überall leicht anknüpfen, am deutlichsten aber in jenen naturgeschichtlichen Classificationen, welche die künstliche Anordnung der Pflanzen und Thiere durch Berücksichtigung der natürlichen Verwandtschaften zu verbessern suchen. Die allgemeine Idee des Thieres oder der Pflanze erscheint uns hier leicht als eine thätige lebendige Kraft; stets sich selbst gleich und in demselben Sinne wirksam führt sie zu einer Reihe verschiedener Gestaltungen, je nachdem außer ihr liegende Bedingungen einen oder mehrere ihrer Angriffspunkte feststellen und sie so nöthigen, nach diesem gegebenen Anfangspunkte die Gesammtheit ihrer Thätigkeit abzuändern. Sie erscheint uns ferner ebenso leicht als ein sich stets gleichbleibender Zweck, der seine Verfahrungsweisen nach diesen gegebenen Beziehungspunkten abmißt und in den verschiedenen Formen, zu denen er durch sie getrieben wird, eine und dieselbe Absicht theils überhaupt vielgestaltig, theils mehr oder minder dem Maße nach erreicht. Die verschiedenen Arten, welche die Classification zusammenordnet, sind dann die Ausdrücke dessen, was aus der Wechselwirkung des allgemeinen Gedankens mit den besonderen Beziehungspunkten werden muß, die ihm als Allgemeinem fremd sind. Man wird zugeben, daß diese Auffassungsweisen der Sache eine große und anschauliche Deutlichkeit verleihen, aber man wird hinzufügen, daß beide Gesichtspunkte der Logik fremd sind. Dieser Einwurf ist unbestreitbar; allein unsere Absicht geht nicht darauf, die Vorstellungen des wirkenden Triebes und des Zweckes für die Logik zu verwenden, sondern auf den Nachweis, daß eben diese beiden Vorstellungen auch da, wo sie

hingehören, nur unter Voraussetzung eines rein logischen
Gedankens etwas bedeuten, den wir an dieser Stelle verdeutlichen wollen. Soll es möglich sein, daß derselbe Zweck
unter wechselnden Umständen in verschiedenartigen Formen
erfüllt werde, so muß es auch möglich sein, den Inhalt
desselben durch eine Vorstellungsgruppe Z zu bezeichnen,
deren Gefüge diese verschiedenen Erfüllungsformen als mögliche Arten ihrer selbst enthält und als nothwendige Folge
dann hervorbringt, wenn man der Reihe nach jedem einzelnen Merkmale des Z und jeder Beziehung zwischen
mehreren alle Veränderungen ertheilt, die jenes und diese
innerhalb der gegebenen Gesammtform des Z erfahren
können. Soll ein thätiger Trieb unter wechselnden Bedingungen seine Wirksamkeit ändern und in neuen Erzeug-
nissen sich äußern, so muß die Combination von Kräften,
in denen er selbst besteht, durch Gleichungen ausdrückbar
sein, aus welchen alle diese neuen Gebilde als nothwendige
Ergebnisse entspringen, sobald man den in jene Gleichungen
eingehenden Größen nacheinander alle mit ihrer Natur verträglichen Werthe gibt. Absichtliche und unabsichtliche
Wirksamkeit bringt mithin nie etwas anderes hervor, als
das an sich Denkbare, das denknothwendig wird, sobald
man einen Beziehungspunkt bejaht, von dem die übrigen
abhängen; und dies ist eben, was wir hier im Auge haben.
Wir betrachten den Gedanken, den wir suchen, weder als
denkende Absicht eines Bewußtseins, welche nach Erfüllung
strebt, noch als wirkende Kraft, welche ihre Erfolge hervorbringt, sondern nur als den gedachten oder denkbaren
Grund, dessen Folgen im Denken, unter Voraussetzung bestimmter Bedingungen, dieselben sind, welche als Wirklichkeiten aus einer zwecksetzenden Absicht oder aus der Ur-
sächlichkeit einer Kraft unter denselben Bedingungen entspringen müssen. Behält man diese Bemerkung im Auge,
so kann man duldsam sein gegen eine Ausdrucksweise,
welche die Vorstellung eines Zweckes oder eines Entwick-
lungstriebes in die Logik einführt; aber nützlicher wird es
dennoch sein, diese Bezeichnungen zu vermeiden und das, was
nur die Wirklichkeit kennt, nicht zur Benennung des bloßen
Denkgrundes zu verwenden, auf dem das Wirkliche beruht.

131. Noch einen Punkt, auf den sich hier unsere logische
Aufmerksamkeit richten muß, führe ich sogleich im Ver-
folg dieser Nebenvorstellungen ein. Von einem Triebe, der
sich selbst verwirklicht, überrascht es uns nicht, wenn er
unter bestimmten Bedingungen in seinen Bemühungen

scheitert; von einem Zwecke begreifen wir, daß er unter
verschiedenen Umständen mit verschiedener Vollkommenheit zu erreichen ist. An beide Vorstellungen schließt sich
daher sehr natürlich die Voraussetzung, daß verschiedene
Verwirklichungen oder Beispiele der gestaltenden Idee von
verschiedenem Werth sind, und daß sie nicht blos unter
dem Allgemeinbegriff ihrer Idee als Arten überhaupt coordinirt sind, sondern innerhalb dieser Coordination eine
auf- oder absteigende Reihe bilden, in welcher jede ihren
unvertauschbaren Platz zwischen bestimmten andern hat.
Von diesem Nebengedanken sind die Versuche natürlicher
Classification, die unsere jetzigen Bedürfnisse zu befriedigen
streben, allenthalben beherrscht; es ist zu zeigen übrig,
daß diese bekannte Neigung, aus der blos combinatorischen
Classification in die Form einer Entwicklungsreihe überzugehen, ihre allgemeine logische Berechtigung, und zwar
eben an dieser Stelle, besitzt. Betrachten wir einen Begriff M, wie es leider in den Anfängen der Logik häufig
zu geschehen pflegt, nur als ein Ganzes aus einer Anzahl
allgemein ausgedrückter Merkmale, so hat es keinen Sinn,
eine seiner Arten für besser zu halten, als die andere.
Jedes S enthält entweder alle Merkmale seines Allgemeinen
M und ist dann eine Art desselben, oder es enthält irgend
eines dieser Merkmale nicht, und dann ist es nicht eine
unvollkommene, sondern gar keine Art des M. Mit diesem
trockenen Gegensatz ist das lebendige Denken in seinem
wirklichen Gebrauch gar nicht einverstanden; es unterscheidet Arten, die ihrem gemeinsamen Gattungsbegriffe
mehr oder weniger entsprechen oder adäquat sind. Der
erste Grund der Möglichkeit solcher Unterscheidung liegt
nun in den Größenbestimmungen, denen die einzelnen Merkmale und ihre Wechselbeziehungen entweder zugänglich
oder gar nicht entziehbar sind. Das Gefüge der Gattungsbegriffe, unabsehbar verschieden im Einzelnen, enthält im
Ganzen doch immer eine Mehrheit von Bestandtheilen oder
Beziehungspunkten, an deren jedem eine Gruppe einfacher
Merkmale vereinigt ist, und die unter einander in allerhand
Beziehungen stehen. Ich nenne hier einfache Merkmale
nicht nur die sinnlichen Eigenschaften roth süß warm,
sondern auch solche, welche, wie schwer ausgedehnt reiz-
bar, allerdings den Ertrag vorangegangener Beobachtungen
zusammengesetzter Verhaltungsweisen, diesen aber doch in
so einfacher Gestalt enthalten, daß unsere logische Phantasie
sich längst daran gewöhnt hat, jeden dieser Ausdrücke als

ruhendes einfaches Prädicat seinem Subjecte hinzuzufügen. Die Unterschiede der Größe erstrecken sich nun auf alle diese Elemente des Gattungsbegriffs. Kein Merkmal irgend eines seiner Bestandtheile ist überhaupt ohne bestimmten Grad der ihm eigenthümlichen Art der Intensität denkbar, und die Grade können unendlich verschieden sein; die Anzahl der Bestandtheile selbst ist, wie jede Zahl, vermehrbar und verminderbar und jeder einzelne Bestandtheil kann außerdem seinen logischen Werth dadurch verändern, daß er, dem der Gattungsbegriff einfach zu sein erlaubt, sich dennoch innerlich zu einem wiederum gegliederten System mannigfacher Elemente ausdehnt; jede Beziehung endlich, die zwischen den verschiedenen Inhaltspunkten des Begriffs stattfindet, ist verschiedenwerthig je nach dem Werth dieser oder selbst nach eigenthümlichem Maßstabe einer größeren oder geringeren Engigkeit fähig. Aus dem Zusammenwirken aller dieser Veränderlichkeiten entspringt nun eine Vielheit von Arten, zwischen denen ein bemerklicher Unterschied ist. Nehmen wir an, daß ein Merkmal P des Gattungsbegriffs M die bestimmende Kraft, welche es stets auf alle übrigen Merkmale äußert, dann, wenn es den Werth p annimmt, bis zu völliger Umgestaltung des ganzen Begriffsinhaltes M steigert, so wird die so entstehende Art nicht mehr Art des M, sondern Art einer andern Gattung N sein. Diejenigen Werthe von P aber, welche sich diesem entscheidenden Grenzwerthe nur nähern, ohne ihn zu erreichen, werden Bildungen bewirken, die zwar noch unter die Gattung M fallen, aber sich stufenweis dem Gefüge anähnlichen, welches die andere Gattung N kennzeichnet. Hierauf beruht nun der Unterschied von Arten, welche ihrem gemeinsamen Gattungsbegriffe mehr oder minder angemessen oder adäquat sind; jede Art ist in einer bestimmten Beziehung um so vollkommener, je weiter sie von dem Uebergang in eine andere Gattung absteht, und diejenige ist die logisch vollkommenste, für welche die Summe ihrer Abstände von allen nächstverwandten Gattungen ein Größtes wird.

132. Ich glaube behaupten zu dürfen, daß dieser Gesichtspunkt ein völlig logischer und unabhängig von den Ansichten ist, die wir uns aus anderweitiger Kenntniß der Sache über den Werth die Bedeutung und Bestimmung dessen bilden, was an irgend einem bestimmten Gattungsbegriff das Gesetz seines Daseins hat. Ich erläutere daher

durch Beispiele, für welche diese Nebengedanken keinen Sinn haben. Die Gleichung der Ellipse $a^2y^2 + b^2x^2 = a^2b^2$ läßt die Wahl der beiden Axen a und b willkürlich, und es wird nach ihrer Aussage immer eine Ellipse entstehen, welchen Werth man auch für a und b einsetzen mag; sie wird daher auch entstehen, wenn eine der beiden Axen zu Null wird. Aber dann geht die Curve in eine gerade Linie über; das Ergebniß, welches dieser Werth liefert, ist daher einem Allgemeinbegriff N, dem der geraden Linie, untergeordnet, welcher von dem der Ellipse verschieden ist. Aber dies Beispiel zeigt zugleich, was wir oben nicht allgemein anführen wollten, daß die äußerste Art einer Gattung M, welche auf solche Weise entsteht, nicht blos zu einer neuen Gattung N gehören muß, sondern auch fortfahren kann, der früheren M untergordnet zu sein. Denn die Mittelpunktsgleichung der Ellipse kann uns zwar in diesem Fall, für $b = o$, da sie aufhört, eine Curve zu bedeuten, nichts lehren; aber ein anderer Ausdruck der wesentlichen Bildung der Ellipse bleibt gültig, der nämlich, daß die Summe der Fahrstrahlen, die von zwei festen Punkten der großen Axe nach demselben Punkt der Peripherie gehen, eine constante Größe und gleich dieser Axe ist. In der geraden Linie, auf welche sich in unserem Fall die Ellipse zusammengezogen hat, sind ihre beiden Endpunkte jene zwei festen Punkte, die Brennpunkte, geworden, und für jeden Zwischenpunkt c, den wir auf der geraden Linie ab annehmen, hat man die Summe der Entfernungen $ac + cb$, die Summe der beiden Fahrstrahlen also, gleich der Länge ab. Wenn ein schwerer Stab von der unveränderlichen Länge ab mit dem Endpunkt a auf einer glatten reibungslosen Horizontalebene steht, mit dem andern b an einer glatten reibungslosen Verticalwand lehnt, so macht der Antrieb seiner Schwere ihm das Gleichgewicht unmöglich und er sinkt. Eine leichte Rechnung lehrt, daß die Bahn, welche jeder beliebige Punkt c seiner Länge während dieses Sinkens beschreibt, ein Ellipsenbogen ist. Zugleich aber ist klar, daß der Endpunkt b senkrecht in gerader Linie an der Wand herabgleiten, der Punkt a dagegen horizontal und geradlinig sich auf dem glatten Boden verschieben muß. Da nun auf alle Punkte dieselbe Gruppe von Bedingungen einwirkt, so müssen auch diese geradlinigen Bewegungen als Arten der von diesen Bedingungen allgemein geforderten elliptischen Bahn angesehen werden. Sie sind in der That die beiden Grenzfälle, welche man erhält, wenn man einmal die eine, dann die andere Axe $=$ Null setzt; der Endpunkt bewegt sich in der andern Axe geradlinig. Ein anderer ausgezeichneter Fall findet für den Mittelpunkt des Stabes statt; für ihn werden die Axen seiner elliptischen Bahn einander gleich und er beschreibt einen Kreisbogen. Die Natur der vorliegenden Aufgabe nöthigt daher, auch den Kreis als eine Art der Ellipse aufzufassen, wovon die angeführte Mittelpunktsgleichung die Möglichkeit sogleich deutlich macht. Dies Beispiel lehrt uns also, daß die Arten einer Gattung M durch Größenveränderungen eines ihrer Bestandtheile sich allmählich dem Bildungsgesetze einer andern Gattung N nähern, daß es Grenzglieder geben kann, welche sowohl Arten von M als solche von N sind, weil sie den Forderungen beider Gattungsbegriffe genugthun; dem bloßen Thatbestand von Inhalt, der in einem solchen Grenzgliede vorliegt, ist gar nicht anzusehen, von welchem gestaltenden Gattungsbegriffe er eigentlich bestimmt ist; hierüber entscheiden vielmehr, bis jetzt, Nebenrücksichten irgend welcher Art.

133. Dagegen lassen diese Beispiele eine noch zu hebende Zweideutigkeit in Bezug auf den Maßstab übrig, nach welchem wir den Grad der Vollkommenheit, sagen wir kurz: die Höhe jeder Art bestimmen. Die mathematischen Gebilde haben keine Lebens- und Entstehungsgeschichte; als bloße gesetzliche Denkbarkeiten ohne Wirklichkeit lassen sie sich auf den verschiedensten Wegen für unsere Einbildungskraft erzeugen, und es ist im Allgemeinen gleichgültig, im besondern Fall von der Natur der Aufgabe, die auf sie führt, abhängig, von welchem Anfangspunkt aus wir ihre Construction beginnen, oder welchem Gattungsbegriff, welcher allgemeinen Constructionsregel wir sie unterordnen. Für unsere nicht geometrische, sondern ästhetische Anschauungsweise, ich meine für die, welche den ganzen Eindruck des fertigen Gebildes, nicht seine Entstehung beachtet, sondern sich Kreise und gerade Linien von der Ellipse entschieden ab; zu dem Eindrucke der Ellipse gehört für unsere Anschauung die Ungleichheit der Axen nothwendig; anderseits freilich, je größer diese wird, um so mehr nähert sich die Curve den Grenzgliedern, die wir ausschließen möchten, den beiden geraden Linien, die in die Richtung der einen oder der andern Axe fallen. Den charakteristischen Eindruck ihrer Gattung würde uns diejenige Ellipse am meisten machen, die gleichweit von der Gleichung $a - b = o$, die dem Kreise, sowie von der andern $a - b = a$ entfernt wäre, die einer Geraden zu-

kommen würde. Man könnte aus der Verbindung beider die Bedingung dieses Eindrucks dahin bestimmen, daß eine Axe das Doppelte der andern sein müsse, und dies würde leidlich zutreffen; nur läßt sich überhaupt etwas nicht mathematisch feststellen, was nicht einfach von mathematischen Gründen abhängt. Von ähnlichen Neigungen wird nun unsere logische Einbildungskraft allenthalben beherrscht. Nichts ist gewöhnlicher, als daß, wer vom Viereck spricht, eigentlich das Parallelogramm meint, ja oft genug das Quadrat; eine sehr natürliche Ungenauigkeit des Ausdrucks; denn die Phantasie, welche zu dem Begriff eine Anschauung wünscht, aber doch nur ein Bild auf einmal festhalten kann, wählt das logisch vollendetste; und in der That, sowohl durch wachsende Ungleichheit der Seiten als durch die der Winkel nähert sich allmählich immer mehr das Parallelogramm der Endform der geraden Linie, in welche alle vier Seiten zusammenfallen. Die Betrachtung natürlicher Gegenstände bezeugt dieselbe Neigung; als typische und ausdrucksvollste Beispiele jeder Gattung erscheinen uns immer diejenigen Arten, in welchen alle einzelnen Merkmale die höchsten Werthe erhalten, welche ihre von der Gattung vorgeschriebene Verknüpfungsweise ihnen erlaubt, in denen mithin kein Merkmal einseitig hervortritt, keines bis zum Nullwerth herabgedrängt ist, alle vielmehr so viel als möglich in gleichmäßiger Stärke ausgebildet sich zu dem Eindruck eines festen Gleichgewichts des Ganzen vereinigen.

134. Ich wiederhole hier eine frühere Bemerkung: ich besorge nicht, daß man diese Schätzung der Höhe der Arten als der Logik fremd tadeln werde; ihr Mangel besteht vielmehr darin, daß sie von unzureichenden logischen Gesichtspunkten aus sich nicht hinlänglich an die Natur ihrer Gegenstände anpaßt. Fassen wir uns kurz: dieses Gleichgewicht der Merkmale, welches wir eben schilderten, für die Bedingung der größten Vollkommenheit einer Art zu halten, ist die Meinung, auf die wir aus rein logischen Gründen kommen müssen, so lange uns eine sachliche Kenntniß fehlt, welche aus der wesentlichen Bestimmung der classificirten Gattung einen a n d e r e n Maßstab für den steigenden Werth ihrer Arten ableiten könnte. In der Natur der Dinge kann es liegen, daß eine Gattung M dazu bestimmt ist, eben jenes Gleichgewicht der Merkmale n i c h t festzuhalten, sondern durch Verminderung des einen und Uebersteigerung des andern in eine andere Gattung N über-

zugehen; dann werden ihre Arten um so vollkommener sein, je näher sie diesem Uebergange liegen, der sie ihrer eigenen Gattung entzieht. Diesen Gedanken einer zu erreichenden Bestimmung, durch welche die Gattungen über ihr eigenes Wesen fortwährend hinausgetrieben werden, findet man in die bedeutendsten Versuche natürlicher Classificationen tief verflochten; ich führe ihn deshalb absichtlich hier ein, um seine Bedeutung für die Logik, welcher er an sich ganz fremd ist, zu erwähnen. Von dem Begriffe des Triebes haben wir früher die Vorstellung der hervorbringenden Wirksamkeit, von dem des Zweckes die der Absicht abgesondert; wir sondern ebenso hier von dem Begriffe der Bestimmung die Vorstellung der Verpflichtung ab. Es entgeht Niemand, daß durch diese Abtrennung der ganze eigenthümliche Sinn dieser drei Begriffe sich überhaupt verflüchtigt; aber eben dies ist es, was wir beabsichtigen. Gar nicht jenen Begriff der Bestimmung selbst führen wir in die Logik ein, sondern eben nur den des logischen Verhältnisses, das seinem wesentlichen Inhalt zu Grunde liegt, und zu dessen bildlicher Bezeichnung er selbst, als ausdrucksvollstes Beispiel, sich unserem Sprachgebrauch aufdrängt. Eine Bestimmung nun, welche erreicht werden soll, unterscheidet sich von einem Endzustande, der nun thatsächlich durch eine Veränderung erreicht wird; dort enthält der Merkmalbestand, welcher das erreichte Ziel kennzeichnet, auch für alle früheren Stufen der Entwicklung den gesetzgebenden Grund für den Zusammenhang der Merkmale und für die Richtung, in der sie sich verändern; ein Endzustand dagegen läßt möglich, daß die zu ihm führenden Vorgänge bunt abwechselnd, rechtläufig und rückläufig, kreuz und quer verlaufen. Achtet man hierauf, so ist es nicht mehr zweifelhaft, welchen rein logischen Sinn es hat, wenn wir von einer Bestimmung sprechen, welcher die einzelnen Gattungen sich zu nähern haben. Bisher haben wir als das letzte gesetzgebende Formprincip, welches in einer Reihe von Arten herrscht, den eigenen Gattungsbegriff M dieser Arten angesehen, und diejenige Art mußte dann die vollkommenste sein, welche diesen Gattungsbegriff im schönsten Gleichgewicht seiner Merkmale darstellt; jetzt hat eine der Logik ursprünglich fremde Betrachtung erinnert, daß es auch anders sein kann, daß der wahrhaft bestimmende Grund für die Bildung der Artenreihe von M nicht in dem Gattungstypus von M selbst liegen muß, so daß man ihn in M entdecken könnte, wenn man dies M allein, in dem

bloßen Bestande seiner Merkmale, ins Auge faßt; daß
vielmehr die Bildung dieser Gattung ihre richtige Deutung
erst dann erhalte, wenn man sie selbst mit einer andern N,
in welche sie übergeht, und einer dritten L, aus welcher
sie durch ähnlichen Uebergang entstanden ist, endlich diese
wieder mit ihren Vorgängern und Nachfolgern vergleicht;
erst aus dieser Vergleichung ergebe sich die Richtung,
nach welcher innerhalb einer höheren Gattung Z, die jene
alle, L M N, als Arten einschließt, der Fortgang vom Unvollkommenen zum Vollkommenen stattfinde; in der Artenreihe jeder einzelnen Gattung M werden dann diejenigen
Glieder die höchsten sein, die am weitesten in dem Sinne
der Richtung fortgeschritten sind, in welcher sich der ganze
Typus der Gattung M innerhalb der höheren Z nach dem
vollständigsten Ausdruck dieses Z hin entwickelt. Es bleibt
übrig zu zeigen, daß diese Gedankenreihe, auf welche wir
jetzt durch einen äußerlichen Anstoß uns bringen ließen,
ohnehin an dieser Stelle aus den einheimischen Bedürfnissen der Logik entspringt.

135. Aber dieser Nachweis ist kaum noch nöthig. Wir
haben gesehen, daß wir den Allgemeinbegriff, der eine Anzahl Einzelner unter sich befaßt, nur aus der Vereinigung
ihrer bleibenden und gemeinsamen Merkmale erzeugen
konnten; dann: daß diese beständige Merkmalgruppe Bestandtheile von sehr verschiedenem Werthe enthalten
konnte; um diejenigen auszusondern, welche nicht nur
thatsächlich bleiben, sondern die bedingende Regel für die
Fügung aller einschließen, mußten wir das gefundene Allgemeine mit anderen Allgemeinen vergleichen, Arten mit
Arten; was dann in diesem größeren Wechsel dennoch fest
bei einander blieb, das erschien uns als das wahre Wesen
einer Gattung M, nach dessen mehr oder minder vollkommener Verwirklichung die Höhe der Arten von M ab-
zumessen war. Aber dieses Verfahren hat keinen natürlichen Abschluß; dieselben Zweifel erneuern sich immer
wieder; auch in dem Bestande des M werden die Merkmale
ungleichwerthig sein; die maßgebenden wird man von den
unwesentlichen nur unterscheiden, wenn man abermals M
mit L und N vergleicht, aus dem gemeinsamen Bildungsgesetze, das in ihnen allen sich forterhält, die höhere
Gattung Z bildet und den Werth von M L N sowohl als den
ihrer einzelnen Arten nach dem Maße bestimmt, in welchem
sie dies Bildungsgesetz Z verwirklichen, nicht aber nach
dem Maße, in welchem jede Art nur das speciellere Gesetz

ihrer eigenen nächsten Gattung zum Ausdruck bringt. Und dieser Fortschritt geht ins Endlose oder so weit, bis es uns gelungen wäre, ein höchstes Ideal A aufzufinden, welches diejenige Verknüpfungsweise des Mannigfachen darstellte, die allen Gattungen des Wirklichen und des Denkbaren als gemeinsame Pflicht obläge; aus diesem A würde sich eine classificatorische Entwicklung ableiten lassen, welche den ganzen Weltinhalt aus sich hervortriebe, und diese allein würde, wenn sie möglich wäre, die logische Bürgschaft dafür bieten, daß in der gesammten Artenreihe jede an den bestimmten Platz gerückt würde, der ihr durch den Grad, in dem sie das Wesentliche verwirklicht, zwischen allen ihren Verwandten zukäme. So führt diese Aufgabe natürlicher Classification von selbst über die vereinsamte Behandlung einer besonderen Aufgabe zur systematischen Gliederung unseres gesammten Denkinhaltes. Und diesem Antriebe sind in der That die bedeutendsten Versuche immer gefolgt. Wollte man die aufsteigende Entwicklungsreihe der Pflanzen oder der Thiere darstellen, oder die geschichtlichen Ereignisse, denn auch auf das Geschehen erstreckt sich der Anspruch dieser Denkform: immer mußte man sich darüber rechtfertigen, warum man diesen, nicht jenen Maßstab für die Abschätzung des zunehmenden Werthes der einzelnen Glieder befolgte, und immer fand man zuletzt diese Rechtfertigung nur in den allgemeinsten Anschauungen über den Sinn alles Seins oder Geschehens, die man ausdrücklich an die Spitze der ganzen Untersuchung stellte, oder unausgedrückt als leitendes Princip hindurchfühlen ließ.

136. Die natürliche Classification, um mit diesem hergebrachten Namen das nun geschilderte Verfahren zusammenzufassen, unterscheidet sich also von der combinatorischen oder künstlichen durch die Berücksichtigung der gegenseitigen Determination der Merkmale, die in jener nur nebenbei Beachtung fand, in der Gestalt ihres Erfolges aber durch die Form der R e i h e, deren Glieder nicht nur überhaupt nebeneinander gestellt sind, sondern in bestimmten Plätzen aufeinander folgend aus dem Umfang oder dem Herrschaftsgebiet des einen Artbegriffes in das Gebiet eines andern hinüberleiten; diese Ordnung beginnt mit Gliedern, welche der logischen Bestimmung des ganzen Systems am mindesten entsprechen, und endigt mit denen, deren Merkmalbestand den vollständigsten und reichsten Ausdruck ihrer Erfüllung bildet. Doch ist es nicht nothwendig, daß immer

dieser einfachste Fall stattfinde, den wir hier annehmen, daß nämlich die Reihe nur eine Richtung habe. Zuerst ist in jeder einzelnen Art eine Variation einzelner Merkmale denkbar, durch welche das entscheidende Gefüge der Art, für unsere Einsicht wenigstens, in nichts geändert wird; dann sind die verschiedenen Beispiele dieser Art gleichwerthig, und die Reihe nimmt hier eine Breite durch coordinirte Glieder an, ohne einen Fortschritt in ihrer Länge zu machen. Ebenso ist es ferner möglich, daß eine Art M durch verschiedene oder entgegengesetzte Variationen mehrerer Merkmale nicht nur in eine nächste Art N über-, sondern in mehrere Arten N O Q auseinandergeht, denen sie gleich verwandt ist, und die für den Sinn der Gesammtentwicklung gleichen Werth haben; diese werden dann zu Ausgangspunkten neuer Reihen, die entweder parallel fortlaufen oder irgendwie sich später wieder mit der gemeinsamen Reihe verschmelzen. So ist die Form der natürlichen Classification im Allgemeinen die eines Gewebes oder Systems von Reihen, und nicht einmal der Gipfelpunkt dieses Systems braucht eine strenge Einheit zu sein, denn selbst für die vollendetste Erreichung der logischen Bestimmung bleibt die Möglichkeit verschiedener völlig gleichwerthiger Formen.

137. Da die Gelegenheit es mit sich bringt, erwähne ich noch zwei oft gebrauchte Begriffe, die hier eine logische Erläuterung finden können. Die neue Werthbestimmung der Arten, zu der wir zuletzt kamen, nach dem Maße, in welchem sie sich dem Ziele der Gesammtentwicklung nähern, schließt die frühere nicht aus, welche auf dem Gleichgewicht der Merkmale des nächsthöheren Gattungsbegriffs beruhte. Sie bestehen beide nebeneinander, obwohl die eine der anderen Abbruch thut. Dieser Widerstreit wird in unserer ästhetischen Würdigung der Erscheinungen fühlbar. Jede Art, welche ihre eigene Gattung im festen Gleichgewicht ihrer Merkmale darstellt, macht uns den Eindruck des verhältnißmäßig oder in sich selbst Vollkommenen; sie bildet den Typus der Gattung, welcher nicht die zureichende, aber die unerläßliche Bedingung der Schönheit des Schönen ist und selbst dem an sich Häßlichen die formale Berechtigung erwirbt, als Häßliches in künstlerischer Darstellung nebenher verwandt zu werden. Arten dagegen, welche dies Gleichgewicht der Merkmale zerstören, indem sie einem höheren Ziele sich nähern, als innerhalb ihrer Gattung erreicht werden kann, gewähren uns den zweideutigen Eindruck des

Interessanten, ähnlich den Dissonanzen, durch welche wir nicht befriedigt, aber auf eine höhere Befriedigung vorbereitet werden. Ideal im Gegensatz zu Typus würde die Erscheinung bedeuten, in welcher das Gleichgewicht der Merkmale, welches dieser verlangt, mit der größten Entwicklungshöhe in Bezug auf die logische Bestimmung glücklich zusammenfällt, eine Möglichkeit, welche logisch nicht ausgeschlossen ist, und welche die Kunst vielleicht in einer ruhigen Erscheinung, wahrscheinlicher nur in einer Situation dieser Erscheinung wird verwirklicht finden oder verwirklichen können.

138. Man wird endlich fragen, wie nun die entwickelnde Classification zu jenem Schlußpunkt gelange, dessen sie bedarf, zu der Gewißheit nämlich, jenes höchste Gesetz, die logische Bestimmung, richtig gefunden zu haben, welche innerhalb ihres gegebenen Gegenstandes oder innerhalb des ganzen Weltinhaltes herrschend ist. Darauf haben wir nur zu antworten, daß auf blos logischem Wege diese Gewißheit zu erreichen ganz unmöglich ist. Die Form der entwickelnden Classification ist, wie alle logischen Formen, selbst ein Ideal, welches von dem Denken verlangt wird, dessen Erfüllung aber, so weit sie möglich, nur von dem Erkennen geleistet werden kann. In der That liegt hier kein Ausnahmsverhältniß vor, welches dieser ersten unserer systematischen Formen zu ihren Ungunsten zur Last fiele. Auch das Urtheil schreibt uns eine Verbindung von Subject und Prädicat vor, die im Denken geleistet werden müsse, sobald der Gedanke sich in seiner Weise dem Verhalten des Gedachten anschließen wolle; so lehrt uns das hypothetische Urtheil: nur durch Hinzufügung einer Bedingung zu dem Subjecte S sei es möglich, ihm ein Prädicat P zuzuerkennen, welches nicht schon in dem eigenen Begriffe des S liege; aber die Logik lehrt nicht, welche Bedingung x nöthig sei, um diesem S dieses P zu erwerben; sie erwartet diese Ausführung ihrer Befehle von der Erkenntniß des jedesmaligen Sachverhaltes. Auch die Theorie der Syllogismen lehrt uns Folgerungen ziehen, wenn die Prämissen gegeben sind, aber sie gibt uns die Prämissen nicht und steht nicht für deren Wahrheit ein, es sei denn, daß sie selbst als Folgesätze aus anderen Prämissen entspringen können; diese letztern dienen dann als das dem Denken Gegebene und führen auf irgend eine Wahrheit schließlich zurück, die nicht wieder logisch ableitbar ist. Ebenso behauptet die natürliche Classification nur dies: jede Gruppe

zusammengehöriger Mannigfaltigkeiten, und, da alles zusammengehört, zuletzt das ganze Reich des Wirklichen und des Denkbaren müsse als ein System von Reihen angesehen werden, in denen Begriff auf Begriff in bestimmter Richtung aufeinander folgt; aber diese Richtung selbst und das höchste in ihr treibende Princip aufzusuchen, überläßt sie den Mitteln der sachlichen Erkenntniß.

---

139. Nicht dieser Vorwurf, aber ein anderes Bedenken nöthigt uns zur Fortsetzung unseres Weges. Man wird es am leichtesten aus der systematischen Stellung der Classification verstehen. Als Anordnung von Begriffen entspricht sie zunächst unserem ersten Haupttheil, der Lehre vom Begriffe selbst; aber eben aus diesem mußten wir zur Betrachtung der Urtheile übergehen, denn der gegebene Wechsel des Denkinhalts war nicht durch Begriffe allein zu fassen, im Gegentheil setzte der Begriff Verhältnisse seiner Merkmale voraus, deren Sinn erst im Urtheil klar zu machen war. Die Classification entspricht ferner der ersten Form der Urthéile, der kategorischen; wie in diesen das Subject seine Prädicate einfach hatte annahm oder verlor, so erscheint hier der gesetzgebende höchste Begriff für sich allein als der Hervorbringer aller seiner Arten, als die Quelle, aus welcher sie emaniren; aber dem kategorischen setzte das hypothetische Urtheil gegenüber, daß aus einem Subject S allein keine Mannigfaltigkeit entspringt; ebenso werden alle Lehren der Emanation sich die Frage vorlegen müssen, welche zweite Bedingung ihr erstes Princip veranlaßt, sich überhaupt zu entwickeln, und woher ihm die Data kommen, gegen welche zurückwirkend es gerade diese, nicht andere Formen seiner Ausgestaltung annehmen muß. Ein ähnlicher Fortschritt steht uns auch hier bevor; wir können ihn noch in engerem Anschluß an die geschilderten Eigenheiten der Classification vorbereiten. Der künstlichen oder combinatorischen warfen wir vor, daß sie auf unmögliche Glieder führen könne, in der anderen entwickelnden achteten wir um so mehr auf die gegenseitige Determination der Merkmale und nahmen an, daß die Veränderung des einen auf die anderen zurückwirke, daß durch sie ein Begriff in den andern übergeht, daß eine Art dem Begriffe besser als eine andere entspricht. Dies heißt offenbar: der Begriff hängt in der Bildung seiner Arten nicht blos von sich selbst, bildlich gesprochen, von

seiner Absicht, sondern zugleich von einer andern Macht ab, die darüber bestimmt, welche Verwirklichungen seiner Absicht möglich oder unmöglich, mehr oder weniger adäquat ausfallen. Diese Macht haben wir aufzusuchen.

140. Die Aufgaben des Denkens sind erst dann vollständig gelöst, wenn es Formen zur Auffassung alles desjenigen entwickelt hat, was ihm die Wahrnehmung als Gegenstand und Anregung seiner Thätigkeit darbietet. Die Classificationen genügen dieser Anforderung der Umfassung alles Inhalts nicht. Ihr natürlicher Gegenstand sind stets nur die ruhenden Bilder der Gattungen mit ihren festen Merkmalen, die wir zwar in den Wahrnehmungen als stehende Ausgangspunkte mannigfaltiger Beziehungen zu bemerken glauben, die aber weit entfernt sind, die ganze Fülle der Wahrnehmung auszumachen. In dieser systematischen Gliederung, in welcher die Classification uns die einzelnen Gattungen geordnet darstellt, kommen sie in Wirklichkeit nicht vor; sie erscheinen nur, verwirklicht in unzähligen individuellen Beispielen, die durch Zeit und Raum zerstreut, einem beständigen Wechsel veränderlicher Zustände an sich selbst und veränderlicher Beziehungen untereinander unterworfen sind. Geben wir selbst zu, daß die Natur jedes Gattungsbegriffs vollständig das Gesetz enthalte, nach welchem jedes seiner Beispiele sich verhalten wird, wenn es in diese oder jene Beziehung eintritt, so liegt doch in demselben Gattungsbegriff eben kein Grund für das, was wir hier hypothetisch hinzufügen, weder für das Vorhandensein jenes Beispiels da und zu der Zeit, wo es vorhanden ist, noch für das Eintreten oder Nichteintreten dieser Beziehung. Durch die Form der Classification umfaßt daher das Denken nicht alles, was es umfassen muß; auch das, was hier nur als eine beiläufige Reizung der allgemeinen Begriffe zur Erzeugung dieser oder jener ihrer Arten erscheint, muß als ein wesentlicher Theil in der Gliederung des Ganzen der denkbaren Welt beachtet werden.

141. Diese Betrachtung wird nicht dadurch widerlegt, daß nach einer früheren Bemerkung sich allerdings die entwickelnde Classification nicht auf ruhende Gattungen des Seienden und des Denkbaren, sondern auch auf den Fortschritt des Geschehens erstrecken kann. Was das Geschehen zum Geschehen macht, das Werden des einen Zustandes aus den andern, entzieht sich auch hier, in den Versuchen zu einer Entwicklung der Geschichte, der logi-

schen Thätigkeit ganz. Das Vergangene überlegend oder das Zukünftige voraussagend, können diese Speculationen die Bilder gewisser Lagen aufstellen, als augenblickliche Gleichgewichtszustände, die nach ihrer Annahme in dem Flusse des Geschehens auf einander in festgesetzter Reihe zu folgen bestimmt sind; allein wie es zugeht, daß dieser Uebergang geschieht, wissen sie nicht zu sagen. Auch dann nicht, wenn sie die unvollendbare Arbeit übernehmen wollten, den Zwischenraum zwischen zwei solchen Gleichgewichtslagen in unzählige Stufen zu theilen; sie würden von jeder derselben, nachdem sie erreicht ist, zeigen können, daß ihr Begriff eine Vorstufe des Begriffs der folgenden ist; aber sie würden nicht nachweisen können, wodurch der wirkliche Inhalt dieses Begriffes die Wirklichkeit des andern nach sich zieht. Und außerdem muß man hinzubedenken, daß reine Begriffe sich nicht in Wirklichkeit vorfinden oder entwickeln, sondern nur ihre Beispiele, deren jedes eine specifische Bestimmtheit aller seiner Merkmale besitzt, welche sein Allgemeinbegriff zwar zuläßt, aber nicht bestimmt. Was daher in Wirklichkeit durch jenes Werden, das der Classification geheimnißvoll bleibt, entstehen wird, entsteht überdies nicht aus dem Begriff der vorangehenden Stufe, sondern aus dieser bestimmten Verwirklichung desselben, für welche jene Denkform ebenfalls kein Auge hat. Alle die Versuche der alten und der neuen Zeit, den Weltinhalt auf diesem Wege der Emanation aus einem Urbegriffe hervorgehen zu lassen, unterliegen demselben Mangel. Ist jener Urbegriff in der That nur ein reiner Gedanke irgend eines Verhältnisses, das zwischen noch ganz namenlosen Beziehungspunkten stattfinden soll, so können sie aus ihm nur als Möglichkeiten, meinetwegen als nothwendige Forderungen, gewisse ebenso allgemeine Formen ableiten, die in einer zukünftigen Wirklichkeit so oder so auftreten müssen; aber sie haben kein Mittel, dieses So oder So zu entscheiden, und auch sonst kein Mittel zu zeigen, woher die gewünschte Verwirklichung kommen werde. Nehmen sie aber an, daß jener Urgedanke nicht zwischen so namenlosen, sondern zwischen bestimmt gearteten Beziehungspunkten von Haus aus bestehe, und theilen sie ihm selbst den Anstoß zur Entwicklung, der ihnen fehlt, als eine ursprüngliche Unruhe mit, die ihn zur Entfaltung seiner Consequenzen nöthigt, so gestehen sie damit nur zu, daß die volle Gestalt jeder neuen Entwicklungsstufe nicht allein von dem Begriffe der vorigen, sondern von der thatsächlichen und grundlosen speciellen Gestalt abhängig ist, in welcher bereits dieser Begriff der vorangehenden sich verwirklicht hatte. Das heißt mit andern Worten: sie geben zu, daß neben ihrer kategorischen Entwicklung durch Emanation des Begriffs aus sich selbst noch eine andere Macht thätig ist: ein hier ganz unbeachtet bleibendes Ganze gesetzgebender hypothetischer Beziehungen, welche gebieten, daß, wenn in einem gegebenen Begriffe die Merkmale thatsächlich einen bestimmten Werth besitzen, und wenn auf diese Merkmalgruppe bestimmte Bedingungen einwirken, dann die Gestalt des aus jenem folgenden neuen Begriffs, der neuen Emanationsstufe, vollständig, aber auch dann erst vollständig bestimmt ist. Vergleichen wir endlich diese Emanationslehre mit dem Verfahren der Subsumptionsschlüsse, so können wir kurz sagen, daß ihr eben die z w e i t e P r ä m i s s e mangelt, durch welche jene aus dem allgemeinen Obersatze den vergleichsweis specielleren Schlußsatz erst hervorbringen. Dieser hier verschwiegenen, nur vorausgesetzten Nebengedanken hat die Logik ausdrücklich zu ergänzen: sie reicht nicht mit einer Classification von B e g r i f f e n aus, sondern muß auch den gesetzlichen Zusammenhang der U r t h e i l e aufweisen, durch welche jene bestimmende Kraft eines vorhandenen Merkmals auf dasjenige ausgesprochen wird, welches aus ihm entstehen soll.

142. Es ist aber nicht nöthig, die Classification nur in ihrem Ungenügen zur vollständigen Auflösung der Denkaufgabe zu schildern; sie muß zur Erreichung ihres eigenen beschränkteren Zieles dieselben verschwiegenen Voraussetzungen machen. Jeden der Gattungsbegriffe, welche sie anordnet, setzt sie nothwendig aus Merkmalen zusammen, welche auch in anderen vorkommen. Denn alle Mühe, eine Stufenleiter der Gattungen L M N zu bilden, wäre verloren, wenn L Merkmale hätte, die nur in ihm, aber sonst in der Welt nicht erhört wären, und M und N sich durch gleiche Originalität auszeichnen wollten. Die Merkmale müssen vielmehr wie überall bereitliegende Bausteine angesehen werden, die, hier so dort anders zubehauen, ein vergleichbares Material darstellen, aus dessen verschiedenartiger Verwendung allein die verschiedenen Gebäude der Begriffe entstehen. Nun spricht aber die entwickelnde Classification von einer wechselseitigen Determination derjenigen Merkmale, welche in demselben Gattungsbegriffe M vereinigt sind; die Aenderung des einen zieht Aenderungen

des andern nach sich; der Fortschritt dieser Aenderungen erzeugt nicht nur die einzelnen Arten der Gattung M, sondern führt über sie selbst auch zur Gattung N hinaus. Welchen Regeln kann diese bestimmende Macht des einen Merkmals über das andere folgen, wenn nicht solchen, die eine allgemeingültige Beziehung zwischen den Naturen dieser M e r k m a l e enthalten, eine Beziehung, welche, da die gegebenen Merkmale selbst über den einzelnen Gattungsbegriff M hinaus Geltung haben, auch von diesem Begriffe M unabhängig sein müssen? Von dem, was diese a l l g e m e i n e n G e s e t z e des Zusammenhanges der Merkmale zulassen oder verbieten, ist daher die Bildung, die Möglichkeit oder Unmöglichkeit der einzelnen Arten von M, zuletzt die von M selbst durchgängig bedingt. Mithin, um auch nur ihre eigene Aufgabe zu erfüllen, setzt die Classification der Begriffe ein Reich von Urtheilen oder allgemeinen Gesetzen voraus, nach denen sich die Zulässigkeit die Art der Verbindung und die gegenseitige Determination aller Merkmale richtet, die in diesem oder in jedem beliebigen andern Gattungsbegriffe vereinigt werden sollen.

143. Ich habe hier einen scheinbaren Widerspruch zu erwähnen, dessen Beseitigung diese Vorbetrachtung zum Schlusse bringen wird. Diese gegenseitige Abhängigkeit eines Merkmals vom andern verlangten wir schon einmal, bei der Form der Proportion; damals berichtigten wir uns dahin, daß nicht zwischen zwei Merkmalen überhaupt eine constante Beziehung bestehe, sondern der Maßstab ihrer Wechselwirkung erst durch die Natur des Ganzen, an dem sie vorkommen, oder durch den Begriff dieses Ganzen gegeben werde. Hier nun scheinen wir dies zu widerrufen; in Wahrheit bestätigen wir es. Denn eben dies wird uns jetzt deutlich, daß der Inhalt jenes Begriffes, dem wir dort die entscheidende Macht übertrugen, in nichts besteht, als in einer Anzahl von Merkmalen, deren jedes einzeln weiter reicht als dieser Begriff selbst, und die in ihm auf bestimmte Weise verbunden sind. Zwischen diesen Merkmalen sind, wie wir sahen, verschiedene Beziehungen möglich; es kann kommen, daß die Vorstellung des einen die des andern einschließt; dann wird an jedem Subject, dem das erste zukommt, auch das andere sich einfinden; es kann sein, daß zwei Merkmale als conträre und contradictorische Glieder eines ihnen Gemeinsamen einander ausschließen, und dann sind sie an keinem denkbaren Subject vereinbar; zwischen diesen äußersten Fällen liegen mittlere,

in denen, ohne eine ähnliche logische Begründung, uns die Wahrnehmung zwei Merkmale thatsächlich verbunden zeigt, aber der Werth des einen nicht überall einen gleichen Werth des andern bedingt. Diesen Fällen galt unsere frühere Bemerkung; der Grund nun, der diesen Spielraum verengt und die Proportion genau feststellt, nach welcher sich in jedem einzelnen Subject zwei Merkmale determiniren, liegt in der gleichzeitigen Gegenwart aller übrigen Merkmale, in ihren Werthen und in ihrer Verbindungsweise. Was an dem Verhältniß jener zwei unentschieden war, wird entschieden durch die Verhältnisse derselben zu allen übrigen; wo den verschiedenen Gleichungen, durch welche man diese sich ausgedrückt denken kann, nur ein einziger Werth jedes der Merkmale genugthut, ist die Bildung des Ganzen vollständig bestimmt; wo die Anzahl der Gleichungen hierzu nicht genügt, bleibt dies Ganze theilweis noch unbestimmt und stellt einen allgemeinen Begriff dar, in welchem es noch verschiedene mögliche Arten gibt. Der Allgemeinbegriff ist es daher allerdings, der seinen untergebenen Arten die Proportion bestimmt, in der je zwei Merkmale einander determiniren; aber er thut dies nur kraft der geordneten Summe seiner übrigen Merkmale und so weit diese selbst als bestimmtwerthige gegeben sind. In der That ist hierauf unser Verfahren immer begründet gewesen. Wenn wir classificirend aus einem Gattungsbegriffe seine Arten entwickeln wollten, haben wir stets annehmen müssen, einige seiner allgemeinen Merkmale seien der Reihe nach so oder anders bestimmt; dann erst folgte die Bestimmtheit der übrigen, durch die das Bild einer Art im Unterschied von der andern vollendet wurde. Daß aber diese erste Bestimmtheit stattfand, welche die andere nach sich zog, war in dem Gattungsbegriff selbst nur eine Möglichkeit, deren Verwirklichung unabhängig von ihm durch unser Denken gesetzt wurde.

144. Ziehen wir diese Betrachtungen zusammen, so können wir sagen: jedes Einzelne und jede Art einer Gattung ist das, was sie ist, durch das Zusammenwirken der vollständigen Summe ihrer Bedingungen; diese Bedingungen aber bestehen darin, daß eine Anzahl von Elementen oder Merkmalen, welche auch getrennt von einander sein könnten, thatsächlich in einer bestimmten Verbindung gegeben sind, neben der auch andere Verbindungen derselben denkbar sind, und Größenwerthe besitzen, außer

denen sie auch andere haben könnten. Aus dieser gegebenen Vereinigung der Bedingungen folgt nach allgemeinen
Gesetzen, die über die Beziehungen jener Elemente gelten,
dieses ganz bestimmte Ergebniß; aus einer Veränderung
dieser Bedingungen jenes andere anders bestimmte. Jedes
dieser Ergebnisse läßt sich, nachdem es da ist, mit anderen
vergleichen und sich ihnen als Art den Arten beiordnen
oder als Art der Gattung unterordnen; aber man muß diesen
Begriffen, die wir bisher als den Schlüssel zum Verständniß
des Gefüges ihrer Unterthanen betrachten, nicht eine andere
geheimnißvolle Macht der Gesetzgebung zutrauen außer der,
kurze Ausdrücke für eine bestimmte Vereinigung trenn-
barer Bestandtheile zu sein, deren an sich nach allgemeinen Gesetzen überall gleichartige Wechselwirkung durch
diese Vereinigung zu diesen, durch eine andere zu anderen
Folgen führt.

145. Die Umkehrung der gesammten logischen Auffassung, welche in diesen Betrachtungen liegt, ist deutlich;
sie tritt in der modernen Wissenschaft als die logische
Form der erklärenden Theorie der Form der Classification gegenüber, welche einseitig das Alterthum be-
herrschte. Ich überlasse der angewandten Logik alles, was
über die Methoden zu sagen ist, welche diese Wendung
unserer Gedanken zur Ausführung ihrer Aufgabe erzeugen
muß, und beschränke mich hier auf die kurze Hervorhebung der Züge, durch welche sich die logische Auffassung
des Weltinhalts, wenn sie im Sinne dieser Theorien erreicht
wäre, von jener der Classification unterscheiden würde.
Es ist vor allem nicht mehr von einer kategorischen
Emanation alles Denkbaren und Wirklichen die Rede,
welches aus irgend einem Anfangspunkte, nur getrieben
von dem dort enthaltenen Plane einer Entwicklung, aber
ohne Beihülfe anderer Bedingungen hervorginge; die Form
der Wissenschaft wird wesentlich hypothetisch. Sie
erzählt nicht, was ist und geschieht, sondern sie bestimmt,
was sein und geschehen muß, wenn bestimmte Bedingungen
gegeben sind; ob dagegen überhaupt und in welcher Reihenfolge oder Verknüpfung diese Bedingungen vorkommen,
diese Frage schließt sie aus dem logischen Gebiet aus
und überläßt sie der erfahrungsmäßigen Erkenntniß, welche
diese Thatsachen als Anwendungsbeispiele der Theorie
herbeibringen wird. Ich lasse ferner hier dahingestellt,
auf welche Weise sich diese Theorie der allgemeinen Ge-

setze bemächtigt, nach welchen sie entscheidet, daß überall, wo ein bestimmter Kreis von Bedingungen gegeben sein möchte, nur eine bestimmte Folge und keine andere entstehen müsse; es reicht jetzt hin zu bemerken, daß sie überhaupt von diesem Gedanken eines Gesetzes ausgeht, welches die bestimmte Folge einer bestimmten Bedingung allgemein feststellt. Das will sagen: überall, wo die Bedingung a + b sich findet, folgt aus ihr nur c, und die Natur des Gegenstandes, an dem a + b vorkommt, hat nicht die Macht, dieser Bedingung unmittelbar eine andere Folge zu geben, als dieses c; sie kann dies nur, sobald außer a + b sich in ihr noch andere Bedingungen a + d vorfinden, deren Zusammenwirken mit a + b gleichfalls nach einer allgemeinen Nothwendigkeit, die von der Natur dieses Gegenstandes ganz unabhängig ist und für jeden andern ebenso gelten würde, die Veränderung von c in γ befiehlt. In diesem neuen Erfolge γ ist dann die Wirksamkeit des Gesetzes, welches c an a + b knüpfte, nicht aufgehoben, sondern unverändert mit enthalten; denn für sich allein würde a + d nicht γ, sondern δ erzeugt haben.

Auf der Grundlage dieser allgemeinen Gesetze beruht der mechanisirende Charakter, den diese Theorien sich selbst zum Ruhme anrechnen, von ihren logischen Gegnern als Tadel angerechnet erhalten. Der Neigung, welche eine Reihe von Erscheinungen organisch, wie man sagt, aus dem Sinne eines Gedankens herleiten will, der sich in ihnen entwickle, treten sie mit der Behauptung gegenüber, der bloße Sinn, der sich entwickeln will, erzeuge nichts, sondern alles sei nur, sobald die vollständige Summe der Bedingungen gegeben sei, von der es nach allgemeinen Gesetzen als nothwendige Folge abhänge; als Ergebniß dieser Bedingungen allein müsse man es betrachten, und die Erklärung bestehe nur darin, ein Gegebenes in seiner ganzen vollständigen Bestimmtheit als die unvermeidliche Folge der Anwendung allgemeingeltender Gesetze auf ebenso bestimmte gegebene Umstände aufzuweisen. Mit dieser logischen Gesinnung, die wir am meisten ausgesprochen in den mechanischen Naturwissenschaften finden, sind die erklärenden Theorien dem Gebrauch und der Aufsuchung allgemeiner Gattungsbegriffe sowie dem Unternehmen von Classificationen abgeneigt; sie würden eine Erscheinung so lange für nur wahrgenommen, aber unbegriffen ansehen, als sie sich nur auf die Eigenthümlichkeit, durch die ein Begriff sich gegen den andern abschließt, und nicht auf die Vorschriften eines allgemeinen Bedingungsrechtes zurückführen ließe, das für allen Denkinhalt und alles Wirkliche gleichmäßig verbindlich ist; ihr Stolz besteht darin, der Gattungsbegriffe und ihrer Stellung in einem Classensystem nicht zu bedürfen, sondern zu zeigen, daß man mit jeder Erscheinung, wohin sie auch ihrem Sinn nach gehören möge, fertig werden könne, sobald man die Summe der in ihr verbundenen Beziehungspunkte kenne; denn alles, was ist, sei lediglich ein Beispiel dessen, was da werden muß, wenn die allgemeinen Gesetze auf diese oder jene bestimmte Gruppe gegebener Elemente angewandt werden. Und selbst mit dem kann die erklärende Theorie sich nicht begnügen, was man als äußerstes Zugeständniß ihr zuweilen entgegenstellt: alles folge zwar allgemeinen Gesetzen, aber jedes Gebiet der Wirklichkeit doch seinen eigenen, und die Gesetze des Lebendigen, des Geistigen, seien andere als die des Unlebendigen und Materiellen. Selbstverständlich ist es freilich, daß diejenigen speciellen Gesetze, welche sich, als nächsthöhere allgemeine Regeln, am engsten an den Inhalt und die Gestalt gegebener Erscheinungen anschließen, verschieden sind je nach der Verschiedenheit der Subjecte, deren Verhalten sie ausdrücken; aber nur zwei Welten, die einander nichts angingen und aus deren einer keine Wirkungen irgend welcher Art in die andere hinüberliefen, könnten auf zwei höchsten, von einander unabhängigen, Gesetzen beruhen; wer von Einer Welt spricht, welche jene verschiedenen Gruppen sich entwickelnder Dinge und Ereignisse einschließe, muß von Einem für alles Wirkliche gültigen Gesetze oder Einem zusammengehörigen Gesetzkreise ausgehen, aus dem alle speciellen Gesetze der verschiedenen Gebiete als particulare Fälle hervorgehen, sobald man ihm nacheinander, als eine Reihe verschiedener zweiter Prämissen, die Bedingungen unterordnet, durch welche sich die Naturen der in den einzelnen Gebieten wirksamen Subjecte unterscheiden.

146. Gemäß der Theilung der Aufgaben, die ich mir vorgenommen, habe ich in der letzten Darstellung noch keines der Mittel der Untersuchung erwähnt, deren die erklärende Theorie sich bedient, theils um jene allgemeinen Gesetze zu finden, denen sie jeden zusammengehörigen Kreis von Inhalt unterwirft, theils um in der Mannigfaltigkeit des Gegebenen das innerlich Zusammengehörige selbst erst

zu entdecken, das eine gemeinsame Unterordnung unter
dieselben Obersätze verträgt oder fordert. Ich behielt es
der angewandten Logik vor, mit größtmöglicher Freiheit
der Bewegung diese Anstrengungen zu verfolgen; die
systematische Uebersicht der Denkhandlungen, deren Abschluß wir uns nun nähern, hatte nur die Gestalt ins Auge
zu fassen, welche die erklärende Theorie dem Zusammenhange alles Denkbaren zu geben wünscht, und welche,
wenn es gelänge, sie in der That allem Denkbaren zu
geben, als das erreichte letzte Ziel aller Bestrebungen des
Denkens erscheinen würde. Ueber dieses letzte Ziel aber
theile ich nicht die herrschende Ueberzeugung der Gegenwart. Fast nur in der erklärenden Form der Theorie bewegen sich die wissenschaftlich thätigen Kräfte unserer
Zeit; das spät erst zur Klarheit gekommene Bewußtsein
des in ihr zu befolgenden Grundsatzes unterscheidet mächtig
alle moderne Wissenschaft von der des Alterthums und
des Mittelalters, die von ihr entwickelten Methoden der
Untersuchung bilden den werthvollen Schatz, durch welchen
die Erkenntnißkunst der neuen Zeit die der antiken Philosophie überflügelt. Daß gleichwohl die Ueberzeugung, mit
dieser Form des Denkens am Ende aller Wünsche zu sein,
nicht allgemein ist, beweist der unablässige Widerstand,
der ihrer ausschließlichen Herrschaft über alles Denkbare
entgegengesetzt wird. Betrachten wir diesen Widerstand
zuerst in den kenntlichen Gestalten, die er in der Gesammtheit unserer Weltauffassung annimmt, so werden wir
den Rest rein logischen Bedürfnisses aus ihnen ablösen
können, welchen die erklärenden Theorien unbefriedigt
zurücklassen.

147. Am deutlichsten tritt die ästhetische Abneigung
künstlerisch gestimmter Gemüther gegen die Behauptung
hervor, nur allgemeinen Gesetzen sei alles Seiende unterworfen, und jedes Einzelne nur das, was es nach diesen
Gesetzen werden mußte, wenn Bedingungen, die sich auch
anders hätten fügen können, in einer bestimmten thatsächlichen Form sich zusammengefügt haben. So meint
man die Schönheit des Schönen nicht fassen zu können;
nur dann scheint sie von Werth, und das zu sein, was
sie ist, wenn die Endgestalt, die wir bewundern, das Ergebniß einer einheitlichen Macht ist, aus der sie zwar
auch als unvermeidliches Ergebniß, aber nicht nur als
solches, sondern als die Erfüllung und Erscheinung eines

lebendigen Triebes hervorgeht; sie schiene unverständlich
zu werden, wenn sie nur der Glücksfall einer Harmonie
zwischen zufällig zusammengerathenen Bestandtheilen wäre.
Ich habe anderswo zu zeigen versucht, daß dieser Einwand
der Aesthetik verfehlt ist, wenn er dazu übergeht, die
allgemeine Macht der erklärenden Theorie oder des
Mechanismus zu leugnen. Zufällig ist im Sinne dieser
Theorie das Zusammenkommen der verschiedenen bedingenden Elemente niemals; es ist überall die nothwendige
Folge der vorangegangenen Weltzustände; so führt nach
rückwärts uns diese Ueberlegung entweder zu irgend einer
Combination der Elemente, die wir als den Anfangszustand
der Welt ansehen; und nichts hindert dann die Annahme,
in dieser Combination, die denkbar auch eine andere hätte
sein können, habe der bewundernswürdige Keim der Schönheit gelegen, dessen einheitliche Macht, durch allen mechanischen Zusammenhang der Folgezustände hindurchwirkend,
die Schönheit der einzelnen Erscheinungen als einzelne
Zeugnisse seiner selbst hervortreibe. Oder wenn wir den
schwierigen Gedanken eines Anfangszustandes vermeiden
wollen, so hindert uns nichts, in einem beliebigen Zeitpunkt einen Durchschnitt gleichsam durch die Breite des
Weltlaufs zu legen und anzunehmen, daß die Combination
aller in gleichem Augenblick in ihm wirksamen Kräfte,
eben weil sie diese ist und keine der andern denkbaren,
die sie hätte sein können, den einheitlichen Grund aller
jener einzelnen Schönheiten bildet. Diese Annahme würde
alles einschließen, was unser ästhetisches Gefühl für nothwendig hält, um die Würde der Schönheit zu sichern; sie
würde nur den Ort etwas verändert haben, in welchem
sie jene einheitlich treibende Macht fände; nicht mehr
ganz auf sich beruhend läge diese Macht in dem einzelnen
Schönen; sie führe zwar fort in ihm selbst wirksam zu
sein, doch nur als Nachwirkung eines Allgemeinen, das
alle Einzelheiten durchdringt. Diese Verschiebung des Ur-
sprungs der Schönheit aber widerstrebt den Bedürfnissen
der Aesthetik nicht; anderseits die mechanische Theorie,
da sie irgend einen gegebenen Thatbestand voraussetzen
muß, an dem sich die Folgerichtigkeit der allgemeingesetz-
lichen Entwicklung vollzieht, hat kein Interesse, ihn lieber
sinnlos als sinnvoll, lieber unvernünftig als vernünftig,
lieber als Grund eines zwecklosen, denn als den eines
zweckmäßig zusammenstimmenden Weltlaufs zu denken.
Eins aber liegt gleichmäßig in jener Forderung der Aesthetik

und in diesem Zugeständniß der erklärenden Theorie: die
zweiten Prämissen, welche wir den allgemeinen Gesetzen
unterordnen und durch die wir die Thatbestände bezeichnen,
auf welche sich die Aussprüche der Gesetze anwenden
sollen, können nicht so zufälliger Herkunft sein, wie sie uns
allerdings erscheinen, wenn wir, in der Untersuchung eines
einzelnen Inhaltsgebietes begriffen, sie aus ihrem Zusammenhang untereinander gerissen haben; sie selbst müssen
systematisirt werden und Glieder eines Ganzen bilden, des
Ganzen, welches alle wirklichen Anwendungsobjecte jener
allgemeinen Gesetze umfaßt. Nicht in hypothetischer Form
sollen die Untersätze unserer Weltbetrachtung eine Menge
unzusammenhängender Möglichkeiten denken, deren jede,
wenn sie einträte, in Folge der allgemeinen Gesetze zu
einem bestimmten Erfolge führen würde, sondern assertorisch müßten sie jede einzelne dieser Möglichkeiten, die
eintritt, von denen, die nicht eintreten, als ein berechtigtes,
an bestimmte Stelle gehöriges Glied der geordneten Ge-
sammtreihe des Wirklichen vorführen.

148. Theils bestätigt theils weiter umgeformt wird diese
Forderung in Folge metaphysischer Bedenken. Denn was
hieße es doch, auf der einen Seite ein Reich allgemein-
gültiger Gesetze annehmen, auf der andern eine Summe
von Wirklichem, das sich ihnen fügt, wenn zwischen diesen
beiden kein weiteres Verhältniß stattfände und diese Unterwerfung begreiflich machte? Und worin anders könnte
diese Unterwerfung bestehen, als darin, daß das Verhalten,
welches jene Gesetze vorschreiben, von allem Anfang an
eine thatsächliche Eigenschaft alles Wirklichen selbst, ein
constantes Merkmal desselben ist neben den verschiedenen
oder veränderlichen Merkmalen, durch die sich ein Wirkliches vom anderen unterscheidet? Niemals läßt sich doch
eine Wahrheit anwenden, wie wir zu sagen pflegen,
auf einen Inhalt, der ihr nicht von selbst entspricht; jede
Anwendung ist nur die Anerkennung, daß das, was wir
anwenden wollen, die eigene Natur dessen ist, in Bezug
auf welches die Anwendung stattfinden soll. Constante
Verhaltungsweisen nun, die in jedem Wirklichen vorkommen,
lassen sich aus einer beschränkten Anzahl von Beobachtungen gewinnen, und da sie nun in unserem Denken als
Erwartungen, die sich bestätigen werden, den weiteren
Beobachtungen vorangehen, so erscheinen sie leicht als
etwas, was auch der Natur der Sache nach in selbständiger

Geltung dem vorangehe, woran es sich für uns aufs Neue bestätigen wird; daher jener wunderliche Sprachgebrauch, der die allgemeinen Gesetze als für sich herrschende Mächte ansieht, denen alles Wirkliche, woher es auch kommen und was es immer sein mag, späterhin sich zu unterwerfen genöthigt ist. Vermeiden wir nun dies Mißverständniß und verknüpfen wir, was wir an seine Stelle setzen, mit dem, was aus unserem ästhetischen Bedürfniß floß, so verlangen wir jetzt als den einzigen und einheitlichen Gegenstand unseres Denkens ein Seiendes, welches, nicht in Folge eines noch höheren Gesetzes, sondern weil es das ist, was es ist, zugleich der Grund der allgemeinen Gesetze ist, nach denen es überall sich verhalten wird, und zugleich der Reihenfolge der einzelnen Wirklichkeiten, die nachher uns sich diesen Gesetzen unterzuordnen scheinen werden. Ich beabsichtige nicht, diesen Gegenstand hier zu erschöpfen, und gehe über manche Schwierigkeiten hinweg, deren einige wir später innerhalb dieser logischen Untersuchungen selbst, andere im Zusammenhange der Metaphysik zu erwägen haben werden; es genügt mir, die logische Gedankenform zu verfolgen, welche das Streben nach Befriedigung des geschilderten Bedürfnisses suchen müßte.

149. Sie wird nicht mehr ganz die des früheren Schlusses sein. Das allgemeine Gesetz, welches in diesem der Obersatz voranstellte, wird als latentes, stillschweigend überall mitgedachtes, aufhören, diese ausgezeichnete Stelle des wesentlich bestimmenden Gliedes einzunehmen; an seine Stelle tritt die allgemeine Natur des in der Welt sich entwickelnden Gesammtinhalts. Und diese Natur wird nicht aufgefaßt als der ruhende Inhalt einer Idee, der fremder Bedingungen bedürfte, um in Bewegung zu gerathen, sondern als begriffen in einer Bewegung, die mit zu dem gehört, was dieser Inhalt ist, und ohne die er nicht sein würde, was er ist; in jedem Augenblick aber ist die einzelne Gestalt, welche dieser bewegte Inhalt annimmt, abhängig von seinem bleibenden Sinne und der bleibenden Richtung seiner Bewegung einerseits, und von dem bestimmten Orte oder dem bestimmten Ergebniß seiner Entwicklung, zu dem er bis dahin, nicht durch fremde Bedingungen, sondern durch seine eigene Bewegung gekommen ist. Es würde nicht unmöglich, sondern nur weitläufig sein, den wesentlichen Sinn dieser Vorstellungsweise auszudrücken, ohne den Begriff der Bewegung einzumischen;

wir würden auf die Forderung einer Idee kommen, unter welcher alle Wirklichkeit als das System ihrer Arten und Unterarten befaßt ist; aber die Unterschiede und die Rangordnung dieser Arten würden nicht nach unabhängig von jener Idee vorgefundenen Merkmalen und deren Modificationen bestimmt; sie selbst vielmehr würde den Grund des Vorhandenseins dieser Merkmale, der möglichen Eintheilungen derselben und der Werthordnung der so entstehenden Varietäten, mithin den ganzen Grund ihrer eigenen classificatorischen Gliederung in sich selbst enthalten. Am kürzesten fassen wir uns in die Formel: die gesuchte Denkform solle nur einen Obersatz für alle ihre Schlüsse haben, und dieser die Bewegung des gesammten Weltinhalts ausdrücken; die veränderlichen Untersätze aber lasse sich dieser Obersatz nicht anderswoher geben, sondern erzeuge sie selbst als die nach seiner eigenen Consequenz nothwendigen und vollständigen Variationen seines Sinnes, und lasse so in geordneter Reihe die unendliche Anzahl der Schlußsätze hervorgehen, die zusammengenommen die entwickelte Wirklichkeit bilden, welche der Obersatz in Gestalt eines entwicklungsfähigen Princips gedacht hatte.

150. Man kann nicht sagen, daß der Trieb, das Ganze unserer Gedankenwelt nach diesem Muster zu gliedern, dem unbefangenen Lauf unseres Denkens fremd sei; er ist vielmehr zu allen Zeiten wirksam gewesen, und jedesmal, wenn in mehr oder minder vollkommener Form sich eine Weltbetrachtung nach der mechanischen Weise der erklärenden Theorien entwickelte, ist er dieser in der immerwiederkehrenden Forderung einer Auffassung der Welt und aller Dinge als einer lebendigen Entwicklung gegenübergetreten. Denn das Lebendige ist die Erscheinung, in der wir die Erfüllung der gemachten Ansprüche vollkommen verwirklicht zu sehen glauben; so wie hier der ursprüngliche Typus des Organismus zur wirkenden Macht wird, die sich selbst die Anreize und die Bedingungen ihrer folgerechten Entwicklung erzeugt, so sollte das Ganze der Welt von innen heraus sich die Gelegenheiten hervorbringen, die zur allmählichen Verwirklichung seines Gesammtinhaltes als nothwendige Bedingungen gehören. Was an diesem Glauben an die selbständige Entwicklung des einzelnen Lebendigen irrig ist, braucht hier nicht berührt zu werden; genug, daß es auf ausdrucksvolle Weise uns das zu sein

scheint, was wir suchen. An dieses Bild hat sich auch stets die Lehre angeschlossen, die zum letzten **Mal** in unserer Zeit sich ausdrücklich zu dem Streben bekannte, aus der Einheit einer sich selbst entwickelnden und die Bedingungen ihres Fortschritts sich selbst erzeugenden Idee die Gesammtheit des Weltinhaltes entstehen zu sehen. Denn nicht selbst wollte diese Philosophie Hegel's, nicht als untersuchendes und überlegendes Subject, nicht durch die Mittel eines verständigen oder discursiven Denkens, durch Unterordnung selbständiger zweiter Prämissen unter allgemeine Obersätze, eine Ableitung des Weltinhaltes aus jenem einen Princip vollbringen; nur zusehen wollte sie, wie aus eigener Triebkraft der Idee diese Entwicklung erfolgt. Und für dieses anschauende, im ursprünglichen Sinne des Wortes **speculative** Denken glaubte sie in der dialektischen Methode die Leitung gefunden zu haben, welche in jedem Falle dem Blicke des Schauenden die wahre Richtung nach der sich vollziehenden Entwicklung gibt. Ich beharre darauf, in dieser Uebersicht der logischen Formen noch von den Ausführungsmaßregeln zu schweigen, durch welche ihre Anwendung auf den denkbaren Inhalt gesichert werden kann, und ich überlasse deshalb, was von jener Methode als Methode zu sagen ist, einem späteren Zusammenhange; aber zur Bezeichnung dieser letzten Gestalt, die wir allem Denkinhalt zu geben wünschen, eigne ich mir den Gegensatz zwischen Speculation und erklärender Theorie an und nenne die **Form des speculativen Denkens** dies dritte Glied, mit welchem die Reihe der alles umfassenden systematischen Denkformen endet.

151. Und doch fühle ich, daß ich nicht ganz so kurz abschließen darf; auf eine schon früher gemachte Bemerkung muß ich noch einmal zurückkommen. Alle Denkformen, die wir betrachten, sind Ideale; sie bezeichnen die Endgestalten, welche das Denken dem geringeren oder größeren Inhalte seiner Betrachtung zu geben wünscht, oder geben zu können wünscht, um durch ihn, durch den Nachweis der Zusammengehörigkeit alles Zusammenseienden, in seinem eigenen Streben befriedigt zu sein; alle diese Ideale verlieren nichts an ihrer Gültigkeit dadurch, daß es dem menschlichen Wissen nicht gelingt, ihnen jeden gegebenen Inhalt zu unterwerfen. Nicht in jedem Erscheinungskreis sind wir vielleicht im Stande, die allgemeinen Gesetze zu

entdecken, die ihn beherrschen, und wenn wir sie entdeckt
hätten, gelänge es uns vielleicht nicht, jeden Einzelfall
ihnen so unterzuordnen, daß die Nothwendigkeit einer gegebenen Folge daraus einleuchtete. Aber wir würden unsere
Forschungen nach dieser Richtung nicht rastlos fortsetzen,
wenn wir nicht überzeugt wären von der allgemeinen Geltung
dieses Princips der erklärenden Theorie und davon, daß
die Gültigkeit desselben unabhängig von der Möglichkeit
bestehe, sie mit den Mitteln unserer Erkenntniß an jedem
denkbaren Inhalte zu bewähren. Vielleicht ist die Form
des speculativen Denkens noch ungünstiger gestellt; vielleicht reichen überhaupt die Bedingungen, die dem
menschlichen Denken gestellt sind, nicht dazu hin, um
auch nur in wenigen, auch nur in einem Falle wirklich
auszuführen, was hier angestrebt wird: immer wird auch
dieses Ideal in verbindlicher Kraft bleiben und die Gestalt
bezeichnen, durch welche, wenn man sie ihm geben könnte,
der Gesammtinhalt der Gedankenwelt alle Ansprüche des
Denkens voll befriedigen würde. Ihre berechtigte Stelle
in der systematischen Reihe der Denkformen hat daher
auch diese; daß sie zugleich das Endglied der Reihe ist,
bedarf eines Beweises nicht: sie hat keine unverbundene
blos zusammenseiende Mannigfaltigkeit übrig gelassen,
sondern alles in jene Zusammengehörigkeit verbunden,
deren Nachweis das beständige Ziel alles Denkens war.
Zugleich aber weist sie über das logische Gebiet hinaus.
Der erklärenden Theorie konnte es noch so vorkommen,
als besäße sie in allgemeinsten Gesetzen, die das Denken
aus sich allein erzeugt, einen Rechtsgrund, um über das
Verhalten des Wirklichen im voraus zu entscheiden; die
Speculation leugnet diese Berechtigung nicht, aber indem
sie alles, die Macht dieser allgemeinen Gesetze selbst, die
Richtung, welche die Entwicklung des Weltinhaltes nimmt,
und die Einzelformen, welche in Folge dieser beiden in
jedem Augenblicke das Wirkliche annimmt, einzig und allein
in der Natur des Inhalts eines höchsten Princips begründet sein läßt, deutet sie an, daß die endliche Erfüllung
alles logischen Strebens nicht durch neue logische Formen, sondern nur durch sachliche Erkenntniß dessen
möglich sein würde, was sie als höchstes sich selbst ent-
wickelndes Princip voraussetzt.

Indem ich diese Darstellung schließe, bin ich mir ihrer
Abweichung von den Lieblingswegen der Gegenwart wohlbewußt. So sehr sind wir gewöhnt, uns Geschichten erzählen zu lassen und durch wahre oder erträumte Entstehungsweisen irgend eines Gebildes unsere Wißbegier befriedigt zu fühlen, daß auch die Logik von psychologischen
Begründungen und Ableitungen ihrer Lehren überschwillt;
veraltet fremdartig und unverständlich dagegen erscheint
jeder Versuch, die Formen des Denkens in eine Reihe zu
ordnen, deren Fortschrittsgesetz in der Natur seiner Aufgaben und nicht in der Ordnung liegt, in welcher die zur
Lösung derselben nöthigen Aeußerungen der geistigen
Thätigkeiten in der Entwicklung des einzelnen Seelenlebens
hervortreten. Ich lasse mir gefallen und wünsche, daß
man in der Wahl meiner Darstellungsweise den vorauswirkenden Einfluß der idealistischen Philosophie erkennt,
zu der sie einleiten soll; ich fürchte nicht, durch diese
Wahl den Inhalt der logischen Wahrheiten getrübt zu haben,
welche für alle Ansichten gleichmäßig feststehen müssen.

REGISTER

Die folgenden Register erfassen ausschließlich den Text Lotzes. Die Orthographie ist (abweichend vom Text selbst) modernisiert wiedergegeben. Alle Zahlenangaben beziehen sich auf die Paragraphen- und nicht auf die Seitenzählung. Das Sachregister ist ein Stichwortregister. Nicht im Text vorkommende erläuternde Zusätze stehen in eckigen Klammern. Kommata in Verweisen (s. = siehe oder s. a. = siehe auch) trennen Oberstichwörter von Unterstichwörtern. Semikola trennen selbständige Stichwörter.

Namenregister

Aristoteles 30, 32, 40, 52, 83, 90f., 96f., 100ff.
Galenus 83, 90
Goklenius 96
Hegel 27, 32, 150

Herbart 64
Kant 38, 40, 53, 56, 58
Platon 34, 52
Porphyrius 32
Rehnisch 70

Sachregister

Abbild (Abbildung, abbilden, Bild) [erkenntnistheoretisch] VIII, IX, 36, 56
Abstraktion 23
Adjektiv (adjektivisch, Adjektivität) 4f., 7, 19, 33
Adverb 7
Ähnlichkeit (Verwandtschaft) 14, 16, 30f.
Akzidens s. Substanz – Akzidens
Allgemeinbegriff 14, 25, 30f., 33, 42, 57f., 66–68, 70 s. a. Gattungsbegriff; Teilnahme [platonisch]
– logische Form des A.s 27

– der wahre 31
Allgemeinbezeichnungen, sprachliche 13
Allgemeine, das 15, 22–24, 26, 29f., 35
– A. – Allgemeinbegriff 27
– erste 14–16, 19, 24
– zweite 24
Allgemeines – Besonderes (Einzelnes) VIII, 24, 70f. s. a. Merkmal, allgemeine M.e – besondere (Einzel-) Merkmale; Unterordnung (des Besonderen unter ein Allgemeines); Verallgemeinerung